«Wenn man mit dem Auto die Bundesstraße Richtung Amerika verlassen, rumpelnd die stillgelegten Bahngleise überwunden und die kleinen Datschen links und rechts der Landstraße hinter sich gelassen hat, taucht man in einen Wald ein. Er bildet die Trennlinie, die Pufferzone zwischen zwei Welten: der Welt draußen, Hektik, Verkehr, Termine, Job, Sitzungen, Studios, Briefings, Hotels, Flugzeuge, Bahnfahrten. Und der Welt drinnen: Amerika. Etwas langsamer, etwas weniger oberflächlich, etwas intimer. Etwas relevanter.»

«‹Soll se doch selber gucken, die Sonja, wie se mit denen zu Rande kommen tut. Ich jedenfalls halt mich da raus, det sach ich dir! Was mich betrifft: Ich bleib bei die Schafe. Weil: Die hier ...›, Teddy deutet mit dem Kinn Richtung Weide, ‹... die sind mir zu groß, die Dinger.›

‹Zu groß? Na ja, da könntest du den Nagel sogar auf den Kopf getroffen haben, das ist vielleicht wirklich eine Nummer zu groß.› Krüpki lässt seine Worte kurz nachklingen und ergänzt: ‹Da hat sie sich wohl doch ein wenig übernommen jetzt, die Sonja, mit den Kühen.› Und bevor Teddy ihn korrigieren kann, schiebt er schnell nach: ‹... und den Büffeln.›

Teddy nickt nachdenklich. ‹Hm. Vielleicht. Vielleicht aber och nich. Wat tun wir immer sagen: Lieber einmal mehr, als mehrmals weniger!›

‹Eben›, sagt Krüpki, ‹meine Rede.›»

Dieter Moor, 1958 in Zürich geboren, ist Schauspieler und Moderator. Anfang der neunziger Jahre moderierte er das preisgekrönte Medienmagazin «Canale Grande» auf VOX. Nach verschiedenen Stationen beim deutschen und eigenen Talkshows im österreichischen und Schweizer Fernsehen präsentiert Dieter Moor seit 2007 das ARD-Kulturmagazin «Titel, Thesen, Temperamente». Gemeinsam mit seiner Frau Sonja betreibt er in der Nähe von Berlin einen Demeter-Bauernhof. 2009 erschien im Rowohlt Taschenbuch Verlag sein erstes Buch «Was wir nicht haben, brauchen Sie nicht», welches ein sensationeller Erfolg wurde.

Inhalt

Amerika

Die kleinen Brandenburger Dörfer. Es gibt sie zuhauf. Die einen sind im Laufe der Jahrhunderte gewachsen und zieren sich heute mit Gebrauchtwagenhändlern, Garni-Hotels und Penny, Netto, Edeka oder sonstigen Lebensmittel-Verschleißstellen, die sich «Markt» nennen. Die anderen haben das Wachstum nicht geschafft und sind, weil Wirtschafts-Loser, Lebensqualität-Winner: eine Kirche, mehr oder weniger verfallen, eine Gaststätte, mehr oder weniger gut, ein Bürgerhaus, mehr oder weniger frequentiert, ein Denkmal für die Toten zweier Weltkriege, mehr oder weniger peinlich, und ein Laden mit mehr oder weniger Angebot und Nachfrage. Von diesen urtümlich gebliebenen Loser-Dörfern gibt es zum einen die Straßendörfer: Die Häuser und Höfe reihen sich entlang des Durchgangsverkehrs, durch großzügig dimensionierte Vorgärten gnädig von diesem distanziert. Und zum anderen gibt es die Pfuhlendörfer: Ihre Struktur erinnert, aus der Satellitenperspektive gesehen, an ein in der Landschaft liegendes Auge. Die dunkle Pupille bildet eben die dem Dorf seine Charakteristik aufprägende Pfuhle: ein Teich, auf welchem sich in früheren bäuerlichen Zeiten die Enten und Gänse der Dorfbewohner gemeinschaftlich getummelt haben. Die grüne Iris des Auges wird gebildet von einer Wiese, auf der sich heute genauso wie früher die Dorfbewohner selbst tummeln. Anlässlich von Dorf-, Feuerwehr-

und anderen Festen sowieso, klar, dann ist Dabeisein gern erfüllte Pflicht. Und im Alltag genießen sie den Anger, um dem Sommer zu frönen, ein Abendschwätzchen zu halten oder um zu sehen, ob sich nicht der eine oder andere Fisch aus dem Gewässer angeln ließe. Bäume und Büsche stehen in lockerer Formation auf dieser grünen Iris, und an ihrem äußeren Rande spendet fast immer eine riesige Friedenseiche entweder Schatten oder Schutz vor Regen, ganz nach Bedarf. Die Häuser des Dorfes gruppieren sich rund um den Anger und bilden so gewissermaßen das Weiß des Auges. Die Alleen entlang des Dorfes schließlich sind die Wimpern und Brauen, die weiten Felder hinter den Häusern prägen das Gesicht des weiten Landes.

Ein solches Pfuhlendorf, es sei Amerika genannt, soll hier Schauplatz sein für die Geschichten, die es zu erzählen gilt. Amerika ist nicht schöner als andere Dörfer, auch nicht hässlicher, aber es kann auftrumpfen mit einer Besonderheit, die es von allen anderen Pfuhlendörfern abhebt: Der Dorfanger Amerikas wird nämlich außer von ehrwürdigen riesigen Kastanienbäumen und der mächtigen Friedenseiche auch von einem Denkmal geziert. Ein Reiterdenkmal.

Millionen von Reiterdenkmälern auf der ganzen Welt erinnern an Tausende von verschiedenen Reitern: Mit martialisch historischer Kleidung ausstaffierte Helden, irgendwelche Völkerschlächter, die mit ihren Bluttaten in die an Bluttaten nicht gerade arme Geschichte der Menschheit eingegangen sind und nun in pathetischer Pose auf ihren Rössern thronen und ihre durch das Sterben zahlloser Untertanen gewonnene Unsterblichkeit prahlerisch symbolisieren.

Das Reiterdenkmal in Amerika weist eine erstaunliche Abweichung auf: Es ist ein Reiterdenkmal ohne Reiter. Lediglich ein sich ganz in der Manier von Reiterdenkmälern ungestüm aufbäumendes, kunstvoll modelliertes Bronzepferd auf einem Steinsockel. Der Popanz oben drauf wurde einfach weggelassen, jeder Betrachter kann im eigenen Geiste jeden beliebigen Helden auf den Pferderücken rücken. Sogar sich selbst.

Die wenigen Ausflügler aus der nahe gelegenen Metropole, die, gelenkt durch willkürlich eingetretene Irrtümer oder Zufälle, den Weg nach Amerika gefunden haben, lieben es, sich vor diesem Werk eines berühmten Bildhauers aus dem frühen 20. Jahrhundert gegenseitig zu fotografieren. Die Tollkühnen unter ihnen kraxeln für ihre Souvenirbilder sogar auf den rutschigen Bronzeleib des Pferdes und verklammern sich krampfhaft an dessen Hals, während sie Zähne zeigen, in der irrigen Meinung, ein Kameralächeln zu produzieren.

Wenn solche Besucher, nehmen wir mal an, nach Bronze-Pferde-Foto-Session, Umwanderung der Pfuhle und Betrachtung eines gewissen Hauses gegenüber dem Denkmal, dessen Fassade eine seltsame Kranke-Hunde-Kack-Farbe aufweist, wenn also solche Besucher nach solchen Verlustierungen angenommenerweise Hunger oder Durst verspüren würden und sie sähen sich um, wo man denn in diesem Amerika etwas käuflich erwerben könne, um es dem lechzenden Organismus zuzuführen, dann würden sie unweigerlich hinter den Kastanien am Rande des Angers ein großes Haus erkennen, daran eine grob gezimmerte Holzterrasse, fünf Stufen hoch, mit einem Geländer rundherum, ähnlich den Veranden in den alten Schwarz-Weiß-Wildwestfilmen. Sie würden, sich der Terrasse nähernd, ein Fenster erkennen, eine kleine Auslage mit allerhand Waren, einen Bild-Zeitungs-Werbereiter neben der Eingangstür mit den Blümchenglasscheiben. Sowie ein blechernes Schild, auf dem Industrie-Speiseeis angepriesen würde. Sie würden einander zurufen: «Ach, da ist ein Laden, lass mal gucken!» Und wenn sie dies sehr genau in die Tat umsetzen würden, das Gucken, was wir hiermit annehmen, hätten sie die Chance, am oberen Balken des Ladeneingangs eine fast verblasste Schrift entziffern zu können, die in altmodischen Buchstaben verkündet: «Was wir nicht haben, brauchen Sie nicht.»

Es darf des Weiteren angenommen werden, die Besucher kämen just zu der Zeit, wo der Laden gerade offen hätte, also zur Öffnungszeit, und auf der Terrasse stünden drei Amerikaner, teils locker an die Hauswand gelehnt, teils sich mit den Ellenbogen schwer auf das Geländer stützend. Und die drei würden in jener vertrauten Gemeinsamkeit, die nur zwischen Menschen entsteht, die sich sehr, sehr lange kennen und viele, viele gute und schlimme Zeiten miteinander überstanden haben, als Nachbarn in diesem Amerika, wo jeder jeden kennt, weil es nur zweihundert Seelen zählt, in dieser Vertrautheit also würden die drei Ur-Amerikaner ihr Feierabend-Bierchen zischen, direkt aus den Flaschen.

Es ist durchaus möglich, dass es genau so wäre, wenn, wie gesagt, die Besucher just zu jener rechten Zeit kämen, in der es eben wirklich so wäre, wie wir ja eigentlich soeben nur angenommen haben.

In diesem Falle würden die Besucher, um in den Laden zu gelangen, zu den dreien auf die Terrasse steigen müssen, und dabei könnten sie nicht umhin zu bemerken, dass diesem einen da, also dem mit der gedrungenen Figur und dem roten Bluthochdruck-Gesicht, dass diesem einen schneeweißes dünnes Babyflaumhaar um sein beeindruckendes Haupt mäandern würde, sich in alle Himmelsrichtungen immer wieder neu formierend, je nach Windhauch oder Kopfbewegung, wie das Gespinst von mystischen Seidenraupen.

«Ach, wat seid ihr denn für welche? Buletten, wa?», würde er mit schrill-lauter Stimme die Besucher willkommen heißen, worauf diese verdutzt verharren würden, nicht wissend, ob dies ein Scherz oder eine Beleidigung gewesen sei, und ehe sie zu einem Schluss kommen könnten, würde der Rotköpfige lauthals zu dem neben ihm stehenden Hünen, an dem alles rund wäre, runder Körper, rundes Gesicht mit runden Wangen und runden Äuglein, sogar die Ohren würden irgendwie rund wirken, zu diesem Riesen also würde der Rotköpfige rüberquäken: «Was sagt man denn dazu, Teddy, wa? Kommen hier angeschlurft und sagen keinen Ton, wa, nicht guten Abend, nicht wer sie sind, gar nichts, wa, Teddy?»

Worauf der Riese ein verlegen-gutmütiges Lächeln zu den Besuchern schicken und an den Rotgesichtigen gewandt sagen würde: «Mensch, Krüpki, nu lass doch man jut sein. Was tust du denn immer alle anbrüllen, als wie ob es deine Gäule sind?» Der, den Teddy gerade Krüpki genannt hätte, würde sich empört an die Besucher wenden, mit seinen dicken Fingern zuerst den weißen Babyflaum auf seinem Kopf mit einer Streichbewegung zu ordnen versuchen und dann auf Teddy deuten: «Was sagt man denn dazu, fällt mir der Große voll in 'n Rücken, wa? Dabei wollt ich euch Buletten nur ein wenig Zivilisation beibringen, wa? Scheint ja bei euch in der Stadt völlig in die Binsen gegangen zu sein! Bei uns macht man nämlich die Fresse auf, pardon, den Mund, wenn man wo dazu kommt. Und ich sag euch auch gerne den Text vor, falls ihr ihn nicht kennt: ‹Guten Abend›, ist so 'ne Variante, die hier in Amerika gerne genommen wird, wa, Teddy?» Krüpki würde einatmen und gespannt auf die Reaktion der Besucher warten, die, vor lauter Angst, er könnte gleich wieder loslegen, da er seine Lungen ja schon vorsorglich bestens gefüllt hatte, versuchen würden, mit eingezogenen Köpfen an den Männern vorbei in den Laden zu fliehen. Dies könnten sie aber nur, indem sie sich in eine für Städter erschreckend intime Nähe begeben müssten zu einem neben der Blümchenglastür an der Wand lehnenden dritten Amerikaner. Der Plan, grußlos, mit lebenslang in städtischer Anonymität eingeübter Nonchalance einfach an ihm vorbei in den Laden zu wischen, der ginge nicht auf, das würden die Fremden in brutaler Klarheit erkennen, denn dieser Mann mit den schweren Schuhen und dem grauen Arbeitskittel würde sie mit wachen Koboldaugen unter seinem schmalkrempigen schwarzen Lederhütchen hervor prüfend mustern, und in seinem braun gebrannten, furchigen Gesicht würde sich ein wissendes Grinsen breitmachen. Also würden die Besucher im Vorbeiwischen das tun, was für viele Metropolisten derart undenkbar ist, dass sie es lieber erst gar nicht wagen, nach Brandenburg hinauszufahren, sie würden nämlich zwischenmenschlichen Kontakt aufnehmen mit einem Brandenburger! In diesem Falle sogar mit einem Amerikaner, indem sie sein Grinsen mit einem unsicheren Lächeln quittieren und sagen, nein, eher murmeln würden: «Guten Tag.»

«Tach och», würde der Mann mit dem Hütchen erwidern.

Krüpki würde schreien: «Na, geht doch!»

Teddy würde bemerken: «Dir tun se grüßen, Müsebeck, weil de von uns der Einzigste bist, der wo ein Hut aufhat.»

Der als Müsebeck Angesprochene mit dem Lederhütchen aber würde darauf nicht weiter eingehen, sondern ein wenig, aber wirklich nur ein wenig von der Tür abrückend die Besucher an sich vorbeiziehen lassen, in den Laden hinein. Und indem diese die Ladentür von innen wieder zuzögen, würden sie noch sehen, wie Müsebeck lässig mit dem Finger an sein Hütchen tippte und dann weg wäre hinter dem ins Schloss fallenden Blümchenglas. In die undefinierbar duftende, schummrig-halbdunkle Atmosphäre des Ladens eingetaucht, würden die Besucher sofort bemerken, dass dies kein Geschäft ist, das man einfach so betritt – wie einen Supermarkt. Sie würden spüren, dies ist ein eigenes Universum, das sich über Jahrzehnte aus dem Zusammenspiel von Angebot und Nachfrage herauskristallisiert hat. Und sie würden auch die alles bestimmende Göttin dieses Universums erblicken, welche links neben dem Eingang hinter einem Resopalwändchen thronte, neben einer altertümlichen Registrierkasse, die in ihrem dunkelgrünen Bakelitpanzer an eine lauernde Kröte erinnern würde. Die Ladenbesitzerin selbst wäre in eine dieser fleckneutral gemusterten, fleckabweisenden Kleiderschürzen gehüllt, die wohl irgendein Frauenhasser in den siebziger Jahren erfunden hat. Im scharfen Kontrast zur Kittelschürze und dem leicht indignierten Blick, weil da schon wieder Kundschaft die Ruhe des Ladens stört, würde sich auf dem Kopf der Frau ein beeindruckendes Frisurgebilde türmen in grellem Hellblond.

«Gu-ten Taaaag», würde die Frau sagen, ihren millionenfach wiederholten Gruß fast singend, und die Besucher würden ebenfalls «Guten Tag» sagen, ahnend, dass es nicht gewiss war, ob dieser «Taaaag» wirklich gut würde. Und weil die Ladenfrau nichts weiter fragen, sondern nur stumm die Besucher angucken würde, und zwar so, wie nur jemand guckt, der sogar in einen Atomblitz sehen kann, ohne Schaden zu nehmen, weil also von der Ladenfrau keine weitere Kommunikation angeboten würde, wären die Besucher gezwungen zu sagen, sie hätten Hunger und Durst. Und nachdem die Ladenfrau diese Aussage ohne die geringste Reaktion zur Kenntnis genommen hätte, würden sie des Weiteren gezwungen sein zu fragen, was es denn so gäbe. Woraufhin die Frau mit ihrer Hand, an welcher grellrot, ja fast orange lackierte Fingernägel in der diffus neonbeleuchteten Düsternis des Ladens aufblitzen würden, mit großer Geste über das Sortiment deuten würde. Ein Sortiment, das typisch wäre für Läden, wie man sie früher, im Westen, als Tante-Emma-Läden bezeichnet hat, und die im Osten noch immer Konsum heißen, mit Betonung auf dem «o». Und die Frau würde sagen: «Was Sie brauchen, hab ich. Sogar Frischmilch.»

Und nach einer längeren Weile würden die Besucher, leicht enttäuscht, dass das Angebot des Ladens nicht ganz den Gourmetabteilungen der Metropolen-Warenhäuser entspricht, wieder auf die Terrasse treten, mit vollen Plaste-Einkaufstüten. Sie würden an Müsebeck, Teddy und Krüpki vorbeitrippeln, würden ein erleichtertes «Tschühüs» flöten, und Krüpki würde fragen: «Na, habt ihr alles?» Müsebeck würde nur wissend grinsen, und Teddy würde brummen: «Haut rinn.» Die Besucher aber würden recht rasch die Stufen von der Terrasse hinabsteigen, sich, unten angekommen, halb zu Teddy umdrehen und «Danke» sagen, vielleicht würden sie sogar, jetzt, wo sie die Begegnung mit echten Amerikanern unbeschadet überstanden hatten, ein Lächeln zustande bekommen, bevor sie zielstrebig, am Reiterdenkmal vorbei, zum Rand der Pfuhle strebten, wo sie in der Wiese sitzend, ihre Beute auspacken und ein Picknick im Grünen veranstalten würden.

Auf der Terrasse zurückgeblieben, würden die drei Amerikaner ihre Flaschen leeren, sich hernach anblicken und fragen «Na?», worauf alle drei einander zunicken würden, und Teddy würde die Blümchenglastür halb öffnen und hineinrufen: «Noch drei, Frau Widdel!» Die als «Frau Widdel» angerufene Ladenfrau würde mit drei Flaschen Bier erscheinen und bei jedem der Männer eine volle gegen eine leere Pulle eintauschen. Und bevor ihr blond-blonder Schopf wieder im Dunkel hinter der Eingangstür verschwände, würde sie sich umdrehen und mehr pro forma als fragend sagen: «Anschreiben?» Worauf der Große mit dem runden Gesicht, Teddy, erwidern würde: «Wat denn sonst?», und der mit dem weißen Flaum auf dem Kopf würde fragen: «Was sagt man denn dazu?» Frau Widdel aber würde dazu nichts sagen und Krüpki nur angucken, woraufhin dieser verstummen würde. Dann würde sie in die Weiten des Brandenburger Himmels schauen und nach oben fragen «Wer?», worauf Müsebeck sagen würde: «Uff Krüpki», und Teddy sagen würde: «Uff Müsebeck», und Krüpki sagen würde: «Uff Teddy», worauf Frau Widdel nicht lachen würde, sondern nur abwinken und zusammenfassen: «Zweie uff jeden.» Und bevor sie die Tür von innen zumachen würde, streckte sie noch einmal ihre blonde Haarpracht durch den Spalt und sagt: «Hier ist Feierabend, Jungs. Dass ihr mir dann die leeren Flaschen ordentlich aufs Fensterbrett stellt.» Und grußlos verschwände Frau Widdels Kopf endgültig, und die drei könnten deutlich hören, wie sie energisch von innen das Türschloss verriegelte.

Vielleicht würden die drei Männer noch eine Weile auf Frau Widdels Terrasse stehen und leicht von oben herab einfach nur so hineinblicken in dieses Amerika, vielleicht würden sie aber auch fachsimpeln über Krüpkis Pferde oder über die Schafe der Frau im Kranke-Hunde-Kack-farbenen Haus, die Teddy ihr zu versorgen half, vielleicht würden sie auch darüber reden, dass es bei den sinkenden Getreide- und den steigenden Bodenpreisen für Müsebeck nicht leichter werden wird, seinen landwirtschaftlichen Familienbetrieb in den schwarzen Zahlen zu halten. Vielleicht wären die drei aber auch noch auf ein Schwätzchen an die Pfuhle gegangen und hätten die Besucher mal näher in Augenschein genommen, wären womöglich sogar mit ihnen ins Gespräch gekommen und die Besucher wären spät nachts erst nach Berlin zurückgefahren und hätten einander gesagt: «Gar nicht so schlimm, in Brandenburg ...»

Wer kann schon sagen, wie es wirklich gewesen wäre? Möglich ist vieles in Amerika ...

Erscheinung

Wenn man mit dem Auto – von Schmachthagen her kommend – die Bundestraße Richtung Amerika verlassen, rumpelnd die stillgelegten Bahngleise überwunden und die kleinen Datschen links und rechts der Landstraße hinter sich gelassen hat, taucht man in einen Wald ein. Er bildet die Trennlinie, die Pufferzone zwischen zwei Welten: der Welt draußen, Hektik, Verkehr, Termine, Job, Sitzungen, Studios, Briefings, Hotels, Flugzeuge, Bahnfahrten. Und der Welt drinnen: Amerika. Etwas langsamer, etwas weniger oberflächlich, etwas intimer. Etwas relevanter.

Ich liebe diese Schlussetappe jeder Heimfahrt. Liebe den Moment des Auftauchens aus diesem Wald, wenn sich nach der letzten sanften Kurve unter Bäumen das Windschutzscheiben-Panorama öffnet, eine schnurgerade, von weiten Wiesen und Feldern gesäumte Straße präsentiert und wenn in der Ferne, fast am Horizont, die ersten Häuschen Amerikas sichtbar werden.

Tausendmal erlebt, tausendmal geliebt.

An diesem Tag herrschte Postkartenwetter. Majestätisch zogen weiße Wattegebirge über den tiefblauen Himmel, die mit Wildblumen gesprenkelten Wiesen präsentierten sich in sattem Grün, ein lauer Wind raschelte in den Blättern der Bäume. Es war einer dieser Frühsommertage, wie wir sie in Kinderbilderbüchern über das «Leben auf dem Lande» immer wieder illustriert sehen.

Als ich den Wald hinter mir gelassen hatte, nahm ich den Fuß vom Gaspedal und lies den Jeep im Leerlauf ausrollen. Ich wollte die Freude dieses Nachhausekommens ausdehnen, mein inneres Tempo der Städte drosseln und in den ruhigeren Rhythmus Amerikas wechseln. Ich schaltete noch im Rollen den Motor aus und ließ sämtliche Scheiben runter. Wiesenduft flutete in meine Blechzelle. Ich überließ es dem Zufall – oder den physikalischen Gesetzen von Tempo, Trägheit und Rollwiderstand –, jene Stelle des Weges zu bestimmen, an der mein Fahrzeug zum Stehen kommen würde. Gemächlich rollte der Wagen aus: Mofa-Tempo – Fahrradtempo – Lauftempo – Schritttempo – Stillstand.

Ich regte mich nicht. Ließ das seltene Gefühl der Tatenlosigkeit auf mich wirken. Nichts tun. Nichts denken. Nichts müssen. Nichts wollen, als einfach nur da sein und schnaufen. An diesem winzigen, vom Zufall bestimmten Punkt im Universum.

Friede.

In den Augenwinkeln registrierte ich zu meiner Linken eine kurze Bewegung in der Wiese. Ich wandte den Blick dorthin. Nichts. Nachwehen der Stadthektik?, dachte ich. Drehte den Kopf wieder nach vorn Richtung Amerika. Schloss halb die Augen. Da, wieder. Da war doch etwas. Doch ich sah nur Gras, die wellenförmige Bewegung des Windes im den schimmernden Halmen. Aber doch: dort! Etwa dreißig Meter entfernt. Ein Kopf tauchte auf, die spitzen Dreiecke zweier Ohren, ein rostbraun-pelziges Gesicht mit dunklen Augen, eine weiße Schnauze. Ein Fuchs! Konzentriert äugte er zu mir herüber. Wie gut sieht ein Fuchs?, fragte ich mich. Erkennt er nur die weiße Fläche des Autos oder registriert er, dass ein Wesen darin sitzt? Bestimmt sieht er mein Gesicht. Ich bereute, die getönte Scheibe heruntergelassen zu haben. Sieht er scharf genug, meine Pupillen erkennen zu können? Weiß er, dass mein Blick auf ihn gerichtet ist? Spürt er es nur, instinktiv?

Ich verharrte, bewegte mich keinen Millimeter. Er auch nicht. Nach gefühlten Minuten entschied er: Keine Gefahr, bloß eines dieser Blechdinger, die das Asphaltband niemals verlassen. Der Fuchs wandte sich ab, schnürte ein paar Meter in meine Richtung. Und jetzt – jetzt war er plötzlich in putziger Gesellschaft. Drei Fellknäuel von etwas blasserem Rostrot wurden sichtbar. Offenbar hatten sich die Welpen in eine Bodenwelle geduckt und kamen jetzt, vielleicht auf ein geheimes Zeichen hin, einer Entwarnung ihrer Mutter, hinter ihr her. Noch nie hatte ich eine Füchsin mit Welpen in freier Natur beobachten können. Und nun präsentierte sich mir diese Familie wie ein Geschenk. Wäre ich vorhin nur eine Sekunde früher oder später vom Gas gegangen, hätte ich abgebremst, statt das Fahrzeug ausrollen zu lassen, ich wäre an einer anderen Stelle zum Stehen gekommen und die Fuchsfamilie wäre mir verborgen geblieben. Zufall? Fügung? Fügung, klar!, entschied ich. Etwas hatte bestimmt, dass mir dieses Schauspiel geboten werden soll, da war ich mir seltsam sicher. Ich wurde von einem diffusen Gefühl erfasst, das vielleicht gläubige Menschen in Gotteshäusern empfinden: Mir wurde andächtig. Und da legte Mutter Natur in ihrer Fuchs-Family-Show noch ein Bonus-Programm obendrauf: Die Füchsin legte sich ins Gras, die Jungen gruppierten sich um sie, und ein tapsig-drolliges Fangspiel begann. Eine wilde Jagd um die Fähe herum. Die Welpen duckten sich hinter ihre Mutter, überfielen die Geschwister aus diesem Hinterhalt mit kühnen, wenngleich noch ungeschickten Sprüngen, rannten einander hinterher, balgten sich kurz und versteckten sich wieder hinter Mama, damit das Spiel von Neuem beginnen konnte. Mein andächtiges Gefühl wandelte sich in das Glück eines reich Beschenkten.

Aber leider war ich nicht allein auf der Welt mit «meinen» Füchschen. Von vorn sah ich schon das unweigerliche Ende des seltenen Schauspiels heranbrausen. In hohem Tempo näherte sich vom Dorf her ein petrolgrüner Geländewagen. Schon kreuzte er mich penetrant nah, Wuschhhh, der Luftzug ließ den Jeep kurz zu Seite wippen.

Die Füchse waren weg. Klar. Warum musste der auch so rasen, verdammt? Schade. Na ja, schön war's trotzdem! Nur viel zu kurz … Ich wollte schon den Zündschlüssel drehen, da überraschten mich die Welpen. Drei kleine Köpfe spähten aus dem Gras in Richtung Wald, in welchen der Petrolgrüne gerade eintauchte. Wo war ihre Mutter? Seltsam. Die wird doch nicht … Da, mit einem Riesensatz war sie wie aus dem Nichts plötzlich über ihnen. Knurrte sie an. Schimpfte sie. Wohl, weil sie ohne Erlaubnis die Deckung aufgegeben hatten? Die Familie setzte sich in Bewegung, trabte wieder ein paar Meter in die Wiese hinein. Doch die Welpen waren nun mal in Spiellaune, wollten balgen, nicht hinter Mama herlaufen. Die Fähe ließ sie gewähren, setzte sich und behielt konzentriert die Landstraße im Auge.

Im Seitenrückspiegel sah ich abermals Verkehr herannahen. Warum schon wieder, verdammt? Diese Straße lag doch oft stundenlang einsam da, ohne dass auch nur ein einziges Fahrzeug aufgetaucht wäre, und ausgerechnet jetzt … Das darf doch wohl nicht wahr sein, schon wieder der Petrolgrüne! Jetzt kam er in umgekehrter Richtung, von hinten, auf uns zu und würde meine Füchse abermals vertreiben. Im Rückspiegel beobachtete ich ihn. Er wurde langsamer. Warum? Wollte der was von mir? Ich hatte keinen Bedarf für jedwede menschliche Ansprache, der sollte einfach vorbeifahren und mich in Ruhe mein Fuchs-Schauspiel genießen lassen. Ich unterdrückte den Impuls, einfach seitlich abzutauchen und unter dem Armaturenbrett in Deckung zu gehen. Der Petrolgrüne war leider bereits so nah, dass er die Bewegung gesehen hätte und dann erst recht neugierig geworden wäre. «Zieh dich doch einfach in dich selber zurück!», riet mein kleiner Schweizer. Gute Idee!

In meiner Heimat ist dieses Sich-in-sich-selbst-Zurückziehen eine weit verbreitete Kontakt-Anbahnungsversuchs-Abwehrmaßnahme. Zu beobachten in allen öffentlichen Verkehrsmitteln, sämtlichen Warteschlangen und in Restaurants bei allen Allein-Essern, die zu verhindern trachten, dass sich, Gott verhüte, «jemand Fremdes» dazusetzt an den alleine okkupierten Vierertisch: Der sich in sich selbst Zurückziehende schließt die Augenlider um 20 Prozent und starrt stumpfsinnig vor sich hin. Vorzugsweise fixiert er die eigenen Knie (in der Straßenbahn), den Tellerrand (im Restaurant) oder den Hintern des Vordermanns (in der Warteschlange). Die Stirn muss den Eindruck vermitteln, es handele sich bei ihr um das sprichwörtliche Brett vor dem Kopf. Jedwedes Runzeln ist zu unterdrücken, um nicht den Anschein zu erwecken, dahinter kreisten Gedanken, nach denen sich lästige Mitmenschen womöglich erkundigen könnten. Ebenfalls peinlichst zu vermeiden ist jede Betätigung jener Muskulatur, die Lachfältchen zu erzeugen imstande ist. Merke: Lachfältchen wirken einladend. Die Mundwinkel haben nach unten zu weisen, die sogenannte 20-Uhr-20-Stellung zu bilden, und die Lippen sind gegeneinanderzupressen: Das wirkt umwerfend verbissen und abweisend, und die Gefahr, angesprochen zu werden, reduziert sich auf gegen null. Der Kopf als Ganzes hat eine leicht nach vorn geneigte Position einzunehmen, in einem Winkel zur Vertikalen von etwa 25 Grad. So bietet er in Kombination mit dem Gesichtsausdruck ein resignatives, depressives und latent aggressives Gesamtbild. Diese Abschreckungswaffe sind wir Schweizer durch lebenslanges Training in der Lage, innerhalb von Bruchteilen einer Sekunde in Stellung zu bringen.

Ich war in vollendetem Kontakt-Abwehrmodus, als der Petrolgrüne heranrollte. Stur fixierte ich den Tiefpunkt meines Lenkrades, während das fremde Auto, nun penetrant langsam, an mir vorbeischlich.

Meine Abwehrhaltung funktionierte einwandfrei: Der andere

beschleunigte, schrumpfte perspektivisch und verschwand im Dorf! «Nicht schlecht, du kannst es noch», sagte der kleine Schweizer zufrieden. «Gelernt ist eben gelernt!»

Geduldig wartete ich auf das erneute Auftauchen der Fuchsfamilie. Lange spannten sie mich nicht auf die Folter, und bald begann die Balgerei, Toberei und Spielerei von Neuem. Fast eine halbe Stunde lang ließen mich die Tiere als stummen Beobachter an ihrem Familienleben teilhaben, als … der Petrolgrüne schon wieder aus dem Dorf heraus auf uns zuraste. Ein Verrückter! Warum fährt der völlig sinnentleert diese Straße rauf und runter, dachte ich, aber gut, ich hab gesehen, was zu sehen war, ich kann mich genauso gut jetzt schon auf den kurzen restlichen Nachhauseweg machen. Ich warf einen letzten Blick auf die Füchsin, die den Petrolgrünen natürlich längst auch registriert hatte und sein Näherkommen scharf beobachtete, bereit, sich augenblicklich unsichtbar zu machen, in Deckung zu gehen.

Diesmal machte der Fahrer des Petrolgrünen keine halben Sachen. Er hielt das hohe Tempo bis fast auf meine Höhe, dann bremste er scharf ab und kam, Fahrerseite an Fahrerseite, neben mir zum Stehen. Die Scheibe wurde heruntergefahren.

«Maulaffen feilhalten, wa?», tönte es über die weiten Wiesen. Krüpkis Gesicht erschien hinter der spiegelnden, sich absenkenden Glasscheibe. Seine Gesichtsfarbe leuchtete in gefährlichem Dunkelrot, der weiße Flaum seines Haupthaars umspielte den oberen Rand der Fensteröffnung.

«Ach, du bist das», entfuhr es mir. «Tag, Krüpki.»

«Ja, ich bin das», schrie er. «Hast mich nicht erkannt? Das ist nun schon das dritte Mal, dass ich hier langfahre, Mensch. Aber du kriegst ja wieder gar nüscht mit vom Rest der Welt, wa!»

«'tschuldige, Krüpki, ich hab dich echt nicht erkannt. Wo ist denn dein rostroter Suzuki?»

«Weggeschmissen, den Schrott. Det ist mein Neuer jetzt, sieht gut aus, wa?»

«Na, ja … Aber so kann ich dich ja nicht erkennen, sonst hätte ich natürlich gegrüßt, ich schwöre.» Das kann doch nicht sein, dass der so sauer ist, bloß weil ich nicht gewunken habe, überlegte ich. Er kann manchmal schon ein wenig eigenartig sein, unser guter alter Krüpki!

«Was haste denn mit deiner Grüßerei? Das ist mir doch piepegal, ob du grüßt oder nicht. Ich will wissen, und zwar auf der Stelle, warum du hier mitten auf der Straße rumstehst mit deiner Karre und vor dich hinstarrst wie 'n Totalverlust!»

Ein leises schlechtes Gewissen befiel mich ob meines abweisenden Verhaltens von vorhin.

«Das war nicht gegen dich, Krüpki, also nicht persönlich gegen dich, ich wusste ja nicht, dass du das bist. Ich wollte einfach nur für mich sein.»

«So, für sich wollte er sein, der Herr, nur für sich, wa? Du lebst hier in einem Dorf, Mensch! In Amerika ist man nicht für sich alleine, da ist man auch für andere, da gibt's nämlich so welche wie mich, die was schnallen, wenn was ist, verstehst de? Aber bitte, bitte, wenn de für dich alleene sein willst, bitte, dann geh nach Berlin zu die Buletten, da guckt keener auf dich, die sind auch alle nur für sich und sonst für keen'n!»

«Ich will doch nicht immer für mich sein.» Langsam wurde mir das zu viel: So ein Aufstand wegen einmal nicht grüßen! «Ich wollte nur jetzt eben mal für ein paar Minuten für mich alleine sein, Mensch, Krüpki, das ist doch kein Verbrechen!»

Er kniff seine Äuglein zusammen und sagte bedrohlich leise: «Kommt drauf an, mein Guter. Kommt ganz drauf an, wozu du für dich alleine sein wolltest. Und ob du was für dich alleine vorhast oder alleine was gegen dich, wa? Wat für 'ne verdammte Scheiße planst du da, alleine mitten auf der Landstraße, hä? Raus mit der Sprache, wat soll das werden am Ende, hä?»

«Nichts», machte ich. Die klassische Antwort all derer, die sehr wohl was im Schilde führen. Und zwar nichts Gutes.

«Himmel noch mal», brüllte Krüpki. «Willst du, dass ich aussteige und dir die Ohren langziehe? Verarschen kann ich mir selber. Warum stehste hier rum, will ich wissen, und starrst vor dich hin, wie 'n Gaul vorm Schlachthof?»

«Wegen der Füchse.»

«Wegen wem?»

«Wegen der Füchse», wiederholte ich.

«Was hast du mit welchen ‹Füchsen› zu schaffen und wer sind die, verflucht! Pfadfinder-Pimpfe, oder was? Nu lass dir doch die Würmer nicht einzeln aus der Nase ziehen!»

«Na ja, ich war auf dem Nachhauseweg, und da sah ich die Füchse da drüben in der Wiese.» Ich deutete auf die Stelle hinter Krüpkis Auto.

«Ach so 'ne Füchse meinst du. Hör mal, das weiß ich selber, dass da wieder die Scheißfüchse rum sind. Und? Ist das 'n Grund, trübsinnig zu werden? Oder haste am Ende vielleicht einen totgefahren, dann geb ich mit Freude 'n Schnaps aus!»

«Nein, ich hab sie beobachtet.»

«Be-o-bach-tet?» Krüpki konnte es nicht fassen. «Wozu? Warum? Wieso? Biste unter die Jäger gegangen? Willste welche schießen, oder was? Warum beobachtest du in drei Teufels Namen die Scheißfüchse?»

«Na, sie haben gespielt! Eine Füchsin mit drei Welpen, und ich hab ihnen dabei zugesehen ...»

«Was? Junge hat se jetzt, die Schlampe? Und du siehst da auch noch zu?»

«Ich hab noch nie eine Fuchsfamilie ... in freier Wildbahn und ...»

«Was sagt man denn dazu?» Krüpki hob verzweifelt beide Hände hoch und ließ sie schwer auf sein Lenkrad fallen. «Freut sich über Füchse in freier Wildbahn. Hör mal, die Scheißviecher haben mich letzten Monat fünf Hühner gekostet, sind eingebrochen ins Gehege, wa, haben sich unterm Maschendraht durchgegraben, und zack, fünf Legehennen! Kaputt, fünf Stück, die Drecksviecher.»

«Na ja, tut mir leid, Krüpki, aber die Fähe hat ja drei Junge zu ernähren, und da muss sie eben ...»

«Was muss sie da?», unterbrach Krüpki, seine Lautstärke erreichte Sirenenpegel. «Meine Hühner muss sie da? MEI-NE Hühner?» Krüpki schaute mich an, als wäre ich vollkommen irre geworden. Dann stellte er in ruhigem, sachlichem Ton fest: «Du hast ja einen an der Waffel, Mensch, aber ernsthaft, hast du 'nen Sprung in deiner Matschbirne.» Nach diesem abschließenden Urteil über meinen Seelenzustand wandte er sich kopfschüttelnd ab und fixierte einen Punkt weit vorne, dort, wo die Straße im Wald verschwand. «Beobachtet der doch Füchse! Und freut sich über den Nachwuchs. Mitten uff der Landstraße. Nee, also, da komm ich nicht mehr mit, da ist bei mir Feierabend.» Krüpki betätigte den Fensterheber, und während die Scheibe hochsurrte, befahl er: «Mach, dass de endlich nach Hause kommst. Deine Frau macht sich Sorgen! Wie ich merke, zu Recht.» Er startete, fuhr rasant los und verschwand mit kreischendem Motor aus dem Blickfeld. Ohne gegrüßt zu haben.

Verdacht

«Sonja?», rief ich ins Haus. Keine Antwort. «Wo ist Sonja?», fragte ich die beiden Berner Sennenhunde, die mich begeistert begrüßt hatten. Sie stellten die Köpfe schief, guckten mich erwartungsvoll an, als würden sie des Rätsels Lösung gleich erlauschen. «Sonja, wo ist sie?», fragte ich noch mal.

«Wuff», machte Zora und wedelte mit dem Schwanz.

«Sonja, suuuuch Sonja.»

«Kläff», machte Momo und legte sich hin. Bei Lassie und Tim funktionierte das besser, so viel stand fest.

Von welchen Sorgen hatte Krüpki nur gesprochen? Worüber mochte sich Sonja sorgen? Und wo war sie?

«Sonjaaa», rief ich in den Stall. Keine Antwort. Sehr beunruhigend. Was war geschehen?

«Sonjaaaa, wo bist duuuuu?», rief ich in die Scheune. Keine Antwort. Was war los? Womit hatte meine Frau zu kämpfen gehabt, während ich es mir gestattet hatte, am Wegesrand Füchsen zuzuschauen. War es schlimm? Hätte ich es verhindern können, wenn ich früher zu Hause gewesen wäre? Wie hoch war der Preis für meine Säumigkeit? «Selber schuld», mahnte der kleine Schweizer, «du hast die Regel gebrochen. Du kennst doch das oberste Lebensprinzip: zuerst die Pflicht und dann das Vergnügen.» Er hatte recht: Die Pflicht wäre natürlich gewesen, erst mal nachzusehen, ob am

Hof alles in Ordnung ist. Und ob alles in Ordnung ist mit Sonja. Verdammt, ich hatte es versemmelt.

Ich suchte meine Frau auf dem ganzen Hof, im Keller, im Haus, ich sprang in den Jeep und fuhr zu Schafweide, keine Sonja, weder bei den Tieren noch im Unterstand und auch nicht dahinter. Das war ein Alarmzeichen: Sonja war definitiv weg, die Hunde aber da. Sie nimmt sie doch immer mit, wenn sie länger weg ist.

Nun war ich ernstlich in Sorge. Die Ungewissheit nagte an meinen Nerven.

Als ich vor unserem Haus aus dem Auto stieg, sah ich sie. Sie kam barfuß über den Dorfanger marschiert, eine Einkaufstüte baumelte an ihrem Arm. Sie winkte fröhlich. «Grüß dich, mein Schaaaaatz», rief sie. Erleichtert lief ich ihr entgegen, wir trafen unter dem bronzenen Reiterdenkmal ohne Reiter aufeinander, und ich schloss sie fest in meine Arme. «Uff, bin ich froh! Wo warst du denn? Ich hab mir schon Sorgen gemacht.»

«Sorgen? Heute ist wohl der Tag der besorgten Männer», lachte sie und verpasste mir einen Schmatzer auf den Mund.

«Na ja, die Hunde waren da, und du nicht, und …»

«Dieter, ich war bei Frau Widdel und hab uns ein paar Gutsis geholt, ich hab ja gewusst, dass du jede Minute auftauchen wirst.»

«Woher wusstest du … ich meine, ich hab ja gar nicht angerufen …»

«Von Krüpki. Der hat dich gesehen und mir gesagt, dass du schon vor dem Dorf stehst.»

«Was? Krüpki ist extra rumgekommen, um dir zu erzählen, er hätte mich vor dem Dorf gesehen?» Ich fand Krüpkis Verhalten immer wunderlicher.

«Na ja, er hat sich eben Sorgen gemacht, drum sag ich ja: Heut ist der Tag der Sorgenmänner.»

«Aber was ist denn passiert? Ich versteh überhaupt nicht ...»

«Lass uns erst mal einen Kaffee zum Kuchen machen, dann erzähl ich dir alles, mein lieber Maaaaan.»

Sonja kommt von der Schafweide zurück, wo sie den Unterstand ausgemistet, nach den Lämmern gesehen und frisches Wasser in die Tränken gefüllt hatte. Jetzt freut sie sich auf ihren Kaffee, den sie in aller Ruhe genießen würde, bevor sie wieder in ihrem Büro hocken und den Kampf gegen den schlimmsten Feind jedes Bauern kämpfen muss: gegen das Papiermonster, das ständig wächst und wächst und mittlerweile fast die ganze Wand mit Ordnern füllt. Agraranträge, Flächenwidmungspläne, Geschäftsmodelle, Totalgewinnkalkulationen, Steueranträge, -eingaben, -bescheide, -erklärungen und -prognosen! Ökokontrollstellen-, Demeter-Verband-Slowfood-, Amtstierarztkorrespondenz! Tierbestandsdokumentationen, Weidenutzungsnachweise, Flächenumwidmungsanträge ... Das Leben in und mit der Natur erfordert einen beachtlichen Anteil unnatürlich zu verbringender Lebenszeit!

Sonja setzt sich mit ihrer Tasse an den Küchentisch und lässt zufrieden noch einmal diesen Bilderbuchvormittag Revue passieren. Das gibt ihr Kraft für den bevorstehenden unausweichlichen Kraftakt. Da hört sie Krüpkis durchdringende Stimme:

«Ihr Hunde lernt es wohl nie, was? Hier steht ein Fremder mitten auf dem Hof und ihr merkt mal wieder gar nichts, und wenn ihr es merkt, wisst ihr nichts Besseres zu tun, als euch streicheln zu lassen, statt Alarm zu geben.» Sonja blickt aus dem Fenster und sieht Krüpki nach den Hunden grapschen, die ihn freudig umspringen. «Ja, ist ja gut, ist ja guuut, jaaa ... Aus euch werden trotzdem nie richtige Wachhunde, det könnt ihr vergessen. Haaaaalo, Soooonja?»

«Bin da, Krüpki, komm rein, und mach nicht wieder das ganze Dorf narrisch mit deinem Geschrei!»

Krüpki sitzt Sonja gegenüber am Tisch und setzt seine Tasse sorgfältig und gewichtig ab. «Dachte, ich muss mal gucken, was los ist bei der Jungbäuerin», sagt er mit so leiser und ernster Stimme, dass Sonja verwundert aufblickt.

«Was soll los sein, Krüpki?», erkundigt sie sich.

«Los ist immer, was los ist, Frau Sonja!»

«Na, so gesehen», lacht sie ihn an, «ist natürlich viel los, wie auf jedem Bauernhof.»

«Hör mal, wir kennen uns doch jetzt schon eine kleine Weile, da brauchst du dem alten Krüpki kein Theater vorspielen. Ich kenn das Leben ja nun auch schon ein wenig in- und auswendig. Also, Kleene! Nu erzähl mal, was dich bedrückt, hm?»

Kleene? Hat er wirklich «Kleene» gesagt? Sonja traut ihren Ohren nicht. So hat Krüpki sie noch nie genannt. Aus dem Mund des dorfbekannten Polterers ist das geradezu ein liebevoller Kosename. Was ist nur los mit dem Mann?

«Krüpki, warum die Flötentöne, was willst du von meiner Seele?»

«Na ja, ich will, dass du mal deine harte Schale ein bissecken aufweichst und mir erzählst, was los ist mit dir und deinem Mann.»

«Ich versteh nicht, was du meinst? Herrgott, so red doch nicht so mystisch daher, Krüpki!»

Der nimmt wieder einen bedächtigen Schluck Kaffee, seine wasserblauen Äuglein fixieren Sonja über den Tassenrand hinweg. «Das ist doch Scheiße, Sonja, totale Scheiße ist das, alles in sich reinzufressen und niemandem was zu sagen. Glaub mir, ich weiß, wovon ich rede. Hab ich nämlich auch immer gemacht, wenn ich mit meiner Lotte mal wieder über Kreuz lag. Bringt aber gar nichts, gar nichts, det is Kacke.»

Sonja versteht gar nichts mehr. Das Einzige, was sie begreift: Krüpki hat ernsthaft was auf dem Herzen. Er wird es über kurz oder lang schon ausspucken, jetzt heißt es, einfach abwarten.

«Na?», fragt Krüpki schließlich.

«Na?», macht Sonja zurück.

«Ich hätte gedacht, dass du mir vertraust, Kleene. Dass de dich mal ordentlich aussprichst, dein Herze erleichterst. Dass dir vielleicht sogar einfallen könnte, dass dein Freund Krüpki, wer weiß, den einen oder anderen guten Rat auf Lager haben könnte, so als trainierter Ehemann.»

«Jederzeit würde ich dich um Rat fragen, Krüpki, wenn du mir endlich mal sagen würdest, welchen Rat ich deiner Ansicht nach brauche.»

«Willste mich jetzt ärgern, oder was?» Krüpkis Stimme verändert sich endlich wieder in den Modus «normal». Also laut. «Das ist doch klar wie Pferdepisse, was du für 'nen Rat brauchst, Sonja. Jede Ehe hat doch mal 'ne Krise, na und? Kommt in den besten Familien vor, also mach hier nicht einen auf tapfere Bäuerin, das hasse ich nämlich, dieses Getue, und hinterher rennste wie 'ne Heulboje durchs halbe Dorf, weil es dir leid tut, leid, dass de mit niemandem geredet hast. So 'ne Scheiße aber auch immer mit euch Weibern! Früher habt ihr wenigstens gleich losgeflennt, und denn konnte man die Rettungsaktion starten und das Reparaturprogramm, aber ihr jungen Dinger von heute …, ihr seid ja alle so stark, dass man kotzen könnte.»

Jetzt muss Sonja lachen, sie ist erleichtert: Da brüllt er wieder, der alte Krüpki. Gott sei Dank, er ist wieder normal!

Sie steht auf, stellt sich vor ihn hin, sticht mit dem Zeigefinger auf seine Brust herab und schreit: «Halt!» Krüpki verstummt abrupt. «So, mein lieber Nachbar und Pferdeflüsterer. Behandle mich nicht wie eine deiner Stuten, sondern wie einen Menschen. Sag, was du gesehen, gehört, gerochen oder erlebt hast, und zwar der Reihe nach!»

«Is ja gut, is ja gut, nu mal langsam mit die Gäule, setz dich wieder auf deinen Hintern und hör zu.» Krüpki ist ebenfalls aufgestanden, und droht: «Denn sollste es eben jetzt auf die harte Tour kriegen. Bitte, gerne!»

Beide setzen sich wieder an den Tisch, einander gegenüber, wie die Kombattanten eines bayerischen Fingerhakelduells. Krüpki lehnt sich zurück und streicht sich mehrmals über den Kopf, im erfolglosen Versuch, seinen weißen Windspielflaum zu bändigen.

«Ich höre», sagt Sonja.

«Wohlan! Du willst es ja nicht anders!» Krüpki beugt seinen Oberkörper vor bis zur Tischkante und legt seine Hände, ineinandergefaltet, vor sich auf das Holz.

«Also», hebt er an. «Ich mache mich, nichts Böses denkend, auf den Weg nach Schmachthagen, ein paar Einkäufe besorgen für meine Lotte, wa? Also ich fahr gemütlich Richtung Wald, und seh schon von Weitem, da steht so 'n weißen Jeep am Straßenrand. Denk mir aber nichts dabei. Noch. Erst als ich schon fast hinterm Wald und an der Bundesstraße bin, macht's Klick. Det war doch eure Kiste! Det war doch der Dieter, der da drinne saß! Ob der 'ne Panne hat? Nee, dachte ich, kann ja nicht sein, denn wär der doch einfach die zwei Kilometer nach Hause gelaufen, hätte seinen Hürlimann geholt, und ihr hättet die Karre abgeschleppt. Aber warum, fragte es in meiner Birne, warum sitzt der einfach so da, mitten auf der Landstraße, und steigt nicht aus? Mmm?»

Sonja macht keine Anstalten, eine Antwort auf seine Frage anzubieten.

«Na, Sonja, det begreift doch selbst der döfste Jockey: Der steigt nicht aus, der Mann, weil er nicht aussteigen kann! Weil, ihm geht es nämlich nicht gut. Der ist rechts rangefahren, weil er was hat. 'n Herz- oder Hirnschlag, was weiß man schon? Man weiß ja nie nichts!»

Jetzt ist Sonja einigermaßen alarmiert. «Krüpki, erzähl kein Scheiß, was ist mit Dieter?»

«Hör auf, mich zu verarschen, verflucht», schreit der. «Das weißt du doch selber ganz genau am besten, dass dein Mann kein' Schlag hat. Also 'nen Schlag hat der schon, aber eher nicht so einen, wo man 'nen Krankenwagen braucht. Das weißt du doch ganz genau, du falsche Schlange! Aber ich, ich hab's nicht gewusst, weil ich ja nie was erzählt bekomme von dir, weil du immer alles in dich reinfrisst wie 'n Müllschlucker! Also ich wende und fahr zurück, noch mal zum Jeep. Fahr ganz langsam von hinten an den ran. Da seh ich, wie Dieter plötzlich so zur Seite zuckt. Als ob er sich auf den Beifahrersitz legen wollte. Ich bin dann, jetzt ganz, ganz langsam, an ihm vorbei und linse in seine Karre. Alle Fenster offen hat der, und sitzt so hinterm Lenkrad, ganz ruhig. Guckt aber nicht. Der weiß doch ganz genau, dass ich da bin, der muss mich doch hören mit seinen verfluchten offenen Fenstern, das kann anders nicht sein! Aber er guckt trotzdem nicht. Verstehste? Sitzt nur da und starrt vor sich hin, wie so 'ne olle Schildkröte. Mit verkniffenem Gesicht und so 'n bisschen gesenktem Kopf. So wie einer, der nicht weiterweiß ...

Ich sage dir Sonja, det war mir unheimlich. Ich sag's, wie's war: Unheimlich war mir dette. Wie der nur so vor sich hin guckt, statt zu mir. Und nicht angesprochen werden will. Was soll ich machen? Ich geb wieder Gas, Richtung Dorf. Und denn macht's wieder Klick bei mir. Warum, frag' ich mich, warum steht ein Mann am Straßenrand, obwohl er keine Panne hat und keinen Herzinfarkt und nix, warum steht der da und fährt nicht einfach weiter? Sind doch nur noch die letzten zwee Kilometer nach Hause, zu seine Frau? Ich sag's dir, obwohl du es selber weißt: Weil er nicht nach Hause will! Und warum will er nicht nach Hause, sondern lieber ein bisschen vor sich hin starren? Auch das weißt du, Sonja: Weil er mit seiner

Frau über Kreuz ist. Und zwar mächtig. Weil er sich denkt, die Ehe ist im Arsch und alles ist im Eimer und nun geht alles den Bach runter.»

Krüpki lehnt sich erschöpft zurück und beobachtet Sonja.

«Krüpki», sagt sie beschwörend, «wenn Dieter und ich im Streit wären, hätte ich das doch mitgekriegt, oder? Sind wir aber nicht!»

«Nicht?», fragt Krüpki

«Nö», sagt Sonja und blickt ihm offen ins Gesicht.

«Verarschst du mich?»

«Nö.»

«Sicher?»

«Sicher.»

«Schwörste, beim Leben deines Mannes?»

«Krüpki, mach dich nicht lächerlich! Was hätte ich davon, dir was vorzumachen?» Sie beugt sich vor. «Wo ich doch genau weiß, dass du mich sofort durchschauen würdest. Weil man einem Krüpki eben nichts vormachen kann.»

Krüpki schweigt. Denkt nach. Reibt mit seinen dicken Fingern auf dem Tischblatt. «Na», sagt er, «det stimmt auch wieder. Ich würde dir det nie nicht abnehmen, so 'n Theater.»

«Eben», bestätigt Sonja.

«Na», macht Krüpki abermals in einem Ton, den er nur sehr, sehr selten verwendet, es gibt in der Tat höchstens eine Handvoll Menschen, die ihn je vernommen haben – nämlich: kleinlaut. «Das war wohl ein sogenannter blinder Alarm, wie?»

«Jo», sagt Sonja nur und hat das deutliche Gefühl, dass Krüpki jetzt dringend ein wenig Aufmunterung braucht: «Weißt du, mein lieber Herr Nachbar, Dieter hält öfter mal einfach so inne. Weil ihm was eingefallen ist, weil er einen Anruf gekriegt hat, weil er was gesehen hat oder auch nur einfach so – ohne Grund. Ich kenn das schon bei ihm, das macht der nicht oft, aber immer mal wieder.»

«Normal ist det aber nicht», grummelt Krüpki.

«Für manche nicht, für ihn schon. Aber trotzdem: danke, Krüpki, es ist wunderbar von dir, dass du dich kümmerst, wenn dir etwas komisch vorkommt. Ich mag das sehr, es ist mir wichtig.»

«Ach …», winkt Krüpki ab und erhebt sich. «Also dann …»

Er geht zur Tür, dreht sich noch mal um: «So, und jetzt fahr ich endlich einkaufen, sonst macht sich meine Lotte Sorgen um mich, und von Sorgen hab ich heute die Schnauze voll, sag ich dir, aber gestrichen. Und was dein Mann da wirklich treibt, allein am Straßenrand, da werd ich ihm jetzt mal gleich auf den Zahn fühlen, da kannste Gift drauf nehmen!»

Krüpki geht über den Hof, dreht sich abermals um und schreit: «Weißt du, ich sag immer: Lieber einmal mehr, als mehrmals weniger! Wenn du verstehst, was ich meine.»

«Klar, find ich gut!», ruft Sonja und winkt zum Abschied.

Er winkt zurück: «Hau rinn, Sonja!», dann biegt er um die Ecke, und weg ist er.

Wie war das noch mal?, fragt sich Sonja: Lieber einmal mehr, als mehrmals weniger? Sie merkt erst jetzt: Was Krüpki da eben gemeint hat, ist so klar wohl doch nicht.

Morgengrauen

Die Sterne sind am Verblassen. Im Osten, hinter den Scheren-
schnitten der mächtigen Kastanien, schimmert ein Hauch von
Hell durch das Laub. Es wird langsam zu Blau werden und dann
unmerklich über Silbrig in ein Rosarot übergehen. In einer Stunde
wird kraftvolles Orange daraus geworden sein, die herbstlichen
Blätter werden das Morgenlicht reflektieren in intensivem, künst-
lich wirkendem Gold. Der Horizont wird einen riesigen glutroten
Ball aus sich herauspressen, in dessen Licht der Reif auf der Wiese
leuchten wird, wie filigrane, rot glühende Asche. Die reifbedeckten
Schafe auf der Weide werden aussehen wie heiße Aschehügelchen,
sie werden sich, eines nach dem anderen, erheben und umher-
wandern, dunkelgrüne Flecken im Gras werden markieren, wo sie
gelegen haben. Und dann werden die Lichtstrahlen intensiver, der
Reif wird flüssig, durchsichtig, die winzigen Tröpfchen werden die
Sonne brechen und die Wiese in ein gleißendes Meer aus Myriaden
von funkelnden Diamantsplittern verzaubern. Die Wollmäntel der
Schafe werden überzogen sein mit glitzernden Hochzeitsschleiern
aus «Tausend und einer Nacht». Welch ein Reichtum, welche Fülle,
welch ein Geschenk!

Ich genieße den frühen Morgen, diese Zeit, die niemandem
gehört. Nur mir und meiner Sonja. Sie schmiegt ihren Rücken
in die Matratze, genießt die schläfrig warme Wohligkeit unter der

Decke und inhaliert den Duft ihres Kaffees. Von hier, von meinem Riesensessel aus, kann ich ihr Gesicht im zähflüssig durch die großen Dachfenster sickernden Morgenschimmer erkennen, als dunkle Insel im Kissenweiß. Aber ich bin sicher: Ihre Augen sind offen und hellwach. Auch sie genießt die Ouvertüre dieser lautlosen Oper aus Licht und Farben, die wir schon so oft erlebt haben und die uns doch immer wieder mit einer weiteren überraschenden Neuinszenierung beglückt.

Wohlig kuschele ich mich tiefer in den Sessel, genieße einen Schluck Milchkaffee, wende meinen Blick wieder nach draußen und seufze zufrieden.

«Was seufzt du, mein lieber Maaaaan?» Sonjas Stimme ist bettwarm, leise, fast ein Schnurren.

Ich hole tief Luft und lasse sie mit einem gedehnten «Aaaaach» aus meiner Brust. «Wir haben das gut gemacht, mein Schatz, richtig gut.»

«Was von dem vielen, was wir machen, haben wir gut gemacht?»

«Wie wir diesen Dachboden ausgebaut haben, das haben wir gut gemacht. Richtig gut-gut.»

Bestätigendes Kaffeeschlürfen von Sonja.

«Ist jetzt auch schon wieder drei Jahre her», sinniere ich. «Stell dir vor, wir hätten hier Wände reingezogen, wie ursprünglich geplant, und hätten diesen schönen großen Dachraum in vier Zimmerchen zerstückelt. Nicht auszudenken.»

«Oder wir hätten Blümchentapeten an die Wände geklebt. Ganz im Stil der Vorbesitzer», kichert Sonja.

«Oder wir hätten die Dachfenster einzeln verteilt, statt großflächig vereint.»

«Tja», macht meine Frau, «da hatten wir Riesenglück.»

«Wie meinst du, warum Glück?»

«Dass wir keine Millionäre sind und darum nicht alles einfach ruckzuck hinklotzen konnten. Ditaaaa, wir hätten nur Fehler gemacht, nichts als Fehler!»

Ich nicke und überlege, wie viele Ehemänner es wohl geben mag, die von ihrer Frau frühmorgens zu hören bekommen, was für ein Glück es sei, nicht mit einem Millionär verheiratet zu sein. Und wie viele Paare, die den Tag mit einem solchen Naturschauspiel beginnen dürfen. In aller Ruhe. Und ich komme zum Schluss, dass wir beide bestimmt die Einzigen auf der Welt, ja, im ganzen Universum sind, die diesen Morgen genau so erleben: mit Kaffee und dieser halben Stunde Faulenzen und Staunen. Mit Zeit, die uns gehört. Nur uns.

Ich erinnere mich gut, wie fremd mir dieses hundertjährige Bauernhaus war, damals nach dem Umzug von den Schweizer Voralpen hierher, nach Amerika, Brandenburg. Mit seiner kranke-Hunde-kackfarbenen Fassade, seinen schrill-bunten Blümchentapeten, den gleichermaßen teuren wie hässlichen Bodenbelägen über den alten Originaldielen, mit all diesen Verschönerungs- und Aufwertungsmaßnahmen, welche die bayerischen Vorbesitzer dem bedauernswerten Gebäude angetan hatten. Und wie ich sofort wild drauflos-zuplanen begann und ganz genau zu wissen meinte, was da alles wo überall ganz anders werden müsse. Und wie oft wir inzwischen gelacht haben über diese «Superideen», die zum Glück mangels Geld nicht umgesetzt worden waren ...

Ich kämpfe mich aus dem Sessel und bewege mich Richtung Bett. Ein inniger Morgen-Kaffee-Kuss ist mein Begehr und Plan, da werde ich ganz und gar unromantisch gestoppt von einem brutal-grellen Panik-Gepiepse. Wie ich dieses Schnurlostelefon mit seinem Drecks-Klingelton hasse! Dieses extrem nervöse Zwitschern in einer Mark und Bein durchdringenden Tonfrequenz. Zwi-wi-wi-wi-wi-wi-wi!

Das muss ein Sadist einprogrammiert haben, ein Folterexperte, ein Quäl-Lüstling. «Alarm!», ruft der kleine Schweizer, der sein Unwesen in mir treibt, noch immer, und den ich wohl nie ganz los werden kann. «Alarmstufe Rot! Da ischt etwas ganz, ganz Furchtbares passiert, hä. Wenn da einer schon um – Moment –, am null sächsi drü drü anläutet, dann bedeutet das gar nichts Gutes, hä.»

Meine Adrenalinschleusen öffnen sich schlagartig. Das letzte Mal, als das Telefon so früh geklingelt hat, damals, als wir noch auf dem gemieteten kleinen Hof in den Schweizer Voralpen wohnten, da war der Bauer vom unteren Nachbarhof dran gewesen. Er hatte sich erkundigt, ob wir Laub verbrennen, so früh am Morgen, oder ob bei uns etwa die Scheune in Flammen stehe. Ich war nach draußen gestürmt und von blankem Entsetzen gepackt worden, angesichts der aus dem Dach schlagenden Flammen. Die bloße Erinnerung daran beschleunigt meinen Puls in null Sekunden von meditativen sechzig Schlägen pro Minute auf hektische 320.

«Die Scheune brennt samt eurer ganzen schönen Heuernte», zetert prompt der kleine Schweizer in mir. Die Bilder von damals tauchen in mir auf, wie ich auf dem Dachfirst reitend und gegen den beißenden Rauch anhustend Ziegel herausgerissen habe, um an den Brandherd zu kommen, wie ich hilflos mit dem lächerlichen Wasserstrahl des Gartenschlauchs versucht habe, den Flammen Herr zu werden, wie ich im Haus, die Feuerwehrspritze in der Hand, den herunterfallenden Glutkometen auszuweichen versucht habe ... Und jetzt schon wieder? Das darf nicht wahr sein! Ich katapultiere mich zum Nordfenster. Meine Augen versuchen, das trübe Morgenlicht zu durchdringen. Und wirklich: Da wälzen sich bereits weiße Rauchschwaden träge über das Scheunendach. Ich reiße das Fenster auf.

«Was machst du für einen Blödsinn?», giftet der kleine Schweizer. «Willst du zum Löschen rüberspucken?»

Zwi-wi-wi-wi-wi-wi-wi!!

Ich schnuppere, kein Brandgeruch. Das ist ein morgendlicher Nebelschleier, der über die Scheune wabert. Nur Nebel, kein Rauch!

«Ja dann brennt's eben im Stall!» Ich sprinte zurück zum Südfenster, die Aussicht hat sich nicht verändert. Kein Rauch, kein Feuer, nicht mal Nebel. «Ja, dann kann es nur noch das Wohnhaus sein, was brennt! Es brennt bei UNS!»

Zwi-wi-wi-wi ... Zwi-wi-wi ...

«So rennen wir doch um Himmels willen endlich mal um unser Leben!», kräht der kleine Schweizer in hellster Aufregung, aber ich werde plötzlich ganz cool. Ich falle nicht mehr auf ihn rein, auf seine Hysterie.

«Es brennt nicht», stelle ich laut und deutlich klar.

«Warum soll's brennen? Jetzt geh halt ran, Diiiita!», kommt es von Sonja. Ja, die Frau hat die Ruhe weg, das muss ich wirklich mal sagen, die legendäre österreichische Gleichmut: Unser Hof brennt lichterloh, und sie schlürft in aller Ruhe Kaffee und ... Ach so, nein, es brennt ja eben *nicht* – der macht mich noch wahnsinnig, der kleine Schweizer.

Da meldet er sich schon wieder: «Wahrscheinlich ist etwas mit den Tieren, die Esel ...»

Zwi-wi-wi-wi-wi-wi-wi! «... die Esel sind ausgebüxt, in Panik auf die Bundestraße galoppiert und haben dort einen vollbeladenen Sattelschlepper, der ihnen ausweichen wollte, quasi in einem unfreiwilligen Elch- ... äh ... Eselstest zum Kippen gebracht. Der Anhänger hat grad noch die entgegenkommende Radsport-Nationalmannschaft zerrieben und ... und ... Oder die Schafe ... genau, die Schafe – ein Wolfsrudel ist von Polen herübergekommen und ist ins Gehege eingefallen und hat einen Schafsgenozid angerichtet, und jetzt sind sie alle mausetot, die Schafe! Alle tot, außer einem ganz armen, süßen kleinen Lämmchen, das jetzt traumatisiert nach seiner Mami blökt, aber leider liegt die ja im eigenen Blut und keiner reagiert auf das Geschrei vom Lämmchen, nur der Mann, der gegenüber der Weide wohnt, hat es gehört, und jetzt ruft der an, um zu melden, dass ein Wolfsrudel aus Polen herübergekommen sei und in das Gehege eingefallen wäre und einen Schafsgenozid …!»

Ich drücke eines der Dachfenster nach oben wie ein U-Boot-Kapitän seine Turmluke und spähe in die Runde. Die Schafe liegen ruhig auf der Weide unter mir, warm eingehüllt in ihre vom Reif weiß leuchtenden Pelze, und rühren sich nicht. Kein Mucks, kein Blöken, keine Bewegung. Die Wölfe scheinen noch nicht angegriffen zu haben. Oder es ist schon vorbei, sie haben reinen Tisch gemacht, die Wölfe. Diese unheimliche Stille …

Zwi-wi-wi-wi … Zwi-wi-wi …

Totenstille auf der Weide.

«Sonja, die Schafe rühren sich nicht», stelle ich alarmiert fest.

«Ein sicheres Zeichen, dass sie tot sind», kombiniert der kleine Schweizer.

«Was sollen sie denn deiner Meinung nach tun?», fragt Sonja verblüfft. «Schafwandeln?» Der Spott in ihrer Stimme ist nicht zu überhören. Sie ist inzwischen wirklich zur Bäuerin geworden. Sie hat die Schulbank gedrückt, noch einmal, mit heißen Ende vierzig, und ein Diplom gemacht, auf dem deutlich und staatlich anerkannt «Landwirtin» steht. Sonja stellt den Kaffee neben sich auf den kleinen Servierwagen, der ihr als Nachttisch dient.

«Dann sind eben doch die Esel auf der Straße – oder die beiden Pferde», grenzt der kleine Schweizer die noch verbleibenden Katastrophen ein. Ich haspelte wieder zum Ostfenster. Die vier Esel haben den Stall schon verlassen und zupfen träge das süße, zwischen den Katzenkopf-Pflastersteinen wuchernde Gras.

«Möchtest du nicht», beginnt Sonja – Zwi-wi-wi-wi … Zwi-wi-wi … – «abheben?»

Ich lehne mich weit aus dem Fenster, um einen Blick ins Innere des Stalls zu erhaschen. Die offenen Türen sind dunkle Löcher, ich kann nicht ausmachen, ob die Pferde noch drinnen sind, kann also nicht mit an Sicherheit grenzender Wahrscheinlichkeit ausschließen, dass sie auf der Bundesstraße einen Laster umgeworfen haben.

«Drum bräuchten wir im Stall eben so eine Infrarot-Überwachungskamera, dann hätten wir jetzt zuverlässig gesicherte Informationen!», doziert der kleine Schweizer.

Zwi-wi-wi …

«Moooa?» Sonja hat sich den Hörer zwischen Hals und Schulter geklemmt, während sie mit akrobatischem Geschick ihre langen Beine in die Jeans versenkt. Ich kann das unheilvolle Gewispere einer männlichen Stimme vernehmen.

«Ja, gut», macht Sonja. «Nein, nein, nein, das ist kein Problem … mhm … gut, mach ich … ja, der ist da.»

«Nein, ich bin schon weg … Hunde … Gassi …», will ich abwehren, doch sie drückt mir unbeeindruckt den verfluchten Hiobs-Elektronikknochen in die Hand.

«Für dich», sagt sie knapp, schnappt sich den Sweater und zieht ihn sich über, während sie auf der Treppe nach unten verschwindet. Die macht sich's ja einfach, denke ich, versinkt einfach im Boden und ist weg.

«A–O?», summt es aus dem Hörer. «AAA-O?»

«Das ist böse, böse, böse», sagt der kleine Schweizer «Es betrifft gar nicht den Stall oder die Scheune oder die Tiere, nein, viel schlimmer: Es betrifft dich! Persönlich! Jetzt gut Nacht am sächsi! Jetzt heißt es tapfer sein.»

Ich will aber nicht tapfer sein, ich will nicht erfahren, was es ist, auch nicht, wer es ist, der frühmorgens ausgerechnet und dezidiert mich sprechen will. Und schon gar nicht will ich erfahren, warum er das will. Nicht ohne Grund heißt es: «Der Morgen graut», weil frühmorgens am Telefon grundsätzlich nur Grau-en-haftes mitgeteilt wird!

«A-O? I-A?», macht der Hörer.

«Ja?», sage ich und stemme das gefühlt vierzig Kilo schwere Plastikteil in Richtung Ohr. «Moor am Apparat.»

«Ja, sali Dieter, da isch dä Jakob!»

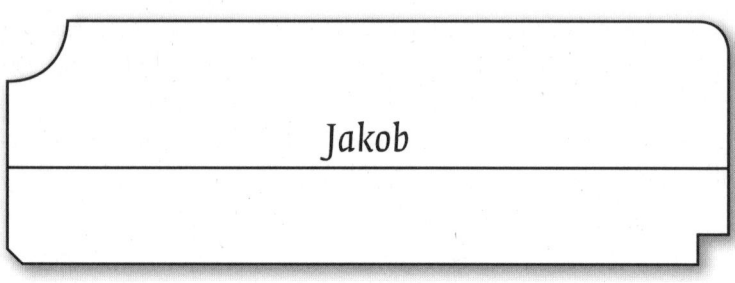

Jakob

Jakob! Unser Freund aus den Voralpen, unser Nachbar, damals, in der Schweiz, der Besitzer des nächstgelegenen Hofes.

«Ja, Jakob! Sali!» Ein Gotthard-Massiv fällt mir vom Herzen. Es ist Jakob, nur Jakob, klar, wer soll's denn sonst sein am frühen Morgen, das kann ja nur Jakob sein. «Das ist ja eine schöne Überraschung, dass du dich meldest.» Ich freue mich aufrichtig.

«Was heißt da schön?», flüstert der kleine Schweizer. «Der Jakob würde doch nicht vor sieben Uhr anrufen, nur damit du sagen kannst, dass es schön ist, dass er anruft. Der weiß doch, was Anstand ist, der ruft vor sieben Uhr an, weil er es in seinem Elend nicht mehr aushält zu warten bis am achti, weil es so schlimm ist, was ihm passiert ist, dem armen Jakob! Und was sagst du zu deinem verzweifelten Freund? Schön, dass du anrufst, sagst du, als ob nichts passiert wäre. Geht es noch? Unsensibler Holzklotz.»

Schande über mich, der kleine Schweizer hat recht. So früh morgens kann das nicht einfach nur ein Wie-geht's-denn-so?-Anruf sein, das ist ein Hilfeschrei meines Freundes! Beschämt pegele ich meine Stimmlage von höchster Begeisterung runter auf mitfühlend. «Jakob, ich meinte, es ist eine gute Entscheidung, mich jetzt anzurufen. Also: Was ist dir passiert?»

«Passiert? Was meinsch du mit passiert? Allerhand ischt mir passiert, aber eigentlich auch wieder nichts Bsunders.»

«Ja, verstehe», sage ich nachdenklich, obwohl ich natürlich gar nichts verstehe. Aber ich begreife: Es muss wirklich etwas Schlimmes geschehen sein. Jakob ist noch in der Verdrängungsphase, man kennt das ja nach großen Katastrophen, bei denen die Leute wie ferngesteuert mit zombieartigen Bewegungen aus dem Flugzeug- oder dem Eisenbahnwrack klettern oder aus der Brandruine und noch gar nicht mitbekommen haben, dass sie gerade etwas ganz, ganz Schlimmes erlebt haben und sich ihnen gerade ein Trauma in die Seele frisst. Die sagen dann auch: «Allerhand, was da passiert ist, aber eigentlich auch wieder nichts Besonderes.» Und erst Jahre später schrecken sie dann nachts schreiend aus dem Schlaf und zittern, weil es eben doch etwas besonders Schlimmes gewesen war, was ihnen da passiert ist. Armer, armer Jakob. Jetzt hängt alles davon ab, ob es mir gelingt, sein Trauma im Keim zu ersticken. Er muss darüber reden. Jetzt. Sonst ist es zu spät. «Jakob, ich bin richtig froh, dass du mich anrufst, um darüber zu reden.» Meine Stimme hat das perfekte Therapeuten-Timbre. «Also, Jakob, was genau ist denn dieses nichts Besondere?»

«Äh ... ich weiß jetzt gar nöd ...»

«Manchmal ist es schwer darüber zu sprechen, weil man nicht weiß, wo man anfangen soll. Aber wir haben Zeit, Jakob. Also, fang einfach am Anfang an.»

Jakob lacht. Aha, auch typisch, manchmal muss sich die Erinnerung an das Unfassbare, das man durchgemacht hat, mit einem Lachen den Weg nach außen bahnen. Ich warte geduldig. Jetzt bloß keinen Druck ausüben, das könnte Jakobs Seele wieder verschließen, vielleicht sogar für immer. Ich nehme deutlich wahr, wie mir mein kleiner Schweizer anerkennend zunickt.

Jakob lacht noch einmal auf und sagt: «Dieter, hast du zu lange gefeiert geschtern, du töönscht so komisch?»

«Wieso ich? Jakob, es geht doch jetzt nicht um mich, es geht doch um das, was dir passiert ist. Also?»

«Nüüt isch mir passiert, aber bei dir schynt's, isch etwas nicht ganz in Ornig. Was isch dir passiert?» Pause. «Du kannst es mir ruhig verzellen, ich habe Zeit.» Seine Stimme ist jetzt ganz tief und ruhig und einladend. Jakob wäre auch ein guter Therapeut, wenn er jetzt nicht selber dringend einen brauchen würde.

«Nein, wirklich Jakob, im Ernst, lass uns jetzt über das reden, was dir passiert ist, bei mir ist alles in Ordnung.»

«Würkli?»

«Ja, wirklich.»

«Ehrli?»

«Ja, wirklich und ehrlich. Ich schwöre, bei mir ist alles in Ordnung.»

«Da bin ich jetzt aber froh, dass du das seisch. Bei mir nämlich au.»

«Wirklich alles, Jakob?»

«Ja, würkli.»

«Ehrlich?»

«Ja, würkli ehrli, alles.» Jakob kichert wieder so seltsam traumahaft in sich hinein. «Aber irgendwie tönsch du eben doch komisch ... Du Dieter, ich hab dich doch nicht öppe geweckt, oder?»

«Neineinein, überhaupt nicht, wir sind schon lange auf», versichere ich. «Aber Jakob, mir kommt vor, du klingst selber irgendwie komisch.»

«Ja, das könnte vilicht da dran liegen, dass ich ein bizzeli müde bin, weisch du.»

Aha, denke ich, posttraumatische Schlafstörungen ...

«Aha», sage ich, «du hast schlecht geschlafen ...»

«Was heißt schlächt: Keis Aug hab ich zugetan.»

«Das ist nicht gut, Jakob, das ist gar nicht gut.»

«Es wäre aber noch vill weniger gut gsy, wenn ich gschlafe hätte.»

«Wegen der Albträume?»

«Ja, das wäre wohl en Albtraum worde, wenn ich igschlafe wär, zmizt unterm Fahren.»

«Du bist gefahren?»

«Di ganzi Nacht, ja.»

Jetzt verstehe ich: Jakob hat einen Nachtdienst hinter sich!

Jakob ist nämlich im Hauptberuf Busfahrer, den Hof betreibt er, wie die meisten in den Voralpen, als kleines Nebengewerbe. Schon sein Vater hatte noch zu Lebzeiten den Hof über die Jahre sanft «heruntergefahren», hatte das meiste Land Stück für Stück verpachtet und die eigenen Kühe eine nach der anderen verkauft. Auf den restlichen Wiesen macht Jakob jetzt Heu und lässt noch einige Rinder weiden, die ihm die Bauern vom Tal im Frühjahr bringen zum Übersommern. Jakob liebt seinen Hof, hält mit viel handwerklichem Geschick alles tipptopp in Schuss, schlägt im eigenen Waldstück auf der Bergkuppe eigenhändig die Balken, die er zum Ausbessern oder Erweitern der Scheune braucht, und richtet sie zu, exakt auf den Millimeter, so wie er sie braucht, mit Hilfe seines selbst konstruierten mobilen Sägewerks.

Auch sein landwirtschaftliches Mehrzweckfahrzeug ist eine typische Eigenkonstruktion à la Jakob: eine Mischung aus Pickup, Pistenfahrzeug und tiefer gelegtem Traktor. Es sieht extrem nach Abenteuer aus, als hätte es in kühnem Sprung die Leinwand eines Mad-Max-Films durchbrochen und wäre ins echte Universum gesprungen. Nur die Lackierung verrät, dass es sich keineswegs um eine anarchische Endzeit-Kampfmaschine handelt: Statt in Wüstenrostfarbe oder in Brutalschwarz leuchtet es in fröhlichem Froschgrün. Und es ist höchst amtlich als landwirtschaftliches Nutzfahrzeug zugelassen: Von den Sachverständigen der gestrengen Schweizerischen Verkehrsfahrzeugszulassungsbehörde war es erst mit fassungslosem Staunen, dann mit rasant wachsender Bewunderung auf Herz und Nieren geprüft und dann ganz offiziell für tauglich befunden worden. Stempel, Zulassung, Gratulation dem Konstrukteur!

Unkaputtbar ist diese landwirtschaftliche Allzweckwaffe, unumkippbar auch an den steilsten Hängen. Ladefläche, Heck- und Frontzapfwelle, Seilwinde, Fronthubwerk, alles maßgeschneidert für Jakobs Bedürfnisse, jedes Detail durchdacht und mit Erfindergeist und konstruktivem Können umgesetzt. Und alles, jede Schraube, jedes Blech, jeder Kabelzug, alles bis ins Letzte ist für die Ewigkeit konzipiert. Jakobs Motto: «Lieber ein wenig mehr als nötig, dann hält's!» In der Praxis heißt das: Wenn ein Bolzen nach Adam Riese, sagen wir, drei Tonnen Druck aushalten muss, rechnet Jakob mit einer Spitzenbelastung von sechs Tonnen: «Man weiß ja nie, was kommt, oder, wenn da plötzli unverhofft ein Schlag auf den Bolzen chlöpft oder so.» Und weil er von sechs Tonnen ausgeht, baut er zur Sicherheit einen Zwölf-Tonnen-Bolzen ein, oder noch besser, einen Achtzehn-Tonnen-Bolzen: «Damit wir noch ein wenig Resärve haben, nach oben.» So wird sein Gerät wohl auch noch seinen Ururenkeln zuverlässig dienen. Und, vorausgesetzt, Jakobs Nachfahren werden es dermaleinst ebenso sorgfältig pflegen und liebevoll warten wie er, wird es laufen, so lange, wie es auf dieser Welt noch einen Tropfen Diesel gibt.

Es gibt keine Aufgabe, die Jakob mit seinem Mad-Max-Mobil nicht meistern kann. Ob beim Bauen, beim Graben, beim Holzfällen, Heumachen oder Zäunen, immer verfügt das Gerät über noch eine weitere zweckmäßige Zusatzfunktion, immer lagert in einem seiner Holzschuppen noch ein geniales Anbauwerkzeug. Und wenn nicht, dann wird das Passende und Nötige eben erfunden und konstruiert. So ist Jakobs Vielzweckmaschine eine sich permanent entwickelnde, fahrbare landwirtschaftliche Skulptur, nichts weniger als ein Kunstwerk. Sogar ein preisgekröntes: Eine Fachzeitschrift hat Jakob dafür zum «Erfinder des Jahres» gekürt. Er hat zwar gelacht, damals, und sich ein wenig spöttisch gefragt, was das wohl für eine Jury sei, die ausgerechnet auf ihn komme, den einfachen, gelernten Automechaniker, wo es doch gewiss viel gelehrtere Erfinder gäbe als ihn. Aber ein wenig Stolz ist damals doch mitgeschwungen in Jakobs Spöttelei ...

«Du», klingt seine Stimme aus dem Hörer, «warum ich dir alüüte ...»

«Ja eben, warum rufst du eigentlich an?»

«Ja eben, ich wollte dir nur säge, ich han sie!»

«Was?»

«D' Lösig!»

«Hab ich's doch gewusst!», triumphiert der kleine Schweizer. «Wo eine Lösung ist, gibt's auch ein Problem. Es ist eben doch etwas passiert, und Jakob will mit der Sprache nicht so recht herausrücken, weil es so schlimm ist.»

«Die Lösung für welches Problem, Jakob?», frage ich vorsichtig.

«Für dys Problem, Dieter! Das Hürlimann-Kuppligsschibli! Ich han's scho by mer.»

Endlich fällt bei mir der Groschen: Es geht um den Hürlimann. Genauer: um dessen Kupplungsscheibe.

Entzug

In der Tat hatte ich mir große Sorgen gemacht um meinen Hürlimann, den Traum meiner Kindheit. Um jenen Traktor, den ich nach dem Umzug nach Amerika im Internet gefunden und aus der Schweiz nach Brandenburg hatte transportieren lassen und auf dem ich seither über die Weiten der Brandenburger Felder tuckere, so stolz wie es ein Feldherr nur irgend sein kann. Den guten alten Hürlimann D 100 S, Baujahr 1968, kräftig wie ein ganzes Gestüt: 45 Pferdestärken. Jenen Hürlimann, den mein hiesiger Nachbar, Bauer Müsebeck, so genau inspiziert und mit einem Tätscheln auf die feuerwehrrote Kühlerhaube für gut befunden hatte, das zuverlässige altmodisch chromblitzende Arbeitstier, ohne das wir ruiniert wären, weil es unser Gras mäht, unser Heu presst, es einbringt, die Wiesen eggt, den Wasserwagen zu den Schafen zieht. Und dieses Juwel schweizerischer Ingenieurskunst machte mir Sorgen. Weil auch ein Traktor, dessen Hersteller wegen zu hoher Qualität seiner Produkte pleitegegangen ist, denn die Hürlimänner gehen nie kaputt, und jeder, der einen Hürlimann hat, behält seinen Hürlimann ein Leben lang und muss nie wieder einen Hürlimann kaufen, ein Hürlimann ist eine (wohlgemerkt: EINE!) Anschaffung fürs Leben, ein Hürlimann hält und hält und hält, unterm Großvater, unterm Sohn und noch unterm Enkel, ein Hürlimann dient unermüdlich viel länger, als ein Bauernleben lang …

... weil, wollte ich eigentlich sagen, weil auch so ein für die Ewigkeit gebauter Traktor Verschleißteile besitzt. Zum Beispiel eine Kupplungsscheibe. Und die machte mir Sorgen: Sie war runter. Beim Einkuppeln ratterte sie verdächtig, und nur widerwillig übertrug sie die Kraft des Motors auf die Räder. Vor etwa zwei Monaten hatte das angefangen, und natürlich steh ich jetzt blöd da mit meinem Hürlimann. Denn woher soll ich für einen Traktor, für den längst keine Ersatzteile mehr gebaut werden und der hier im Nordosten Deutschlands ein absoluter Exot ist, woher sollte ich bloß eine Hürlimann D 100 S-Kupplungsscheibe, Baujahr 68, aber bitte wie neu, hernehmen? Woher?

Natürlich hatte ich in meiner Not sofort Jakob angerufen, den genialsten Mechaniker aller Mechaniker. Wenn einer Rat wusste, dann er. Und Jakob hat ihn ausgesprochen, den Rat, mit dringlicher und sehr ernster Stimme. Er lautete, den Hürlimann sofort in Ruhe zu lassen, jedes weitere Kuppeln könne die Scheibe zerreißen, «und dann guät Nacht am Sächsi!» Da wären ungeheure Fliehkräfte am Wirken, meinte er, und wenn es die Scheibe dann auseinanderchlöpfe, könne mir der ganze Motorblock um die Ohren fliegen, und dann könne ich, wenn ich Pech hätte, gleich «beim Petrus an der Pforte aachlopfe». Aber er, also Jakob, nicht Petrus, er würde sich mal umhören, da stünden ja überall noch alte Hürlimänner in den Scheunen rum, das sei eben der Vorteil von guten Marken, einen Hürlimann würde man niemals wegwerfen, es müsse sicher möglich sein, ein «Original-Kuppligsschibli» zu finden, das noch in Ordnung sei. Andernfalls würde er sich überlegen, wie man eins machen könne, ich müsse ihm dann halt das Alte zuschicken, damit er eine Vorlage habe, und dann würde er schon auf eine Idee kommen, wie er ... Aber eben das Einfachere sei, wenn man noch so ein Kuppligsschibli finden könne, ich soll ihn nur machen lassen, er melde sich, wenn er Näheres wisse, aber jetzt für den Moment sei nur eines wichtig: Hände weg vom Hürlimann!

Hände weg vom Hürlimann! Leicht gesagt. Das ist, als würde man einem Bäcker sagen: «Hände weg vom Ofen.» Ich brauche meinen Hürlimann, und jeder Tag ohne ihn ist ein Tag des Stillstands, des Hürlimann-Stillstands, und daher ein verlorener Tag. Zwar hat uns der alte Krüpki dankenswerterweise sein eigenes altes, tapferes Treckerchen großherzig ausgeborgt, natürlich nicht ohne prophylaktische Standpauke: «Wenn de den mit'm Schaden zurückbringen tust, denn zieh ich dir die Ohren so lang, det deine Esel glooben, du bist einer von ihrer Sorte, det sach ich dir!»

Dank Krüpki haben wir jetzt immerhin wenigstens fürs Notwendigste eine Zugmaschine. Aber das kann natürlich nur eine vorübergehende Notlösung sein. Der Hürlimann muss wieder in Gang kommen, die Weiden sollten dringend vorbereitet werden für den Winter, sie gehören gemulcht und gestriegelt, und sie wollen gedüngt sein mit dem Stallmist, der sich über den Sommer angesammelt hat und nun auf dem Miststock prächtig vor sich hin kompostiert. Es hilft nichts: Der Hürlimann muss wieder laufen, komme was da wolle.

Nach Jakobs Hürlimann-Verbot hatte ich schreckliche Entzugserscheinungen: Ich umschlich ohnmächtig das zu schnöder Leblosigkeit verurteilte Prachtstück, ich stieg auf, drehte, wie unter Zwang, den Zündschlüssel, lauschte dem tiefen Plock-Plock-Plock der Maschine, drückte ganz vorsichtig das Kupplungspedal, widerstand heldenhaft dem Drang, einen Gang einzulegen, nahm unter Aufbietung aller mir zu Verfügung stehender Selbstüberwindung den Fuß wieder von der Kupplung und ließ, eine Meisterleistung der Selbstdisziplin, den Motor unverrichteter Dinge absterben. Ich stieg vom Traktor als ein vom Schicksal geschlagener tragischer Held.

Mit diesem Hürlimann-Problem bin ich meiner Sonja nächtelang in den Ohren gelegen. Das Erste, worüber ich morgens nach unruhigem Schlaf sprach, war der Hürlimann. Dann redete ich den ganzen Tag vom Hürlimann. Und das letzte Wort, das ich flüsterte, bevor ich abends zermürbt und zerschlagen wieder in sorgenvollen Schlaf glitt, war: «Plock-Plock-Plock.»

Bis mir mein edles und starkes Weib nach einer Serie von zermürbenden Tagen und noch zermürbenderen Nächten ebenfalls Hürlimann-Verbot erteilte: «Dieter, ich kenn das Hürlimann-Problem auch. Es ist da, wir werden es irgendwie lösen. Aber davon, dass du es jeden Tag hundertmal erwähnst, wird es nicht besser. Im Gegenteil: Es macht mich krank, hörst du? Wenn ich aus deinem Munde noch ein einziges Mal ‹Hürlimann› höre, bin ich hier weg. Du wirst dich entscheiden müssen: er oder ich!»

Sie sagte das sehr bestimmt. Und sehr ruhig. Sie sagte das in genau dem Ton, den sie nur sehr, sehr selten anwendet. Nur, wenn es ihr mit ihrer Botschaft wirklich, wirklich ernst ist. Dieses spezielle Timbre in der Stimme hatte sie zuletzt, es war noch auf dem Hof in der Schweiz, als sie meinte: «Wenn ich noch einmal das Wort ‹Überzüge› höre, fliegen die Stühle raus.» Es war um irgendwelche Hussen gegangen, die mir gut gefallen hätten, so schöne bunte Überzüge, in traditionellem Schweizer Design. Sonja gefielen sie überhaupt nicht, sie hasst Überzüge generell und abgrundtief, und mit Hussen kann man sie um die halbe Welt jagen.

«Aber diese Bezüge …», hatte ich leise noch anmerken wollen, als die Stühle auch schon flogen. Hinaus. Das ganze Dutzend. Zum Glück stand die breite Terrassentür zufällig offen. Und zum Glück warf Sonja mit erstaunlicher Präzision exakt durch diese Öffnung und nicht durch die Verandascheiben gleich daneben. Zum Glück warf mein zartes Weib nicht nur erstaunlich präzise, sondern, zwölf Mal immerhin, ohne zu ermüden, auch mit verblüffender Wucht, sodass die Stuhlgeschosse nicht am Terrassengeländer zerbarsten, sondern dasselbe in hohem Bogen überflogen und wild um sich selber wirbelnd in der weichen Wiese landeten, wo sie ein paar Fetzen Gras samt Wurzelwerk aus dem Gelände rissen und ebenfalls zum Fliegen brachten. Weiterer Schaden war erstaunlicherweise nicht zu beklagen, denn sämtliche Katzen, Hunde und Esel waren so klug gewesen, sich tunlichst nicht im Stuhlbomben-Abwurfgebiet aufzuhalten.

Ich hatte mir damals fest vorgenommen, mir diesen speziellen, Unheil verkündenden Tonfall von Sonja gut einzuprägen, um fürderhin rechtzeitig ein Deeskalationsprogramm starten zu können. Falls es wieder mal so weit kommen sollte. Man konnte ja nie wissen …

Jetzt wusste ich: Es war so weit gekommen.

«Entweder er oder ich – deine Entscheidung.» Sonja meinte es ernst. Sehr, sehr ernst. Ich konnte mich aber nicht entscheiden zwischen meinem Hürlimann und meiner Sonja, das ging einfach nicht! Was solle denn das für eine doofe Entscheidung sein: Sonja oder Hürlimann oder Hürlimann oder Sonja? Ich brauche beide! Ohne Sonja keine Bäuerin, ohne Bäuerin keinen Bauernhof, ohne Bauernhof keinen Traktor. Sogar ein Prachtstück wie der Hürlimann wäre ohne Sonja völlig überflüssig. Andererseits: Ohne Hürlimann keine Wiesenpflege, ohne Wiesenpflege kein Ertrag, ohne Ertrag keinen Bauernhof, ohne Bauernhof keine Bäuerin. Sogar ein Prachtstück wie Sonja wäre ohne Hürlimann völlig überflüssig.

Ja, ja, ist ja gut, ich weiß: Ich darf doch meine Sonja nicht mit einem Traktor gleichstellen, die arme Frau ist doch keine Maschine, die zu funktionieren hat, ein Skandal ist das, was ich mir da herausnehme! Wo bleibt der Respekt gegenüber meiner viel besseren Hälfte, wo die verdiente Wertschätzung und die noch viel verdientere Liebe?

Zu meiner Verteidigung und vollständigen Rehabilitation ist genau jetzt und an dieser Stelle eine Fußnote dringend vonnöten. Um zu zeigen, wie das wirklich ist, bei uns Bauern-Ehe-Leuten, mit der gegenseitigen Wertschätzung.

Fußnote

Als Sonja und ich damals vom Konsumparadies Zürich in die Schweizer Voralpen gezogen waren, spulten wir Tausende von Kilometern ab auf der frustrierend erfolglosen Suche nach Dingen, die wir dringend brauchten, die in den Dorfläden der Umgebung jedoch nicht zu bekommen waren. Bis uns Jakob eines Tages erlöste, indem er uns den einzigen Ausweg aus der Bredouille zeigte, den es damals, in der Vor-Internet-Shopping-Epoche, gab: Konsum per Katalog. Als fürsorgliche nachbarschaftliche Hilfsaktion brachte er uns einen halbmeterhohen Stapel von Katalogen. Für Reiterbedarf, Landmaschinenbedarf, Berufskleidungsbedarf, Küchen- und Restaurantbedarf, Tierzuchtbedarf oder Waldarbeiterbedarf, sowie eine Unzahl von mit Werkzeugbedarf für Garten, Haus und Hof bedruckten Wälzern, schwer wie Telefonbücher, die in der Offline-Wüste, die damals noch herrschte, für Bestellungen benutzt wurden.

In dieser Katalogwelt der unbekannten, dennoch zweifellos praktischen Dinge konnte ich stundenlang versinken. Ich entdeckte verzichtbare und unverzichtbare Gegenstände, von deren Existenz ich bis dato nicht mal eine Ahnung hatte: Kuhmilch- und Heuballenthermometer, Mostflaschen-Verkork-Geräte, Kompost-Sterilisations-Schubkarren, Tisch-Schnapsdestillationen, Einweckgläser-Vakuum-Kompressoren, Armbanduhren, die zugleich

Höhenmesser, Wetterstationen und Feuchtigkeitsmesser waren. Wunderbare Dinge, die in keinem Laden zu kaufen waren, die aber offenbar gebraucht werden, sonst gäbe es sie ja nicht. Und an all diese Sachen konnte man herankommen, ohne einen einzigen Kilometer fahren zu müssen: Bestellcoupon ausfüllen, in den Briefkasten werfen, fertig!

Jedoch der alleredelste und vielseitigste Lesestoff zur Befriedigung echter oder eingebildeter Konsumbedürfnisse offenbarte sich mir in Form der *Bauern-Fundgrube*. Der Inhalt dieser Zeitschrift bestand ausschließlich aus privaten Kleinanzeigen, geordnet nach Fachgebieten. Einen gebrauchten Heuwender zum Beispiel fand man unter der Rubrik «Landmaschinen», der Unterrubrik «Grünland», Unter-Unterrubrik «Heuernte», Unter-Unter-Unterrubrik «Wender». Wer vorhatte, sich eine Katze anzuschaffen, schaute unter «Tiere» – «Haustiere» – «Kleintiere» – «Katzen». Einen Stier konnte man unter «Tiere» – «Nutztiere» – «Wiederkäuer» – «Rinder» – «Zucht» – «Besamung» finden.

Und was der Schweizer Bauer nicht fand, konnte er per Kleinanzeige suchen: «Suche Aufsteck-Bajonett für Karabiner K31 der Schweizer Armee.» Nur so als Beispiel.

Wir abonnierten die *Bauern-Fundgrube*, und fortan war Montag «Fundgruben-Tag». Nach wenigen Wochen hatte ich heraus: Ein «1A. Rapid m. Zpfw. Für H.», ist ein einachsiger, berggängiger Mini-Schlepper mit einem über eine Kraftwelle angetriebenen Anhängerchen.

Auch für Unterhaltung war in dem Heft bestens gesorgt: Die subtilste und anregendste Unterhaltung war jene unter «Verschiedenes», Unterrubrik «Bekanntschaften», Unter-Unterrubrik «Heirat». Diese Hilfeschreie der Einsamkeit zogen mich in ihren Bann. Sofort lief in meinem Oberstübchen schnurrend ein Filmprojektor an und ein paar wenige Anzeigenzeilen wurden zum Kino im Kopf:

Überschrift:

En Bur met Chenderwunsch gsuecht.

Oh, pardon, zu Deutsch:

Ein Bauer mit Kinderwunsch gesucht.

Sofort erschien vor meinem inneren Auge der zu findende Bauer, der seiner Kuh, der Vroni, über die prallrunde Flanke streicht und jammert: «Mich frisst der Neid, Vroni! Du bekommst ja schon wieder ein Kalb, und ich armer Tropf werde und werde nicht schwanger. Dabei bin ich doch ein Bauer mit Kinderwunsch!»

Und nachdem die Inserentin klargemacht hatte, was ihr Begehr war, schrieb sie, was sie zu bieten hatte:

Ich, lieb, ehrlich, bodenständig und sehr naturverbunden ...

Schon sah ich vor meinem inneren Auge, wie sie sich lieb im Spiegel betrachtet und ihre ehrlichen blonden Zöpfe streichelt, wobei sie eine naturverbundene naturfarbene Linnenbluse trägt. Prall-kugelige Waden und breite Haflinger-Fesseln blitzen unter dem schweren Rock hervor, breitbeinig und bodenständig steht sie in ihren Holzschuhen auf dem Holzboden ihrer Hütte und schaut tief in die kornblumenblauen Augen ihres Spiegelbildes. Dann spricht sie die nächste Zeile ihres Inserates:

... würde gerne einen großen kräftigen Bauern kennenlernen ...

Schnitt: Der Bauer neben seiner Vroni wächst wie durch Zauberei zu einem Zweimeterfünfhünen, ein roter Bart sprießt ihm aus dem Gesicht, seine Brust schwillt, die Arme verdicken sich zu Baumstrünken, die Nähte seiner Bauernjoppe platzen. Die Kuh Vroni staunt nicht schlecht und zupft sich noch ein Edelweiß.

Schnitt auf das erschrockene Gesicht der lieben, ehrlichen Magd. Beschwörend ruft sie nun den Schluss ihres Kleinanzeigentextes:

… der lieb ist und es ehrlich meint!

Sie macht einen Schmollmund und stützt die sommersprossigen Arme in die breite Hüfte.

Schnitt: Der Riese klemmt sich die Kuh Vroni unter den Arm und trägt sie ganz lieb zum Stall. «So», sagt er, während er die Tür von außen zuschlägt und verriegelt: «Ehrlich gesagt, kann ich dich nicht mehr sehen mit deinem Kalbsbauch. Du bleibst da jetzt drinnen, bis auch mein Kinderwunsch in Erfüllung gegangen ist, ich meine es ernst, ehrlich!» Dann stapft er ins Haus, um einmal mehr die Kleinanzeigen der *Bauern-Fundgrube* zu studieren.

Damit keine Missverständnisse aufkommen: Das obige Inserat ist genau so veröffentlicht worden. Auch der folgende ist ein Originaltext, vermutlich aufgegeben von der Kuh Vroni, dem einzigen schreibenden Rindvieh weltweit.

Überschrift:
Mutter-Kuhlein sucht immer noch …

Text:
Habe meinen Stier noch immer nicht gefunden, suche einen zwischen 30–43zig aus der Region Bern, der eine ernsthafte Bez. möchte. Lg vom Mutterkuhlein :-)

In derselben Ausgabe fand ich, welch ein Wunder, auch die Anzeige vom hünenhaften Besitzer der Kuh Vroni. Unveränderter Originaltext:

Überschrift:
7 oder 8?

Text:
Sieben scheint nicht übertrieben. Bin ich zu spät, sprich: zu alt? Oder findet sich noch eine Lösung? Mindestens 7 Kinder sollten es schon sein. Nun, wie solltest du sein: hübsch, natürlich. Ein großes Herz haben, Gelassenheit ausstrahlen.

Wenn das keine klare Ansage ist!

Das beste, weil ehrlichste Inserat, das wir damals in der *Bauern-Fundgrube* entdeckten, lautete schlicht und klar: «Bauer (32) sucht Frau mit Traktor. Zuschriften mit Bild vom Traktor bitte an ...»

Sonja wollte unbedingt mehr über den Mann hinter der Annonce herausfinden und überlegte ernsthaft, ihm zum Schein eine Antwort zukommen zu lassen. Zum Glück hatten wir damals noch keinen Traktor, mit dessen Bild sie um seine Gunst hätte werben können.

«Würdest du dem wirklich antworten, wenn du einen Traktor hättest?», fragte ich sie.

«Nur zum Schein, um zu sehen, wie er reagiert. Doch nicht ernsthaft, ich hab ja dich», sagte mein schönes Weib und blinkerte mich aus ihren großen blauen Augen treuherzig an.

«Nett von dir, Sonja, danke. Aber wenn du mich nicht hättest und dafür einen Traktor ...»

«Ich hab noch NIE auf eine Kontaktanzeige geantwortet», entrüstete sie sich.

«Ich meine, wenn du mich nicht hättest, aber einen Traktor, und du eine Frau wärst, die eben doch mal auf eine Kontaktanzeige antworten würde, tätest du dann ...»

«Nein, der Traktor würde mir zu meinem Glück vollauf genügen.»

«Sonja! Du weißt, was ich meine: Du Weib hast Traktor, suchst trotzdem Macker per Kleinanzeige, ja? Würdest du auf diese Anzeige … ja oder nein?»

«Diiiiieter! Wie soll ich das wissen? Dieses Weib, das du da beschreibst, bin doch nicht ich. Da musst du schon diese andere fragen.»

Ich gab auf. Und fand mich damit ab, nie zu erfahren, ob der Bauer, der das Inserat verfasst hatte, wenigstens eine winzige Chance gehabt hätte, tatsächlich Bilder von Traktoren von Bauer suchenden Frauen zu erhalten. Für ihn und für eine bessere Welt hoffe ich es sehr.

Immer noch Fußnote

Falls es irgendwo im Universum diese Frau gegeben hätte, die tatsächlich auf diesen Inserenten reagiert und in ihr Antwortkuvert kein Bild von sich gesteckt hätte, dafür ein Bild ihres Traktors, und dies Bild ihres Traktors hätte ihm gefallen, dann ... hätten sie sich getroffen. Sie wäre zu ihm gefahren. Auf ihrem Traktor. Sie hätte ihn auch damit fahren lassen, weil sie ihm vertraut hätte, und er hätte nach der Probefahrt in ihre Augen geschaut und gesagt, dass sie da einen schönen Traktor habe, und sie hätte gesagt, dass er gut aussehe auf ihrem Traktor und er solle gefälligst beim Runterschalten den zweiten Gang nicht so reinwürgen. Und er hätte gesagt: «So, jetzt schau dir mal den Hof an», und sie wären, sein altes, rostiges Traktorenwrack umgehend, ins Haus gegangen, und sie hätte gesagt: «Da fehlt eine Frau, wie das hier aussieht», und er hätte gesagt: «Ich weiß», und sie hätte ihn prüfend angeschaut und gefragt: «Was wirft er denn ab, dein Hof?», und er hätte ihr gesagt, was er abwirft, sein Hof, und sie hätte die Stirn gerunzelt und gerechnet und dann genickt und gesagt: «Aha.» Und dann hätten sie noch das Vieh begutachtet und die Scheune, und danach hätten die beiden nicht recht weitergewusst, weil ja alles schon klar gewesen wäre, und dann hätte er gefragt: «Und jetzt?», und dann hätte sie gesagt: «Ich lass den Traktor bei dir», und er hätte genickt und gesagt: «Gut», und sie hätte ihm die Hand hingehalten, und er hätte eingeschlagen, und sie hätten sich lange und prüfend in die Augen gesehen, und er hätte gesagt: «Ich will dann kein Gejammer hinterher», und sie hätte gesagt: «Und ich kein Gefluche», und sie hätten sich weiter in die Augen gesehen, und dann hätten sie beide gleichzeitig genickt und sich, nach einem kräftigen Druck, wieder losgelassen an den Händen, und dann hätte sie gefragt: «Und wo wird geschlafen?», und er hätte es ihr gezeigt, und sie hätte den frischen Blumenstrauß auf dem Nachtkästchen entdeckt und gefragt: «Hast du gewusst, das ich bleibe?», und er hätte gesagt: «Nein, aber gehofft – bei dem schönen Traktor», und sie hätte ihm einen Schlag vor die Brust geknallt, und er wäre zurückgeprallt und rücklings aufs Bett gefallen, und sie hätte sich am liebsten gleich dazugeworfen, stattdessen aber hätte sie gesagt: «Ich brauch einen Schnaps», und sie wären in die Küche gegangen und hätten beim Selbstgebrannten viel besprochen und einander alles gesagt, was nämlich sie, die Frau, nie wieder durchgehen lassen würde bei einem Mann, respektive was er, der Mann, nie wieder hinnehmen würde bei einem Weib, und sie hätten sich oft zugenickt und sich in die Augen gesehen, und am anderen Morgen in der Früh wäre sie wieder aufgebrochen, aber sie hätte ihn, den Traktor, wirklich dagelassen, und dann, ein paar Tage später, wäre sie mit dem Rest ihrer Habe wiedergekommen, und ein paar Monate später hätten sie geheiratet.

Ich schwöre, sie wären miteinander glücklich geworden. Sehr, sehr glücklich.

Weil sie gewusst hätten, was der andere zu geben hat und was er zu nehmen gedenkt. Weil man in der Liebe nicht immer nur nehmen und nehmen und nehmen kann. Aber eben auch nicht immer nur geben und geben und geben. Die Liebe ist beides, sie ist ein Geschäft zum Nutzen und Frommen beider. Auch wenn das nicht romantisch klingt, es ist so. In der echten Liebe. In jener Liebe, die für immer ist.

Ich behaupte, in der romantischen, selbstlosen idealen Liebe liebt gar keiner. Man liebt nicht mal die Liebe. Man liebt höchstens sich selbst für die Selbstlosigkeit, mit der man liebt. Dafür, dass man sagt: «Ich liebe dich», und dafür, dass man dabei Herzklopfen hat. Obwohl das Herz nur klopft, weil man tief drinnen gar nicht sicher ist, ob's auch wirklich stimmt und ob man es nicht einfach nur behauptet. Und man liebt es natürlich, dass man jetzt also auch mal so was erlebt, was sonst immer nur die anderen erleben, auf der Kinoleinwand und in der Vorabendserie.

In der romantischen Liebe muss man höllisch aufpassen, dass einem das Schlimmste nicht passiert: Mehr geliebt zu werden, als man selber liebt. Das wäre der Super-GAU! Wenn man, sagen wir, zehn Kilo Liebe kriegt, aber nur acht Kilo liefert, hat man einen Gewinn gemacht, ist also ein Liebesgewinnler und damit eindeutig kein selbstlos Liebender. Man ist herabgesunken in den stinkenden Pfuhl der Drecks-Egoisten-Liebe. Darum muss man permanent überprüfen, ob man sein Selbstlosen-Soll noch erfüllt oder ob der Liebes-Output mengenmäßig ins Soll gerutscht ist. Diese permanente Liebesbuchhaltung wird natürlich von beiden Seiten geführt, ist somit eine doppelte Buchhaltung, und die wird, wie die meisten Buchhaltungen, gern ein wenig frisiert.

Er: «Ich liebe dich.»

Sie: «Ich dich auch.»

Pause.

Sie: «Ach, ich liebe dich mehr als alles andere auf der Welt.»

Er: «Ich liebe dich auch mehr als alles ... äh ... im ganzen Universum.»

Sie: «Ich habe noch nie so fest geliebt.»

Er: «Ich auch nicht, so fest wie ... wie ...»

Sie: «Wie was?»

Er: «So ... unendlich, umfassend und ... ewig.»

Sie: «Liebst du mich denn so sehr wie ich dich liebe?»

Er: «Noch viel mehr.»

Sie: «Mehr, als ich dich liebe, geht nicht.»

Er: «Doch, ich liebe dich mehr als du mich.»

Sie: «Nein, ich liebe dich mehr.»

Er: «Nein, ich dich.»

Sie: «Nein, ich.»

Er: «Ich.»

Sie: «Ich.»

Er: «Ich.»

Beide: «ICH.»

Das kann auf die Dauer nicht gutgehen. Denn beide beginnen ihre eigene Behauptung, sie liebten mehr, als sie geliebt werden, selber zu glauben. Und sich irgendwann zu fragen, ob man, verdammt noch mal, bei so viel Selbstlosigkeit nicht mehr Liebe verdient habe? Und jetzt werden sich beide heimlich umsehen, ob da nicht jemand anderer die investierte Selbstlosigkeit angemessener und daher höher verzinst.

Die selbstlose Liebe ist nicht nur das Ende des Selbst, sondern auch der Tod der Liebe. Die selbstlose Liebe ist das Arschlochigste, was der Mensch je erfunden hat.

Eigentlich wollte ich mit dieser Fußnote, die unversehens zur Elefantenfußnote geworden ist, nur zeigen, dass es kein Skandal ist, wenn ich Sonjas Ultimatum – der Hürlimann oder ich – rundweg ablehne, weil Sonja, die Bäuerin ohne Traktor, genauso überflüssig ist wie Hürlimann, der Traktor ohne Bäuerin. Wenn das jetzt klar ist, können wir diese Fußnote ja endlich abschließen.

Das Ultimatum

«Dieter, wenn ich noch ein einziges Mal Hürlimann höre, musst du dich entscheiden: Er oder ich – du hast die Wahl.» Also hat Sonja gesprochen, und dies sehr ernst gemeint ... Wir erinnern uns.

Ich wollte aber nicht entscheiden zwischen Sonja ohne Hürlimann oder Hürlimann ohne Sonja. Es gab nur eine für mich überlebbare Variante: Sonja und Hürlimann! Darum hatte ich keine andere Wahl, als die Wahl, vor die mich Sonja stellte, nicht zu wählen, sondern ihr fieses Ultimatum zu akzeptieren. «Gut», sagte ich, «dann verspreche ich hiermit hoch und heilig, nie wieder das H-Wort auszusprechen.»

«Welches H-Wort?», fragte sie listig, doch ich tappte nicht in ihre Falle.

«Das, das mit ‹Hü› anfängt und mit ‹rlimann› aufhört. Ich werde diesen roten, wunderschönen, toll chromglänzenden Dingsbums nicht mehr erwähnen. Weder dass er kaputt ist noch wie schade, geradezu schädlich, das ist. Und auch nicht, warum er dringend wieder laufen muss, und schon gar nicht, dass ich mich frage, wie ich das je wieder hinkriegen soll. Nie wieder wird fortan und für immerdar über meine Lippen kommen, dass ich nicht weiß, wie ich diese Drecks-Kupplungsscheibe ...»

«Diiitaaaaaaaaa», unterbrach mich Sonja drohend. Ich erstarrte, denn jetzt trat sie hinter einen Küchenstuhl, packte ihn an der

Lehne und hob ihn leicht an, wohl, um schon mal sein Wurfgewicht zu prüfen. Ich konnte richtig sehen, wie im Bio-Computer hinter ihrer Stirn erste ballistische Berechnungen durch die Synapsen zischten.

«Schon gut, Sonja, erledigt, kein Thema mehr», beeilte ich mich, das drohende Unheil abzuwenden. «Wir haben gar keinen kaputten Traktor! Wir haben überhaupt keinen Traktor, noch nie einen gehabt! Wozu sollten wir einen Traktor haben? Das würde ja nur Sinn machen, wenn wir einen Bauernhof hätten, und den haben wir ja nicht, und auch keine Wiesen, auf denen wir Heu machen. Wofür wir, wenn wir sie hätten, in der Tat einen Traktor bräuchten. Fürs Heumachen und Mulchen und Eggen und Düngen, aber da wir sie ja nicht haben, ebenso wenig wie Schafe oder Esel oder Pferde, die das Heu, wenn wir sie hätten, in der Tat bräuchten, um nicht zu verhungern und welches wiederum wir nur mit einem funktionierenden Traktor für sie ernten könnten. Aber da wir ja all das bequemerweise nicht haben, gibt es überhaupt keinen Grund, über einen hypothetischen Traktor zu jammern, der rein theoretisch kaputt sein könnte – wenn wir damit geschlagen wären, ihn zu besitzen.»

Fasziniert starrte ich auf den Stuhl, der sich während meiner Rede langsam nach oben bewegt hatte und nun mit senkrecht zur Küchendecke zielenden Beinen über Sonjas Kopf schwebte.

«Schatz, wirklich, reg dich nicht auf», fuhr ich fort. «Ich hab alles im Griff. Ich kümmere mich ganz still, ohne es weiter zu erwähnen, um das Problem, das wir nicht haben, sondern nur hätten, wenn wir einen kaputten Hürlimann ...» Ich schlug mir mit der flachen Hand auf den Mund «Oh! Sch... lipp, schlapp, schlupp, da ist es mir doch glatt rausgerutscht, das böse H-Wort! Armes Weib, jetzt musst du dein Bündel schnüren und dich vom Acker machen. Tja, schade, aber du hast es nun mal versprochen, und Versprechen muss man halten.»

Jetzt streckte Sonja ihre Arme durch, die Stuhlbeine berührten fast die Küchendecke, ihre Finger umkrallten die Lehne eisern, ihre Nagelbetten leuchteten weiß. In einer oscarreifen darstellerischen Glanzleistung tat ich, als wäre ich nicht im Geringsten beeindruckt, und theaterte weiter: «Und zurück bleibt ein Bauer, der eine Frau mit Trecker sucht. Äh, kannst du mir, bevor du gehst, noch 'ne alte *Bauern-Fundgrube* rauslegen, wegen der Telefonnummer der Inseratenannahme, das wäre lieb von dir, danke. Äh, wie war das noch mal? Bauer sucht Frau mit nicht kaputtem Traktor ...»

Sonja drückte jetzt ihr Kreuz nach hinten durch, ihr Körper wurde zum elastisch gespannten Bogen kurz vor dem Abschuss des Pfeils. Im Zentrum des Fadenkreuzes, das sich jetzt deutlich in ihren blitzblau blitzenden Augen abzeichnete, war eindeutig: ich. Obschon ich mir zutraute, reaktionsschnell unter dem Stuhlgeschoss durchtauchen zu können, sobald es angeflogen käme, hätte es mir doch leidgetan um das schöne Fenster hinter mir ... Also trippelte ich ein paar Schrittchen nach rechts, vor die für einen Stuhleinschlag hinreichend solide Ziegelwand.

«Wer sagt denn, dass ich mein Bündel schnüre?», presste Sonja zwischen den Zähnen hervor. Allmählich wurde die Stuhlabwurfhaltung doch ziemlich anstrengend für sie, lange würde sie nicht mehr durchhalten, der Moment, in dem sie gezwungen sein würde, entweder zu werfen oder aufzugeben, stand kurz bevor. «Du hattest die Wahl, und du hast gewählt. Also schwing dich hinter deinen Hürlimann, schieb ihn vom Hof und werde glücklich mit ihm! Abmarsch!»

«Aber Sonja!» Ich gestikulierte wie ein beim Ehebruch in flagranti ertappter Italiener. «Wovon redest du? Hinter wen soll ich mich schwingen, wer soll das sein, dieser Kerl, dieser Hüli? Er bedeutet mir nichts, ich kenn den ja gar nicht, mit dem werd ich doch nie und nimmer glücklich.»

«Du kennst keinen Hürlimann?» Sonjas gepresste Stimme verriet die Anstrengung ihres Kraftakts, doch sie war fest entschlossen, nicht abzubrechen. Sie kniff die Augen zusammen, feuerte Blitze aus ihren Sehschlitzen.

«Noch nie gehört von dem Kerl», versicherte ich. «Ist mir völlig unbekannt.»

«Und du siehst ein, dass du mit ihm nicht glücklich wirst?»

«Total seh ich das ein. Wie sollte ich mit ihm glücklich werden, wo ich doch alles Glück der Welt bereits gefunden habe – mit dir?»

Sonja senkte den Stuhl ab – seine Beine beschrieben einen souveränen Halbkreis in Zeitlupe – und setzte ihn vollkommen geräuschlos auf. Sie beugte sich nach vorn und stützte sich mit leicht durchgebogenen Ellenbogen auf seine Lehne. «Sag das noch mal!» Sie reckte das Kinn in meine Richtung.

Ruhig stellte ich eine einfache Tatsache fest: «Mit dir, Sonja, hab ich alles Glück gefunden, das ich brauche.»

Endlich öffneten sich ihre Finger, gaben den Stuhl frei, ihre Hände glitten an der Lehne entlang nach unten. Sie richtete sich auf, ihre Stirn glättete sich, ihre Lippen wurden wieder weich. Sie schaute mich mit freundlicher Neugierde an, prüfte, ließ meinen Satz in sich einsickern.

Nach einer langen Pause fragte sie: «Echt?»

Ich erwiderte ihren Blick, ohne etwas zu sagen. In die Stille hinein atmete sie durch ihre Nase tief ein und ließ die Luft mit einem langen Schnauben wieder entweichen. «Das sagst du nur, weil du Schiss hast.»

Ich habe es immer schon gemocht, wenn Sonja versucht, verrauchenden Zorn noch ein Weilchen in Brand zu halten, damit nur ja keiner glaubt, das sei bloß eine dieser lächerlichen, kleinen, typisch weiblichen Launen gewesen. Schon gar nicht sollte das dieser Typ hier glauben, mit dem sie beschlossen hatte, ihr Leben zu verbringen.

«Ich hab vor gar nichts Schiss.» Ich trat auf sie zu. «Außer davor, dass einer von uns eines Tages wirklich sein Bündel schnürt.» Ich hätte Sonja jetzt gern sanft in die Arme geschlossen, aber die Sitzkante des blöden Stuhls machte meinen Schienbeinen schmerzhaft deutlich, dass versöhnliche Nähe noch nicht möglich war. Prompt verlor ich das Gleichgewicht, mein Oberkörper pendelte unkontrolliert in ihre Richtung. Blitzschnell packte mich Sonja an den Schultern und schob mich von sich weg, zurück ins Lot. Ein Siegerinnenlächeln umspielte ihren Mund. «Hoppla, du Held ohne Furcht und Tadel», sagte sie, strich über meine Schultern und legte ihre Hände sanft um meinen Hals. Sie drückte leicht zu: «Du bist der erste Macker, der keine Angst vor mir hat.» Sie entspannte ihre Finger wieder, nahm sie aber nicht von meiner Kehle. «Und das ist ganz wunderbar. Früher musste ich mich immer davor fürchten, die Typen könnten sich vor mir fürchten. Das war anstrengend.»

Nun legte ich meinerseits die Hände auf ihre Schultern. «Deine Macker damals waren eben schwächer als du. Ganz im Gegensatz zu mir.»

«Willst du etwa behaupten, du seiest stärker als ich?» Sonjas Fingerschlinge zog sich wieder zu.

«Ja, das bin ich», erwiderte ich tapfer.

«Echt?»

«Echt!»

«Wobei?»

«In der Sportart Flugstuhl-Ausweichen bin ich zum Beispiel stärker.»

«Und?»

«In der Sportart Flugstuhl-Werfen, das geb ich zu, da bist du stärker.»

Sonja löste ihre Finger, meine Gurgel frohlockte. Sie massierte jetzt sanft meinen Kehlkopf. «Was noch?»

«Im Stuhl-Wegschieben wiederum bin ich der Bessere.»

«Gar nicht wahr», sagte sie und schob mit ihrem Bein den Stuhl aus der Frontlinie.

«Nicht schlecht», stellte ich anerkennend fest. «Auch in Sachen Kehlkopfmassage bist du eindeutig geschickter als ich. Dafür kann ich besser küssen.»

«Gar nicht wahr», sagte Sonja und bewies es.

Die Prüfung

Dieser kleine Disput unter Eheleuten ist jetzt fast einen Monat her, und die ersten zwei Wochen danach waren für mich nichts anderes als die Hölle. In diesen dunkelschwarzen vierzehn Tagen, diesen meine Selbstdisziplin bis aufs Äußerste strapazierenden 336 Stunden, diesen endlosen über 20 000 Minuten gelang es mir (und ich bin noch im Rückblick stolz darauf), den Hürlimann kein einziges Mal zu erwähnen. Weder direkt noch indirekt. Kein Wort, kein Hinweis, nicht die leiseste noch so verklausulierte Andeutung: Nichts kam über meine Lippen. Ich verbannte die Worte «Hürlimann», «kaputt», «Kupplungsscheibe» oder «Ersatz» vollständig aus meinem Wortschatz.

Gefühlte Millionen von intakten, bestens funktionierenden Traktoren jeden Jahrgangs und jeder Bauart donnerten an unserm Hof vorbei – ich würdigte sie keines Blickes. Zumindest nicht in Anwesenheit von Sonja. Wenn ich mich unbeobachtet glaubte, dann allerdings schaute ich den davonbrausenden Kraftpaketen sehnsüchtig nach und schnüffelte verzückt ihrer rußigen Fahne verbrannten Diesels hinterher.

Die mir von Sonja auferlegte Zensur marterte mich derartig, dass ich ernsthaft begann, mir Sorgen um meine geschundene Seele zu machen. Meine Psyche versuchte verzweifelt, sich vom Joch des gewaltsamen Verdrängens zu befreien. Sie tat das dort, wohin selbst die alles ahnende Sonja keinen Zugang hatte: in meinen Träumen. Zum Teil waren es beglückende Träume: Dutzende Hürlimänner, aufgestellt in Reih und Glied, und vor diesem Hürli-Heer steht prächtig der General-Hürlimann, hell gleißender Chromstahl schimmert in die Weiten Brandenburgs, das husarenrote Blechkleid erstrahlt wie eine über dem Gras aufgehende Sonne. Stolz ist er und frei, denn sein Privileg ist es: IHN zu tragen, IHN, den einzigen und wahrhaftigen Gott der Hürlimänner: Jakob. Gütig lächelnd thront er, erhaben über alle Niederungen der Wiesen und Äcker, auf dem Fahrersitz. Ich erkenne ihn, und also spricht er: «Hier, o Dieter, hier hab ich dir einen Hürlimann erschaffen», sodass ich, mein von Freudentränen nasses Antlitz in das Gras senkend, voller Demut flüsterte: «O Jakob!» Hernach, mit vor Glück rasendem Herzen, wachte ich auf ...

Andererseits aber gab es auch Hürlimann-Albträume: Ein herzerweichendes Schluchzen und Stöhnen dringt aus der Scheune. Als ich hineingehe, gewahre ich den weinenden Hürlimann. Tränen kullern aus seinen Scheinwerfern, klatschen mit lautem Schmatzen auf den Scheunenboden und bilden dort eine Pfütze.

Ich setze mich hinters Lenkrad. Sanft streichle ich die Kühlerhaube und spreche dem Hürlimann Trost zu. Jetzt quellen auch aus den Rücklichtern Tränen, aus dem Auspuff tropft es, auf dem Blech bilden sich Schweißtropfen, die sich bald zu Rinnsalen vereinen; es regnet vom ganzen Gefährt herab, die Pfütze wird zum Teich. Verzweifelt springe ich vom Hürlimann, das blutwarme Nass dringt in meine Schuhe. Ich strebe zum Haus, jeder Schritt schwer, es quatscht und schmatzt, «die Kupplungsscheibe, ich muss die Kupplungsscheibe finden ...» Wie ein Rasender wühle ich mich durch die Werkstatt. «Die Kupplungsscheibe, wo ist die Kupplungsscheibe?» Das Jammern des Hürlimanns schwillt an, treibt mich weiter ins Wohnzimmer, zur Schallplattensammlung. «Scheibe ist

Scheibe» – ich schnappe mir Sgt. Pepper's Lonely Hearts Club Band von den Beatles, bewege mich, behindert durch die Gallertmasse am Boden, im Zeitlupentempo wieder Richtung Scheune, schwenke die Schallplatte: «Schau, Hürli, hier ist sie, die Kupplungsscheibe!» Doch der Hürlimann versinkt im Sumpf seiner Tränen, nur sein chromverzierter Kühler ragt noch empor, seine Scheinwerfer-Augen leuchten ein letztes Mal auf, er scheint sich nochmals aufbäumen zu wollen, doch er ist dem Untergang geweiht. Der Sumpf schließt sich blubbernd über ihm. Ekelig schmierige Blasen steigen auf, zerplatzen schmatzend zu stinkenden Pestwölkchen. Ich weiche zurück, stolpere, stürze, da saugt der Modder bereits meine Beine, die Hüften, dann die Brust in sich hinein ... In übermenschlicher, von Todesangst gepeitschter Verzweiflung brüllt es aus mir: «Jaaaaaaakooooob!» Ich versinke ... die Sinne schwinden ... dann wird alles weiß ... ich schwebe auf ein helles Licht zu. Ringo Starr singt: «With A Little Help From My Friends», das Licht kristallisiert sich zum gütig lächelnden Gesicht des Hürlimann-Gottes. «Jakob», flüstere ich und löse mich auf.

«Duhu, spreche ich eigentlich manchmal im Schlaf?», fragte ich Sonja beim Morgenkaffee in möglichst unschuldigem Ton.

«Hä?», machte sie. «Wie kommst du denn jetzt da drauf?»

«Ach, nur so ... Nur so ein Gedanke.»

Sonja strich sich Leberwurst auf ihre Schrippe. Es hatte nicht den Anschein, als wollte sie antworten.

«Hätte ja sein können», insistierte ich schulterzuckend, «eine erste Alterserscheinung vielleicht, oder so.»

«Oder so», echote sie und schlug ihr makelloses Elfenbein in das Brötchen. «Wasch meinscht gu? Faun'nam'm oder scho wasch?» Sie kaute und schluckte. «Hast du 'ne heimliche Geliebte?»

«Mehrere, aber von keiner kenne ich den Namen.»

«Wehe dir», sagte sie. «Kann ich den Orangensaft haben?»

Sonja sagt niemals O-Saft. Wofür ich ihr dankbar bin; mich befremden Leute, die O-Saft sagen. Ich reichte ihr die O-Saftflasche. «Bitte sehr. Und?»

«Hmm?» Sie schüttelte die Flasche wie eine Profi-Barkeeperin. «Ach so: ja.»

«Ich spreche im Schlaf?» Ich war entsetzt.

«Wie ein Wasserfall.» Sonja füllte ihr Glas bis zum Rand, dann setzte sie die Flasche an ihre Lippen und saugte sie leer bis auf den letzten Tropfen. Arme Flasche.

«Äh, was denn so?», fragte ich vorsichtig.

«Jedenfalls keine Frauennamen.» Mit dem Messer hebelte sie brutal ein beachtliches Stück Fleischmasse aus der Leberwurst. «Zu deinem Glück.»

«Jetzt sag schon, was geb ich denn so von mir?»

«Männernamen.»

«Was?»

«Heut Nacht hast du dich gewälzt, gestöhnt und geschwitzt und unverständliches Zeug gebrabbelt. Und dann bist du plötzlich ruhig geworden, hast selig ‹Jaaaakob› gestöhnt, dich umgedreht und weitergeschlafen.»

Ich merkte, wie es mir das Blut ins Gesicht trieb. Augenblicklich verfiel ich in hektische Betriebsamkeit. «Kann ich mir nicht erklären. Seltsam. Sonja, ich erinnere mich an gar nichts. Ein Männername? Seltsam, seltsam. Hm, hm, hm. So, jetzt muss ich aber … Ich räum nur noch schnell das Geschirr in den Spüler und dann … Soll ich deins auch gleich … oder isst du noch?»

«Ich ess noch», sagte Sonja und fügte mit leise spöttischem Lächeln hinzu: «Ist dann ja wohl doch eine Art Alterserscheinung, gell?»

Meine Befürchtung war also eingetroffen: Mein Unterbewusstsein hatte eine tiefenpsychologische Verknüpfung gestrickt, vom kaputten Traktor zum einzigen Traktor-Heilmacher, zum weltgrößten Hürlimann-Emergency-Spezialisten: Jakob. Das bedeutete: Ich musste nicht nur alles verdrängen, was mit Traktoren zu tun hatte, sondern ebenso konsequent alles aus meiner Erinnerung streichen, was auch nur ansatzweise unterbewusste Assoziationsketten zu Jakob auslösen könnte. Ich musste meinen treuen Schweizer Freund von meiner Festplatte löschen. Vollkommen und hundertprozentig. So (und nur so!) war das drohende Unheil, mit geschnürtem Bündel vom Hof schleichen zu müssen, abzuwenden.

Wie konnte das gelingen?

Es gelang, indem ich die Moor'sche Verdrängung-durch-Verknüpfung-Methode entwickelte. Die Beschreibung dieser effizienten Methode möchte ich mir an dieser Stelle ersparen, ich sage nur so viel: Es war wirklich die Hölle!

Aber es funktionierte. Und wie!*

---

* Falls Sie die Details dieser Psycho-Hölle sowie eine Beschreibung meiner Methode zwecks Nachahmung nun erst recht interessieren: Lesen Sie das «Bonus-Material I», Seite 269. Aber seien Sie gewarnt ...

Der Überfall

Jedenfalls ist wohl rückblickend nur durch die vehementen Auswirkungen tiefenpsychologischer Mechanismen zu erklären, warum mir bei jenem Telefonanruf von Jakob, an jenem wunderschönen Morgen, an dem die Schafe dunkelgrüne Flecken im vom Raureif überzogenen Gras hinterlassen hatten, der Groschen nicht schneller gefallen war: Die Begriffe Jakob – Hürlimann – Kupplungsscheibe waren vollkommen in den Tiefen meines Unterbewusstseins versenkt und abgeschottet. Sie brauchten einfach einige Zeit, wieder zum Licht des normalen Menschenverstandes emporzutauchen. Doch jetzt hatte Jakob eines der verbotenen Worte enttabuisiert: «Kupplungsscheibe.» Und damit wurden die Zusammenhänge erneut verknüpft, und endlich konnte ich wieder funktionieren wie ein vernunftbegabter Mensch.

«Jakob!», rufe ich, und mein Pulsschlag beschleunigt sich. «Du hast die Kupplungsscheibe! Und du hast sie sogar schon bei dir!»

«Ja, gäll, he, und bald wird das Kuppligsschibli sogar auch noch bei dir sein.»

«Ja, das wäre ja phantastisch.»

«Eben, und deswegen hab ich fragen wollen: Wo bisch du jetz?»

«Wie, was meinst du mit: Wo bist du jetzt?» Echote ich verwirrt.

Jakob lacht. «Ich chan nöd anders fragen als: Wo bisch du jetz, das isch doch eine eifachi Frag, oder?»

«Ja, ich bin hier!»

«Ja, habe ich mir schon gedacht, weisch. Jeder Mensch ist irgendwo in irgendeinem Hier. Aber eben jeder in einem anderen, weisch. Ich zum Beispiel bin jetzt schampar hier, du wärst überrascht … Aber eben, wo ist jetzt *dein* Hier. Bischt du zum Beispiel jetzt im Oben-Hier oder bist du im Unten-Hier?»

Ich erkenne meinen Jakob nicht wieder. Er ist zum Philosophen geworden. Im Unten und Oben, im Hier und Jetzt … Jakob musste mit irgendeinem Hippie-Gen kontaminiert worden sein! Mein kleiner Schweizer überlegt fieberhaft: «Meint der das in Korrelation zum gesellschaftspolitisch-zwischenmenschlichen Kontext oder im metaphorischen Sinne der universellen Weisheit der höheren Wesen hier *oben* in Relativität zu den Menschen hier *unten* oder gar im ganz banal tatsächlich physikalischen Sinne?»

«Also», beginne ich die Analyse, «im gesellschaftlichen Sinne bin ich, wie ich glaube, zumindest nicht ganz unten. Im metaphorischen Sinne erlebte ich soeben einen wunderbaren Morgen, also auch da würde ich sagen, von der gelebten Wirklichkeit her auch einigermaßen oben. Und, äh, rein physikalisch-geographisch befinde ich mich in jenem der beiden Stockwerke, das in Relativität zu anderen höher liegt.»

Ich überlasse es Jakob herauszufinden, welche der drei Antworten die von ihm geforderte Information enthalten könnte.

«Ah, du bischt also im oberen Stock, hä», resümiert er. Scheinbar ist es ihm lediglich um die feststoffliche Daseins-Information gegangen.

Jakob gibt aber keine weitere Erklärung ab. Eine Ewigkeit warte ich auf die Lösung des Rätsels. Warum war es für ihn so wichtig, zu erfahren, wo genau ich mich in Bezug zum Universum befinde?

Doch Jakob bleibt stumm. Ich habe schon Atem geholt, um vorsichtig nachzufragen, da sagt er: «Also, ich stehe da unten, weisch!»

«Aha», sage ich zaghaft.

«Du», macht Jakob plötzlich und interessiert sich überhaupt nicht mehr für das von ihm angerissene Thema. «Du, haben die dir die jetzt tatsächlich auch hingestellt, diese Windrädli?»

Der ist wirklich voll durch den Wind, der arme Jakob, denke ich im Stillen und antworte laut: «Ja, relativ, also, ja …»

«Wann haben die dir denn die da hingemacht?»

«Jakob, ich verstehe nicht ganz, was genau die Windräder jetzt mit meinen geographischen Koordinaten zu tun haben.»

«Ja, aber du müsstest sie doch von dort, wo du jetzt bischt, dütlich sehen! Schau mal aus deinem Dachfänschter, da hinten, hinter dem Wäldli, da sind doch jetzt so große Windrädli. Die sind doch neu, oder?»

Unwillkürlich spähe ich durch eines der Dachfenster zu den schlanken, riesenhaften Energiespendern, die im letzten Frühsommer sozusagen über Nacht aus dem Feld gewachsen waren und deren elegante Flügel sich jetzt gemächlich im auffrischenden Morgenwind zu drehen beginnen.

«Ja, aber woher weißt du denn, dass die uns da neue …»

«Ich hann's eben nicht gerade nicht gewusst!», unterbrach er mich. «Ich bin doch ganz verwunderet, wenn ich sie da so sehe, von hier unten aus.»

«Von wo unten?»

«Ja, von hier unten, wo ich jetzt stande.» Jakob wird ungeduldig. «Ich stande ja unten, und du, wie du ja behauptisch, oben. Also müsstest du doch die Windrädli von deinem Oben noch viel deutlicher gseh, als ich von meinem Unten.»

«Also, Jakob», sage ich, jetzt mit ruhiger Stimme sehr langsam jedes einzelne Wort betonend, «einer von uns beiden ist verrückt.»

Ich hole tief Luft und versuche es noch einmal: «Wo stehst du jetzt genau?»

«Ja ... also ... meinscht du jetzt so adrässenmäßig, oder was?»

«Ja.» Ich höre mich an wie ein Polizeipsychologe, der einen Verzweifelten vom Todessprung abhalten will «Ja, Jakob das wäre ein Schritt in die richtige Richtung, Jakob, das mit der Adresse.»

«Also», kleiner Stöhner von Jakob, «ich stande jetzt so ungefähr zwischen Huusnummer 19 und 20. Und zwar am rechten Straßerand, wenn man vo Schmachthagen her kommt.»

«Aber Schmachthagen ist doch hier», sage ich noch – und dann fällt der entscheidende Groschen. Er schlägt ein wie ein Komet in der Wüste der Verdrängungen. Er durchschlägt Krusten des Vergessens und schleudert die Erinnerung empor, ins Licht des Bewusstseins, wo sie, wie ein Feuerwerk der Erkenntnis, den verhangenen Himmel der hürlimannlosen Trübsal in ein von bunten Blitzen wild durchzucktes Halleluja-Firmament verzaubert. Die hürlimannlose Zeit zerstiebt!

Als ob ich vom elektrischen Weidezaun eine gewischt bekommen hätte, hechte ich vom Dachfenster Richtung Fenster zum Hof, drücke meine Nase an der Scheibe platt, schiele schräg nach unten zur Dorfstraße – und sehe ihn! Sehe seine durch die Vogelperspektive optisch verkürzte kräftige Gestalt, den Kopf in den Nacken gelegt, ein lachender breiter Mund. An sein Ohr gepresst hält er ein «Natel», wie die Schweizer ihre Mobilfunktelefone nennen. Ich dachte lange, «Natel» sei ein gebräuchlicher Gruß in Gedenken an den Nationalhelden Wilhelm Tell: «Na, Tell?», bis ich darüber aufgeklärt wurde, dass das «Tel» in Natel nicht dem Willi gewidmet ist, sondern für «Tel»-efon steht. Na-tel = National-Telefon. Sie nennen es wirklich Nationaltelefon, die Schweizer, obschon man damit auch international telefonieren kann. Was aber für anständige Schweizer eher nur eine sehr theoretische Option ist: Warum soll man mit Ausländern im Ausland telefonieren, wo man doch mit sieben Millionen Schweizern im Inland telefonieren kann? Das werden ja wohl genug sein, oder? Und wenn einer ums Verrecken mit einem Ausländer reden will, hat's ja weiß Gott auch im Inland genug von denen, oder? Und wenn es einen selber mal ins Ausland verschlagen hat, nutzt man das Natel ja auch nur, um nach Hause, in die Nation zu telefonieren. Jakob ist zwar der hochanständigste Schweizer, den ich kenne, aber ganz und gar kein typischer, wie er jetzt einmal mehr beweist: Als Schweizer national-telefoniert er im Ausland ins Ausland mit einem Auslandschweizer!

Wir starren uns durch die Fensterscheiben an, beide mit einer Hand am Ohr, mit der anderen einander zuwinkend. Akustisch sind wir miteinander verbunden, physisch getrennt wie zwei Fische in verschiedenen Aquarien.

«Jakob!», schreie ich, nervös am Fensterriegel hantierend. Drehen, rupfen, reißen, fluchen. Ich drehe an dem Riegel, rupfe dann daran, bis ich schließlich an ihm reiße. Er lässt sich einfach nicht öffnen. Ich fluche.

«Willscht du nicht herabkommen?», quäkt seine Telefonstimme in mein Ohr.

Ich deute ihm, er möge bleiben, wo er ist, ich würde jetzt den Blickkontakt abbrechen und mich vom Fenster lösen, um runterzukommen. «Du muscht nicht pantomimen, ich ghöre dich gut!», sagt Jakob.

«Bleib, ich komm, wart», kommentiere ich meine Gesten, die ich munter und überflüssigerweise weiterhin in die Luft zeichne.

«Ja, so mach's doch nur ändli, Dieter!» Jakob lacht.

Ich schmeiße das Handy auf den Sessel und polterte über die Treppe nach unten. «Sooonja!», brülle ich. «Der Jakob! Jakob ist da, er ist daaa, Sonja. Sonja?»

Keine Freudenschreie meines holden Weibes, kein Ton, keine

Spur von ihr. Egal, ich rase über den Hof, ums Haus herum, die Hunde, von meiner Hektik angesteckt, rennen bellend hinter mir her, an mir vorbei, mir voraus.

Hinter der gefängnistorartigen Metallkonstruktion, welche das Universum in zwei Bereiche teilt, nämlich in «unser Hof» und in «Rest-Welt», steht Jakob. Leibhaftig. Ein mittelgroßer, aber dennoch stattlicher Mann, dessen Haar schon etwas schütter geworden ist. Als Ausgleich ziert ein kurz gestutzter rotbrauner Bart sein markiges Gesicht mit der gesunden Farbe. Jakob schert sich nicht im Geringsten um das aktuell als korrekt geltende und sich laufend ändernde männliche Erscheinungsbild, er schert sich lieber den Bart. Und zwar so, wie es ihm zweckmäßig erscheint. Er trägt ein blau kariertes Flanellhemd, seine übliche naturgraue Wolljacke, dazu Jeans, die von einem breiten Gürtel gehalten werden. Seine Hände hat er in den Hosentaschen vergraben. Sein straffer Wohlstandsbauch, der jene von mir so geschätzte Jakob'sche Ausstrahlung heimeliger Geborgenheit und Sicherheit unterstreicht, wölbt sich, über leicht gegrätschten stämmigen Beinen, selbstbewusst gegen die Gitterstäbe des Tors.

«Jakob, das glaub ich ja nicht! Jakob, Himmelherrgott, du bist da, du bist hier, du Blitz-Donners-Cheib du … Warum hast du nicht geklingelt? So komm doch rein», stammle ich hektisch und versuche einen Torflügel zu öffnen.

«Ich meine, so als Überraschig war es doch vill luschtiger, weisch?» Jakob lacht über das ganze Gesicht wie ein Lausbub, dem der Streich seines Lebens gelungen ist. Er ist tatsächlich gelungen. Aber so was von.

Begrüßungen

Jedes Land der Welt hat seine eigenen Begrüßungsrituale. Zum Beispiel Italien. Dort fallen sich Menschen, die sich länger als – sagen wir – zwei Wochen nicht gesehen haben, mit lautem *ciao bella* oder *ciao bello* um den Hals. Männer wie Frauen. Der Trieb, sich Gewissheit zu verschaffen, dass es sich nicht um eine Illusion handelt, dass der andere da ist, materiell und im Hier und Jetzt, erzwingt den ganzkörperlichen Kontakt. Gequetschte Brustkörbe und grün-blau geklopfte Rückenpartien werden gerne in Kauf genommen, um diesen Trieb auszuleben, der sich über alle Geschlechtergrenzen hinweg freie Bahn verschafft und selbst die berüchtigte Homophobie des südländischen Vollmannes zu überwinden imstande ist.

Frankreich. Hier wird ein ähnliches Begrüßungsritual zelebriert, allerdings in etwas abgeschwächter Form. Die Brustkörbe bleiben weitgehend intakt, und statt grün-blauer Flecken auf dem Rücken gelten durch intensives gegenseitiges Gerubbel entstandene Hautabschürfungen an den Oberarmen als körperliche Folgeerscheinungen einer ordentlichen Begrüßung. Und es wird geküsst bei den Franzosen, oh, là, là! Linke Wange, rechte Wange, nochmals linke Wange, nochmals rechte Wange, dann wieder linke Wange, und als Supplement gerne auch noch mal rechte Wange. Manchmal, ganz nach Belieben, zusätzlich Stirn und Frisur, selbst Ohren können nicht als kusssichere Zone gelten.

Je weiter nördlich man kommt, desto gesitteter wird das Ganze gehandhabt. Irland: Dort, hört man, sei selbst bei Blutsbrüdern, deren Lebenswege durch die Wirren eines schweren Schicksals über zahllose Jahre hinweg getrennt worden waren, die einander vermissend, sich nacheinander sehnend, das Fehlen des anderen verfluchend, jeder für sich dieses Schicksal zu tragen hatte, und die jetzt, abermals durch die unbegreiflichen Ratschlüsse der Götter und entgegen allen denkbaren Wahrscheinlichkeitsrechnungen einander nunmehr doch wieder begegnen – selbst bei solchen von himmelhoch jauchzender Freude durchsättigten Begrüßungen sei, so hört man, in Irland nicht mehr zu erwarten als ein maximal drei Sekunden währender Händedruck und ein in tiefem Vibrato geäußertes «Jack», erwidert von einem «Hi, Jim». Allerdings wird diese scheinbare Zurückhaltung im weiteren Verlauf des Wiedersehens mehr als wettgemacht durch gemeinsames Austrinken etlicher, mit einem bräunlichen, durch Vergärung alkoholhaltigen Getreidesud gefüllter Flaschen. Am nächsten Morgen zeugen grün und blau geklopfte Körperstellen beliebiger Art und Anzahl, blutig geknutschte Wangen- und Halspartien sowie sehr schwere Köpfe von einem schlussendlich doch intensiven Begrüßungsritual.

Brandenburg. Die sogenannte Toskana Deutschlands liegt im Vergleich zu Irland relativ südlich, im Verhältnis zu Sizilien und der Côte d'Azur aber ziemlich weit nördlich. Hier – fast hätte ich schon gesagt: «bei uns», aber eben nur fast, weil sonst der kleine Schweizer in mir aufgestampft hätte –, also in Brandenburg, wird Berührung bei Begrüßungen eher vermieden. Ein kurzer Schlag auf die Schulter des anderen oder ein angedeuteter Boxhieb in dessen seitliche Weichteile muss als ausreichend gelten. Auch Worte werden nur sparsam verbraucht: «Na?» Bei Trennungen von mehr als einem Jahr gilt auch ein «Na, du?» eventuell als gerade noch im Rahmen des emotional Schicklichen. Andererseits ist es in Brandenburg, durchaus ähnlich zu Irland, üblich, die Wiederbegegnung in der ihr folgenden Nacht unter Zuhilfenahme von diversen enthemmend wirkenden Getränken zu intensivieren. Zunächst aber trennt man sich nach dem ersten Aufeinandertreffen relativ schnell wieder mit einem «Komm doch später ma rum, uff 'n Bier» und einem erwiderten «Jut». Bei diesem «später» hat dann jeder der beiden zwischen drei und dreizehn Kumpels im Schlepptau. Auf diese Weise kann quasi eine Gruppenbegrüßung stattfinden, und das Zweier-wir-sind-wieder-zusammen-Gefühl wird enorm gesteigert durch ein Wir-sind-wieder-zusammen-Gefühl. Zusammen als Bande. Die Freundschaftsbande, die alle großen deutschen Dichter besungen haben, sie werden in Brandenburg geknüpft, immer wieder gerne und immer wieder aufs Neue. Vielleicht ist der einzige stichhaltige Grund, warum der Brandenburger sich ab und zu vom anderen Brandenburger trennt, dass sie beim Wiedersehen fleißig geknüpft werden können, die Freundschaftsbande.

Die Schweiz. In der Schweiz ist die Sache, wie bei vielem anderen, etwas komplizierter als anderswo. Aus historisch gewachsenen Gründen muss der Schweizer, wenn er einen Schweizer trifft, vor allem, wenn sich die Begegnung im Ausland ereignet: erstens, sich wundern, dass der andere auch noch da ist, und zweitens: fluchen.[**]

Als unsere Eisenstäbekonstruktion, Gutmeinende nennen sie Hoftor, trotz eines erheblichen Glücks-Stress-Hormonschubs, der meine zittrigen Hände vom Modus «ungeschickt» in den Modus «unbeherrschbar» versetzte, endlich halbwegs offen steht und ich vor Jakob wie ein Kind vor dem Weihnachtsbaum, eröffne ich mit der Schweizer Begrüßung, dem klassischen: «Ja, was machst DU

[**] Da es jederzeit passieren kann, unverhofft von einem Schweizer begrüßt zu werden, sei das Bonus-Material II auf Seite 281 wärmstens anempfohlen.

denn da?» und einem hinterdrein geschobenen: «Ich verrecke, hey!» Jakob jedoch erwidert nicht standardmäßig mit: «Huäre Siech, ich bin total verzwyflet uf dene Schwabe-Autobahne.» Er grinst stur weiter, lässt die Schweizer Begrüßung einfach weg und wechselt in die irische: «Dieter.» Er streckt seine Hand aus. Ich ergreife sie. Ein ruhiger und kräftiger Händedruck. «Hoi, Jakob», sage ich. Drei Sekunden versenken wir unsere Blicke ineinander. Dann lösen sich unsere Hände, und wir gehen mit leichtem gegenseitigen Klopfen und Rubbeln der Oberarme in die französische Variante über, die sich unvermeidbar in die italienische steigert. Nachdem unsere Rippen ordentlich geknackt haben und die Rücken mit guten Chancen auf farbliche Veränderungen ins Grün-Blaue ausgestattet sind, zerzausen wir einander die nachtgeplätteten Haare in windige Strubbelfrisuren, um dann begrüßungstechnisch abermals nach Frankreich zu wechseln und unsere Häupter mit urchigen Schmatzern einzudecken.

Schließlich habe ich mir ausreichend Gewissheit verschafft, dass es sich nicht um eine Illusion handelt, dass er wirklich und materiell da ist. Nicht in Träumen, nicht in Verdrängungen, nein, im Hier und Jetzt. Jakob, in Amerika!

«Hat aber schon noch gedauert, bis es bei dir glüütet hät, oder?», sagt Jakob schließlich und versetzt mir als finale Aktion des Begrüßungs-Europa-Marathons in echter Brandenburger Manier einen leichten Boxhieb in die seitlichen Weichteile.

«Gmmpf», antworte ich und lächele verlegen. «Kann man so sagen, Jakob, die Gründe erkläre ich dir später. Jetzt mach ich uns erst mal einen starken Kaffee und ein Frühstück!»

«Guter Plan», stellt Jakob fest. «Ausladen tu ich dann nachher, ich hol nur schnell das Säckli … wart.»

Er geht zu seinem in Würde gealterten, neben der Hofmauer geparkten schwarzen Pick-up, dessen gepflegter Lack so edel in der

Morgensonne glänzt, als sei das Fahrzeug erst gestern vom Band gerollt, angelt eine weiße Plastiktüte vom Beifahrersitz und überreicht sie mir.

«E chly Tilsiter vom Alphorn-Chäser, mit einem Grüäsli, und ein paar Servelats von Joweid-Metzger», kommentiert er.

Ich stecke die Nase in die Tüte und sauge den Duft des Käses und der Wurst gierig ein. Servelat! Der Schweizer an sich schätzt diese altbewährte, knackwurstartige Spezialität nicht wirklich besonders hoch. Allenfalls bei Schützenfestbesuchen oder als Bergwanderungsproviant wird diese Nationalwurst – gewissermaßen als Dienst an der Tradition – verkonsumiert. Der Auslandschweizer an sich jedoch beginnt sich unweigerlich nach dieser bis dahin eher verachteten Arme-Leute-Köstlichkeit zu verzehren. Aus dem einfachen, aber psychologisch interessanten Grund, dass außerhalb der Schweiz, also fast auf der ganzen Welt, an sie nicht ranzukommen ist. Ich schnüffele noch mal am Säckli. «Mmmhh», mach ich, «super, Jakob, dass du an Servelats gedacht hast, das wird ja ein De-Luxe-Frühstück.»

«Also, dann nämed mer's doch jetzt ändli, das Z'morge», versetzt er und bewegt sich zielstrebig Richtung Haustür.

«Stopp, Jakob!» Ich halte ihn am Oberarm zurück. «Besser, wir schleichen uns vom Garten her ins Haus, dann kannst du Sonja auch noch überraschen. Ihr Gesicht möchte ich sehen, wenn du da plötzlich in der Küche stehst. Du hast ihr doch vorher am Telefon nicht etwa gesagt, dass du hier bist?»

«Vorig? Nei, da hab ich nur gfröget, öb du schon wach bischt.»

«Super, die wird staunen, die Sonja, die haut's glatt auf den Hintern, du!»

Konspiration

Auf Katzensohlen schleichen wir durch die gartenseitige Tür in die Küche. Sonja steht, von uns abgewandt, am Tisch und ist gerade dabei, Schrippen in einen großen Brotkorb zu füllen.

«Rat mal, wer da ist …», will ich ansetzen, da sehe ich es: Der Frühstückstisch ist bereits üppig gedeckt – für drei Personen!

«Jööh, so e schöns z' Morge», ruft Jakob. «Hoy, Sonja!»

Statt vor Überraschung den Brotkorb fallen zu lassen, dass die Schrippen nur so purzeln, platziert ihn Sonja seelenruhig auf den Tisch, wendet sich um und umfängt Jakob in einer herzlichen Umarmung.

«Ja, Zeit wird's», lacht sie, «ich dachte schon, ihr kommt überhaupt nicht mehr rein und seid schon beim Hürlimann mit eurer Kupplungsscheibe.»

Jakob presst Sonja an seinen Bauch, hebt sie hoch und dreht sich mit ihr einmal um die eigene Achse. Dann stehen die beiden nebeneinander und schauen mich mit großen Kinderaugen an.

«Isch öppis?», fragt Jakob grinsend.

«Ditaaaaaa … was is 'n?», macht Sonja.

Mein Gesichtsausdruck muss dem eines Hundes gleichen, dem man den Knochen weggenommen hat.

«Aber …», stammele ich. «Aber, Jakob, du hast doch gemeint, du hast nichts gesagt.»

Sonja sieht ihn scharf an: «Du was gesagt?»

«Nei», sagte Jakob zu ihr und an mich gewandt, «nei», wieder zu Sonja: «zu ihm nüüt» und zu mir: «Vorher am Telifon nüüt.»

«Aber», machen Sonja und ich im Chor.

«… aber», unterbricht Jakob, «aber als das Kuppligsschibli bei mir eingetroffen gsy isch, da hab ich öppis gesagt, zu Sonja.»

«Wie?», frage ich ungläubig. «Was?»

«Wie was?», retourniert er.

«Was hast du ihr gesagt?»

«Hä dänk, dass ich mit em chume. Also mit em Kuppligsschibli, zu euch. Ich komm doch nicht unagemäldet!»

«Ja, sonst noch was»?», wirft Sonja ein.

«Ebe», fährt Jakob fort. «Und dann stah ich da so unangemäldet da, ihr seid weg, und dänn … Nei, nei, ich geh lieber auf Nummer sicher, das weischt du doch, Dieter.»

Der kleine Schweizer in mir nickt anerkennend. «Jawoll, immer anmelden, so gehört sich das.»

«Wann war das?», frage ich.

«Was? Dass ich der Sonja aglüütet habe, zum ihr sagen, dass ich das Kuppligsschibli hab?», fragt Jakob.

«Vor zehn Tagen etwa», antwortet Sonja anstelle von Jakob.

«Vor genau zwei Wuche», korrigiert dieser.

«Was?», japse ich. «Sonja weiß seit zwei Wochen, dass du die Kupplungsscheibe von meinem Hürlimann hast und dass du zu uns hochfährst, um sie uns zu bringen?»

«Nei, zu euch runter», korrigiert Jakob abermals. «Runter: Is Flachland.»

«Nein, hoch», beharre ich. «Hoch in den Norden.»

«Ditaaaa», ruft Sonja, «ist doch blunznwurscht, sagen wir: zu uns nach Amerika!»

«Apropos Wurst», hauche ich mit deutlich schwächelnder

Stimme, «Jakob hat Servelats mitgebracht vom Joweid-Metzger und Tilsiter vom Alphornkäser.» Ich lege die Tüte mit den Sachen neben den Brotkorb. «Aber das weißt du ja sicher auch schon.» Ermattet lasse ich mich auf einen Stuhl sinken.

«Nein, das nicht!» Fröhlich schnappt sich Sonja das Säckli und beginnt, es auszupacken. «Das ist ja mal eine schöne Überraschung, dank dir, Jakob.»

Der setzt sich mir gegenüber und grinst mich an. «Hä, Dieter, weisch, ich musste den Einbau doch planen, oder? Hier kennt sich doch keiner aus mit einem Hürlimann, das muss ich schon sälber machen, weisch? Und du, du bischt mein Assischtänt. Und Sonja hat halt gemeint, jetzt sei es grad günschtig, weil du die nächschten drüü Tag keinen von deinen komischen Fernsehterminen hast und am Hof bischt. So, und jetzt bin ich eben hier!»

Da meldet sich empört der kleine Schweizer in mir: «Das ist ja allerhand, hä, wie da deine Frau hinter deinem Rücken Geheimnisse hat und Absprachen trifft, hä, deinen Hürlimann betreffend, *deinen* wohlgemerkt, und dann noch einen Komplott schmiedet, noch dazu mit deinem bestem Freund, *deinem* wohlgemerkt, hä! Lässt dich zwei Wochen lang am ausgestreckten Arm verhungern, oder tut die ganze Zeit so, als ob sie das Wort Hürlimann nicht mehr hören könne, während sie mit Jakob sehr wohl über den Hürlimann spricht, also, nein, da musst du jetzt aber mal durchgreifen, hä, und ein Exempel …»

«Es reicht!», stelle ich den kleinen Schweizer ab.

«Hä?», fragt Jakob.

«Äh, ich überlege mir nur, ob es reicht, ich meine, die drei Tage für das Einbauen der neuen Kupplungsscheibe.»

«Ah, das meinsch du.» In Jakobs Augen leuchtete die Mechanikerleidenschaft auf. «Mach der kä Sorgen, Dieter, weisch, ich han alles ganz genau im Chopf, hä, alles durchgespielt und durchgeplant. Da komme ich also so etwa auf zwee Tag, wenn's ganz schlächt läuft, oder. Und dann hab ich noch einen Tag Reserve mit eingeplant, zum Sichergehen. Aber eigentlich, wenn wir morgen losleged, müsste dyn Hürli also allerspätestens übermorn am Abig wieder laufen, hä.»

«Ja toll», mache ich nur und komme mir doch irgendwie seltsam ausgetrickst vor, von meinen Freund und meiner Frau.

«Und du, Sonja, du häsch würkli dichtgehalten? Oder war das nur geschauspielert von Dieter mit der Überraschig und allem?», erkundigt sich nun Jakob.

Sie kichert nur in sich und die Tassen mit Kaffee hinein. Ihr Gesicht strahlt. Schön ist sie, meine Sonja.

«Sie hat so dicht gehalten wie ...» Ich suche nach dem dichtest haltenden Beispiel aller dichthaltenden Dinge: «... wie ein neuer Hydraulikschlauch.»

«Ah, grad eso dicht?», macht Jakob anerkennend. «Guäti Frau, die Sonja! Obwohl», fügt er lächelnd hinzu, «ich hätte es schon noch verstanden, wenn da doch ein kleines Leckli gewesen wäre.»

«Von wegen gute Frau», quengelt wieder der kleine Schweizer. «Eben nicht gut. Wenn deine Sonja so etwas enorm Wichtiges so enorm geheim halten kann, was hält die dann außerdem noch geheim vor dir, Dieter, hä? Welche Abgründe hält dieses Weib noch tief verborgen, in ihrem Busen, von denen du Naivling nichts ahnst und weißt. Im Gegensatz zu vielleicht so manchem anderem, aber ich will ja nichts gesagt haben, hä, oder!»

«Blödsinn», sage ich.

«Stimmt», bestätigt Jakob. «Ich hätt's wissen müssen. Die haltet dicht, die Sonja, und alles ist gut.»

«Nein», beharrt der kleine Schweizer. «Nichts ist gut! Schon von alters her soll das Weib keine Geheimnisse nicht haben vor ihrem Manne, weil das ist nicht gut!»

«Sogar sehr gut», sagte ich zu beiden und denke bei mir: So lange es meiner Sonja gelingt, mich so zu überraschen, wie jetzt mit Jakob und der Kupplungsscheibe, so lange wird unser Zusammenleben nicht in Gewohnheiten ersticken. Wer Geheimnisse hat, bleibt interessant ...

Es wurde ein langes und sehr schönes Frühstück. Als die Sonne schon recht hoch stand und die Schafe draußen bereits am Wiederkäuen waren, legte sich Jakob erst mal aufs Ohr. Und ich, der Hürlimann-Kupplungsscheiben-Wechsel-Assistent, bereitete nach Anweisung des Meisters alles vor für die große Operation. Säuberte die kleine Betonfläche in der Scheune, sorgte für helles Licht, indem ich die beiden Halogenstrahler aus Wohnzimmer und Bibliothek kurzerhand abbaute und in der Scheune aufstellte und dann, ja dann durfte ich, ausgestattet mit einer ausdrücklichen Sonderspezialgenehmigung vom Hürlimann-Gott höchstpersönlich, Hürlimann fahren. Zehn Meter weit. Von seinem Standplatz bis zum Operationssaal in der Scheune. Was für ein Tag!

Trennung

Die Worte, die ich am Nachmittag dieses Tages am meisten verwendete, waren: «Aha», «verstehe», «begriffen» und «toll». Der absolute Spitzenreiter aber war das Wort «Hä?».

Ich hatte viel zu lernen an der Seite des Hürlimann-Gottes Jakob. Die erste Lektion ließ meinen kleinen Schweizer jubeln: Ordnung! Bevor Jakob den Hürlimann auch nur mit einer Fingerspitze berührt hatte, schuf er ein Ordnungssystem. Legte lange Bretter über zwei Holzböcke: der Operationstisch. Er stellte volle Kanister mit Motorenöl, Getriebeöl, Hydrauliköl und Kühlerflüssigkeit sowie die entsprechende Anzahl leere Kanister für das alte Motorenöl, Getriebeöl, Hydrauliköl und die Kühlerflüssigkeit in Reih und Glied an die Wand. «Damit wir eine vollständige Bluttransfusion chönd mache, weisch», verkündete Dr. Jakob.

«Aha», machte ich.

Dann schloss er das Batterieladegerät an die Steckdose. «Für die Wiederbelebung nach dä Narkose», kommentierte er.

«Verstehe», sagte ich.

Dann wuchtete er Tonnen von Werkzeug von der Ladefläche seines Pick-ups und breitete es auf dem Operationstisch aus, geordnet nach Art, Verwendungszweck und Dimension. Schraubenschlüssel, Ratschen, Abzieher, Gewindeschneider, Zangen, Schraubenzieher, Schieblehren, Abisolierer, dazu Dutzende von eigenartigen Dingen, die ich nicht identifizieren, geschweige denn benennen konnte. Alles glitzerte und funkelte in meiner Scheune wie der Schatz vom Silbersee.

«Mensch, Jakob», staune ich, nachdem all dies vollbracht ist. «Was du da alles mitgeschleppt hast. Aber ich hätte hier doch auch Werkzeug gehabt, wenigstens einen Teil davon.»

«Von wo?», fragt er.

«‹Wovon› heißt das», korrigiere ich.

«Nein, von wo», beharrt er. «Von wo hascht du dein Werchzüüg? Von Baumärkten und so?»

Ich nicke.

«Weisch, Dieter», Jakob legt mir die Hand auf die Schulter, «ich bin z' arm für billiges Werchzüüg.» Er sieht wohl an meinem Gesichtsausdruck, dass ich nicht kapiert habe, und setzt erklärend hinzu: «Das Baumarkt-Glump kostet zvill. Vill zvill Ärger und Zeit.»

«Begriffen», sage ich.

Jakob drapiert nun Dosen, Tiegel und Töpfchen mit Schmierfett, Silikon, Kontaktöl, Rostlöser, Öllöser, Teerlöser, Bremsbelagreiniger, Unterbodenreiniger und Ähnlichem neben das Werkzeug. «Fürs Facelifting nachhär», bemerkt Professor Jakob.

«Toll.»

Schließlich befestigen wir einen schweren Kettenzug an einem Balken über dem Operationsfeld. «Damit wir 's Motörli herausheben können», erklärt Prof. Dr. Dr. Jakob.

«Hä?», staune ich. «Wir müssen den ganzen Motor …?»

«Sonst kommen wir nöd ans Getriebe ran. Wir müssen ihn ja trennen.»

«Hä, wen? Den Getriebe?»

«Dä Hürlimaa.» Ein strenger Blick von Jakob trifft mich.

«Du meinst den Motor.»

Jakob blickt ratlos nach oben und stöhnt.

«Versteh schon», behaupte ich, «ich verstehe ja schon. Du meinst den Motor. Also den Motor vom Traktor trennen, begriffen.»

«Ich meine zerscht dä Motor vom Traktor», doziert Jakob, «und dänn de Traktor usenand tränne.»

«Hä?», mache ich.

«Ja, wir müssen den Traktorvorderteil vollständig vom Hinterteil tränne, oder, also dä Vorder- quasi us em Hinterteil herausziehen, verstehst du? Usenand mache ebe.»

«Hä ... wie?»

«Sitz ab», gebietet der Hürlimann-Gott.

Ich setze mich auf den Hürlimann-Vorderreifen und fühle mich plötzlich unsäglich schlapp. Wie durch Watte höre ich Jakobs Stimme: «Zum das neue Kuppligs-Schibli einbauen zu können, müssen wir ja vorher zerscht 's alte emal uusboue.»

«Begriffen: Erst muss die alte Kupplungsscheibe raus.»

«Damit wir das chönd, müssen wir vorher 's Getriebe usenand trennen. Damit mer das chönd, müssen wir vorher dä Traktor usenand trennen. Damit wir das chönd, müssen wir vorher den Motor ausbauen. Ganz eifach, im Prinzip, weisch».

Plumps. Mein Kopf sackt auf meine Brust. «Hä?»

«Stell dir eifach vor», beruhigt mich Jakob, «stell dir eifach vor, es sei eine Herztransplantation. Das, was wir vorhaben, ist auch nicht viel komplizierter.»

Ich stöhne, Jakob tätschelt meine Schulter.

Und dann zieht er, ich traue meinen Augen nicht, einen grünen OP-Handschuh aus der Seitentasche seiner roten Mechaniker-Latzhose, führt ihn zum Mund und bläst ihn auf, bis er aussieht wie ein absurd fetter, fünfbeiniger Frosch. Er streift den Frosch über seine Hand, spreizt die Finger, ballt die Faust, spreizt erneut die

Finger: Faust, spreiz, Faust, spreiz. Wir kennen das aus der Serie *Emergency Room*.

«Aha, vorbildlich! Siehst du, ein guter Schweizer Mechaniker arbeitet eben nicht nur sauber, er arbeitet sogar steril», jubelt mein kleiner Schweizer.

«Müssen wir steril arbeiten?», frage ich Jakob.

«Pschscht», macht Jakobs Mund, als er den zweiten Handschuh aufbläst. «Es ist verflixt kühl in deiner Scheune», erklärt er. «Pfrrrrr», macht der Handschuh, als die Luft wieder entweicht. «Da werden die Fingerli styff. Und mit denen da» – er zwingt seine andere Hand ins Latex – «mit denen frürsch du nicht und häsch trotzdem genug Fingerspitze-Gefühl zum chöne schaffe.»

Ich stehe auf. «Aha, toll, begriffen, verstehe», sage ich und stecke, damit auch meine Finger nicht steif werden, beide Hände in die Hosentaschen. «Und jetzt?», frage ich.

«Jetzt gaht's los!», sagt Dr. Dr. Professor Professor Hürlimann Obergott Jakob.

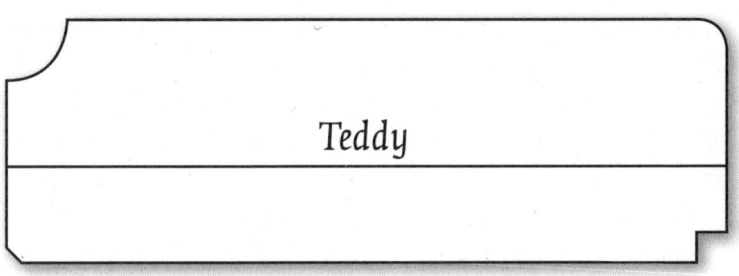

Teddy

Das Bild, das sich Teddy darbot, erschütterte ihn, stürzte ihn in ungläubige Fassungslosigkeit. Es war ungeheuerlich, jenseits von allem, was ihn in seinen schlimmsten Albträumen bislang heimgesucht hatte. Dieser Anblick war zu viel. Das war ungerecht. Solches ertragen zu müssen, hatte er nicht verdient. Dabei war er doch nur rumgekommen, um Sonja die freudige Nachricht zu überbringen, dass die kleine Lottogemeinschaft, die er mit ihr seit einigen Monaten bildete, endlich einen Gewinn verbuchen konnte.

Nach einer ganzen Saison gemeinschaftlicher Pflege und Hütung ihrer kleinen Schafherde hatte er Sonja mit seinem runden Gesicht angelacht und, entgegen seinen sonstigen Gewohnheiten, eine kleine Rede gehalten: «Nachdem wa nu all die Lämmer glücklich großjezogen haben und die Mütter mit dem Bock ooch janz glücklich sind, und der die glücklich wieder tragend jemacht hat, also, Sonja, wenn et also so aussehen tut, als ob wa 'n glückliches Händchen haben tun würden, bei die Dinge, wo wa uns zusammentun tun, also, da hab ick mir jedacht, det uns vielleicht och det janz große Glück zu zweit hold sein tut, wa?»

«Was wird das denn, Teddy», hatte Sonja sich gewundert. «Machst du mir gerade einen Heiratsantrag?» Und er hatte empört seinen großen Kopf geschüttelt und «Spinnste jetzt?» gebrummt. «Dann ist ja gut», hatte Sonja gesagt. «Gut für dich, mein Dieter wirft nämlich einen verdammt langen Schatten, diesbezüglich!» Worauf Teddy auf sie hinuntergeblickt und gesagt hatte: «Ne, det weeste doch, damit hab ich nüscht am Hut.» (Offen lassend, was er meinte: das Heiraten oder den langen Schatten) «Ick meen det wirklich große Glück, det Glück mit dat Lotto!»

Und dann waren sie eine Lottogemeinschaft geworden, die seither jede Woche dieselben Zahlen setzte und jede Woche verlor. Aber jetzt hatte das Glück den Weg von der Schafweide, wo es bisher so brav gewaltet hatte, zu ihnen gefunden und war endlich eingetroffen, na gut, noch nicht das ganz große Glück, aber es hatte wenigstens schon mal leise an die Tür geklopft. 70 Euro fast! 68,35 genau.

Und nun war er rumgekommen, um Sonjas Anteil auszuzahlen. Jetzt am Abend würde sie ja wohl zu Hause sein, er hatte die 34,20 dabei, ganz genau abgezählt. Eigentlich müssten es ja nur 34,17-einhalb sein, aber das wär ja pingelig, unter Teddys Würde: Wegen einzelnen und halben Cents fängt ein gestandener Brandenburger wie er nicht mit Erbsenzählen an. Er hatte also die 34,20 dabei, in der Tasche seines riesigen Mantels, den Sonja gerne als Zirkuszelt bezeichnete. Er wollte eben an der Scheune vorbei Richtung Haus, als er das ungewöhnlich helle Licht bemerkte, das aus dem großen Tor über den Hof flutete. Als ob da ein Fest im Gange wäre. Neugierig bog er ab und lenkte seine schweren Schritte dem Hellen entgegen, ein Fest war ihm ja immer willkommen. So wie er auf jedem Fest willkommen war. Fest und Teddy, das passte, das ergänzte sich, da herrschte die reine Harmonie.

Doch was er dann statt eines Festes sah, ließ ihn, knapp vor der Scheune, abrupt zurückprallen, wie an einer unsichtbaren Wand. Seine Faust schloss sich unwillkürlich um die 34,20 in der Tasche, mit der anderen Pranke wischte er sich über die Augen, um sicherzugehen, dass ihm hier nichts vorgegaukelt wurde, kein Trugbild oder so was.

Es war kein Trugbild. An einer Scheunenwand lehnte ein feuer-
wehrrotes langes Blechteil, das Teddy als Kühlerhaube des Hürlimanns identifizierte. Im Hintergrund ragten ein Lenkrad und ein
Traktorsitz aus einer Art überdimensionalem römischem Kampf-
wagen. Ein Traktorrad links, eines rechts, dazwischen eine Achse,
und da, wo es weitergehen müsste, mit Motor, Kühler, Lenkgestänge
und Vorderachse, war: nichts. Als ob ein Riese den Hürlimann auseinandergerupft hätte wie eine Baguette. Die traurigen Reste des
ehemaligen Vorderteils erkannte Teddy nur noch mit Mühe. Die
chromverzierte Kühlerfront lag platt auf dem Boden, daneben blu-
tete Flüssigkeit aus dem ausgebauten Kühler, der wirkte wie das
überflüssig gewordene Organ eines Tieres. Die beiden Vorderräder, nur noch lose verbunden durch das Skelett des Lenkgestän-
ges, lagen weiter drüben, so grotesk gegeneinander verdreht, dass es
weh tat hinzugucken. Auf einem kleinen Palettenstapel hockte ein
schwarz-öliger Metallblock, umgeben von unzähligen Zahnrädern
und Zylindern wie eine gebärende Muttersau von ihren Frischlin-
gen. An der anderen Wand war eine Art Tapeziertisch aufgebaut,
darauf lag Folterbesteck in großer Menge, in kleine Plastikschäch-
telchen verteilt Schrauben, Bolzen, Muttern, Unterlagsscheiben.
Am Ende dieses Seziertisches – «Ja», schoss es Teddy durch den
Kopf, «es könnte auch ein Seziertisch sein» – weitere Innereien des
ehemals stolzen und nun ausgeschlachteten Hürlimannes: Schläu-
che und Schläuchlein, Stangen und Stängelchen, Kabel und Kabel-
chen, Blechteile und -teilchen.

Und über diesem Chaos schwebte, an Ketten hängend, ein weiterer Metallblock: das herausgerissene Riesenherz des Hürlimanns.
Daran angebaut, das gleißende Licht seltsam silbrig reflektierend,
ein Propeller, als ob der Motor, denn um den Motor musste es sich
wohl handeln, vermutete Teddy, als ob dieser angekettete, gefol-
terte, seiner schützenden Hülle gewaltsam entrissene Motor darauf

hoffen würde, mit diesem Propeller auf und davon fliegen zu können. Wenn der sich nur schnell genug drehte. Aber da drehte sich nichts, da bewegte sich nichts, da war nur kalter Stillstand. Totes Metall. Sinnloses Stückwerk, isoliert von jenem genial durchdachten Zusammenspiel jedes einzelnen Teils mit den Tausenden anderen Teilen, das als Ganzes zu kraftvollem Maschinenleben erwachen konnte.

Eine menschenähnliche, unheimlich fremde Gestalt mit grünen Händen und schwarz verschmiertem Gesicht riss brutal an einer der herunterbaumelnden Ketten, ein Rasseln und Rattern ertönte, der Motor senkte sich langsam in die schnöden Niederungen des Scheunenbodens. «So, das hettedmer», rief der Außerirdische, «chom meren schnäll cho absichere.» Das war eine Alien-Sprache, die Teddy nicht verstand. Und genau den, seinen Verstand, begann er jetzt langsam, aber spürbar zu verlieren.

«So, das hätten wir», ruft Jakob auf Schweizerdeutsch, als der Motor wieder den Boden berührt, «komm, hilf mir, ihn schnell absichern.» Ich klaube rasch ein paar Stücke aus dem Abfallholzhaufen, der sich im Laufe der Zeit hinter der Scheunentrennwand gebildet hatte. Als ich mich aufrichte, sehe ich Teddy. Kreidebleich. Das Weiß seiner entsetzt aufgerissenen Augen erinnert an ein Tier in Panik. Aber er flieht nicht, er steht regungslos da und starrt zum Motor. Nur das leise Hin- und Herschwanken seines riesenhaften Körpers verrät seinen inneren Aufruhr. «Alles in Ordnung, Teddy!», rufe ich. Er braucht mehrere Sekunden, bis er mich lokalisiert hat und sein bleich gewordenes Gesicht langsam in meine Richtung schwenkt. «Alles gut, Teddy, es ist nur die Kupplungsscheibe.» Ich gehe auf ihn zu, packe ihn an beiden Oberarmen. «Alles … ist … gut!», suggeriere ich ihm wie ein Varieté-Hypnotiseur seinem auf die Bühne genötigten Opfer.

«Wat'n mit dir los?» Teddy versucht rückwärts auszuweichen. «Ham se dir die Fresse versengt im UFO? Ganz schwarz biste!»

«Hä? Verbrannt? Nein!» Ich muss lachen. «Das ist nur Karrenschmiere, Teddy. Wir reparieren den Hürlimann, der Jakob und ich.»

«Nu lass mir doch ma los», protestiert er und macht sich frei. «Hätt'ste ja och ma warnend wat sagen können. Da erschrickt man sich ja zu Tode, wenn man so unvorbereitet det Durcheinander sehen tut und euch Vögel dazu.» Teddy hat sich wieder im Griff. «Reparieren nennste det also, Dieter, wa? Icke nenn det ramponieren. Und wer is dette?» Er deutet mit dem Kopf in Richtung Jakob.

«Das ist Jakob, der beste Hürlimann-Mechaniker der ganzen Schweiz.»

«Abend», sagt Teddy und bewegt sich nun, den diversen Hürlimann-Teilen geschickt ausweichend, auf Jakob zu. «Icke bin Teddy, der zweitbeste Schafscherer von janz Deutschland.» Und schiebt nach: «Von die neuen und die gebrauchten Bundesländer, wohljemerkt.»

Jakob kommt ihm entgegen. «Ah, du bist also der Teddy, der Schaf-Fachmann! Hab schon viel von dir gehört, ich bin der Jakob, freut mi.» Er strecke Teddy die Hand entgegen, doch der schlägt nicht ein, sondern stemmt seine Fäuste in die Hüften.

«Bleib mir bloß wech mit deine Gummiflossen, det tut mir an Spital erinnern, da will ich nix am Hut haben mit.»

«Ah so, ja, kann ich gut verstehen.» Jakob lacht gutmütig. «Ich hab's auch nicht so mit den Herren Chirurgen.»

«Und jetze?», will Teddy wissen und fixiert Jakob wie ein Lehrer den Jungen, der die Wandtafel beschmiert hat. «Wat haste dir denn dabei gedacht?»

«Was meinst du?», fragt Jakob mit Unschuldsmiene.

«Na, dette hier, det Janze. Det sieht ja aus hier wie inne Traktor-Resterampe.»

«Na ja, so ein Hürlimann besteht halt aus ein paar tuusig Einzelteili», rechtfertigt sich Jakob.

«Tausend? Millionen sind dette!» Teddy dreht sich, die Hände immer noch in die Hüfte gestemmt, um die eigene Achse und verschafft sich einen Überblick. «Det kannste mir nich weismachen, dass de hier noch durchblicken tust, bei all die Teile, wa!»

«Ich hoffe schon, aber wenn morn z'Abig der Hürlimann wieder läuft und wir finden noch ein paar Teili, wo wir vergessen haben einzubauen, dann kannst du die dann gerne als Andenken ha, oder?» Jakob zwinkert mir zu.

Teddy starrt ihn ungläubig an. «Morgen Abend?»

«Spätestens übermorgen», mische ich mich ein. «Sagt Jakob …»

Teddy wendet sich zu mir. «Sacht Jakob, ja? Na, wenn der det sagen tut. Jetz sach ich dir mal wat: Dieser Metallhaufen wird morgen nich und übermorgen nich und überhaupt nie wieder loofen. Und fahren schon jar nich. Det war et, nu is ausgehürlimannt. Da hast 'n schweren Fehler begangen, Dieter, 'n sehr schweren Fehler, det sach icke dir!»

«Ah, du bist also einer vom Fach?», schaltet sich Jakob wieder ein.

Mir scheint, dass er sich allmählich doch leicht in seiner Mechaniker-Ehre gekränkt fühlt. «Nein, Teddy», versuche ich den drohenden Streit im Keime zu ersticken, «kein Fehler, sondern die einzige mögliche Lösung. Wenn einer diesen Traktor wieder fit machen kann, dann mein Freund Jakob. Ich vertraue ihm zu tausend Prozent.»

«Dein Freund, wa?», fragt Teddy verwundert. «Na denn … denn mag er ja vielleicht in Ordnung sein, so als Mensch, wa. Aber eines is ooch klar: Hier, bei uns, tut man seinem Freund so was nich antun. Dett man dem sein Trecker so übel zurichten tut.» Er richtet sich wieder an Jakob. «Det haste janz richtig erkannt: Icke bin einer vom Fach! Vom Fach der Böcke und Schafe. Aber dett kann selbst 'n blinder Schäfer sehen, oder egal von welchem Fach der sein tut, 'n Blinder sieht jedenfalls, det dette» – sein Arm beschreibt einen Halbkreis über die beiden ausgeweideten Hürlimann-Hälften –, «det dette niemals nie wieder heile wird!»

Jakob steht wie vom Donner gerührt mit offenem Mund da. Jetzt baut sich Teddy vor mir auf. «Kannst einem leid tun, Dieter, echt.» Er greift nach meiner Hand, dreht sie mit der Fläche nach oben, zieht seine Faust aus der Manteltasche, lässt daraus ein Häuflein Münzen in meine Handfläche regnen und legt einige Fünf-Euro-Scheine obendrauf. «Hier, da is schon mal 'ne Anzahlung für euren nächsten Trecker. 34 Euro und 20 Cent, genau abgezählt. Kannste dir bei deiner Sonja bedanken, hat se im Lotto gewonnen. Ohne deine Sonja wärste jetzt nämlich im Arsch.» Er schließt meine Finger um das Geld, nickt mir zu und verschwindet, das Licht des Hürlimann-Operationssaals hinter sich lassend, im Dunkel des Hofes.

Nach Teddys Abgang klappt Jakob seinen Mund wieder zu, wischt sich mit dem Ärmel über das Gesicht und sagt: «Die sind aber noch zeimlich diräkt, deine Brandenburger.»

«Kann man nicht anders sagen», gebe ich ihm recht. «Aber das dürfte dich ja nicht allzu sehr verunsichern, du bist ja auch nicht gerade als Superdiplomat bekannt, oder?»

«Er gefällt mir ja, dieser Teddy. Es ist nur ungewohnt, dass ich plötzlich nicht mehr der Einzige bin, wo mit seiner Meinig nicht hinterm Berg hält.» Er lächelt etwas unsicher. «Isch ja gar nicht so schlächt, auch mal zu erleben, wie es isch, wenn man einstecken muss.»

«Jakob, die Brandenburger klingen nur in Schweizer Ohren ein wenig rau, der Teddy ist …»

«Isch gut, Dieter, würkli, das halt ich locker aus.» Er zuckt leicht mit den Schultern.

«Jakob, du musst Teddy das wirklich nicht verübeln, der war einfach nur geschockt, weil er keine Ahnung hat von Technik. Er hat ja nicht mal einen Führerschein.»

«Nei, nei, da haben mich schon ganz andere nöd umgehauen, als der ...» Jakob wirkt ein wenig verloren inmitten der Hürlimann-Eingeweide. Mit der Hand wischt er an seiner Hose herum, als ob es da etwas zu wischen gäbe.

«Jakob ...» «Dieter», sagten wir gleichzeitig.

Und dann im Chor: «Was?»

«Jakob, der Teddy ist wirklich ein ...»

«Scho guät, würkli, es isch guät», unterbricht er mich. «Kä Problem, oder, schon vergessen, Schwamm drüber, fertig, Schluss, aus, finito, weitermachen.» Er bückt sich über den Getriebeblock. «Gibt es würkli noch Leute ohne Fahrausweis?»

«Teddy ist eben in vielerlei Hinsicht eine Ausnahmeerscheinung, auch in punkto Führerschein.»

«Also, dann chomm.» Jakob klatscht in seine Gummihandschuh-Hände, was ein seltsam schmatzendes Geräusch erzeugt. «Verkeilen wir endlich das Motorblöckli, damit es sicher steht und nicht noch auf den Ranzen fällt, ein neues Motörli hab ich nämmli nöd dabei.»

Wir machen uns ans Werk, aber ich werde das Gefühl nicht los, dass Teddys Besuch in Jakob weiter rumort. Und tatsächlich, eine Viertelstunde später, wir haben gerade die ausgebaute Kupplungsscheibe begutachtet – «Die wär dir nächstens um d' Ohre geflogen», war der Kommentar von Jakob, «Aha», war der meine –, da hält es mein Freund, der Hürlimann-Gott, nicht länger aus: Er legt den Putzlappen, mit dem er die neue Kupplungsscheibe gereinigt hat, beiseite, richtet sich auf und sagt: «Du, Dieter, jetzt emal ehrli: Du machst dir nöd öppe Sorgen um deinen Traktor, oder?»

Ich erwidere seinen Blick. «Nein, Jakob, ich mach mir keine Sorgen. Ich kenne ja dein Mad-Max-Mobil und deine Sägerei Marke Eigenbau. Warum soll ich mich sorgen, du Erfinder des Jahres?»

«Ich schwör dir, Dieter, ich fahre nicht nach Hause, bevor ich höch zu Hürlimann durch dieses Dorf getuckert bin, und zwar in sämtlichen Gängen und Zwischengängen, rauf und runter durchgschaltet, abe und ufe dur Amerika.»

«Das weiß ich, Jakob, auch wenn du nicht schwörst.»

«Hab's nur welle geklärt haben», brummt er, und dann ist er endlich wieder voll in seinem Element. «Also, wenn wir jetzt dänn mit dieser Spindel über diesen Ritzel fahren müssen, kann es sein, dass der nicht ganz in der richtigen Winkelposition sitzt, hä, darum muss du dann den da, luäg here, den musst du nach hinten drücken auf mein Kommando, gegengleich einfahren, du den da rein und ich den da drüber, weisch wie 'n i mein?»

Nein, ich habe keinen blassen Schimmer, wie er meint. Aber beim fünften Versuch kriegen wir die Spindel trotzdem über das Ritzel.

Eidgenossen

Wir sind gerade dabei, irgendeinen extrem wichtigen Federdruck auf die Kupplungsscheibe zu justieren oder so ähnlich, als eine grelle Stimme die konzentrierte Ruhe in der Scheune jäh beendet.

«Ach du heilige Scheiße, was ist denn hier hochgegangen? Waren doch noch Russen-Minen in der ollen Scheune gewesen, wa?»

Wir schrecken hoch. Jakob schaut mich fragend an. Ich kenne diese Stimme bestens von zahlreichen spontanen «Überfällen».

«Krüpki», erkläre ich Jakob, «das ist nur Krüpki.»

«Wer isch …», will Jakob fragen, wird jedoch von Krüpki locker übertönt.

«Hör ma, ist det 'n Unfall, oder biste jetzt freiwillig unter die Schrotthändler gegangen?»

Wir starren in das dunkle Loch des offenen Scheunentors, können aber in der Schwärze niemanden ausmachen.

«Krüpki, das ist der am Ende vom Dorf, der mit den Pferden, von dem ich dir erzählt habe, von dem wir damals das erste Land kaufen konnten.»

«Und deine Hunde», tönt es aus dem Dunkel, «die haben immer noch nicht gelernt aufzupassen auf deinen Hof, wa? Machen noch immer einen auf große Schweiger. Oder sind die gleich mit hochgegangen, in den Hundehimmel, als die Mine in deiner Scheune explodiert ist?»

«Das isch jetzt wieder diese Brandenburger Direktheit, oder?», fragt Jakob grinsend.

«Bloß nicht einschüchtern lassen», erkläre ich. «Krüpkis Respekt musst du dir verdienen durch Cool-Bleiben.» Und jetzt spricht Jakob zum ersten Mal seinerseits das Wort aus, das ich an diesem Tag so oft verwendet habe: «Hä?»

«Ach, da seid ihr ja, ihr ollen Köter.» Wieder Krüpkis Organ, diesmal nur mit halbem Dezibel-Druck. «Na, is ja gut, is ja gut jetzt, is ja guuuut, sach ich, bin ja da, ja is gut, euer Meister Krüpki is ja da, ne? Muss schon wieder nach 'm Rechten sehn, bei den Neubauern, wa? Hab gehört, die bauen schon wieder mal Scheiße, wa, aber nu isser ja da, euer Krüpki, wa? Nu bringt er alles wieder ins Lot, wie immer, ihr süßen kleenen Sennen-Köter, wa?»

Und nun vollzieht Krüpki seinen Auftritt. Es hätte jeder Wagner-Oper wohl angestanden, wie er da, einem Startenor gleich, ins gleißende Licht der Scheunenbühne hineinschreitet, in seinem blauen Arbeitskittel, den klobig-schweren, braun polierten Reitstiefeln und mit seiner in allen Richtungen vom runden Schädel abstehenden weißen Babyflaumfrisur, die er allmorgendlich erfolglos mit der Bürste zu zähmen versucht und die jetzt sein Haupt umschwebt wie Elfenfäden. Links und rechts flankieren ihn die stattlichen Berner Sennenhunde und vervollständigen das imposante Gesamtbild. Beeindruckend, wirklich beeindruckend, muss ich innerlich zugeben. Jakob und ich bestaunen die erhabene Erscheinung dieser Troika wie kleine Jungs den Auftritt eines Weihnachtsmanns samt Rentieren.

«Ach du heilige Scheiße», wiederholt Krüpki seinen Anfangstext. «Och nee, ne? Ihr gehört ja eingeliefert, gehört ihr, Männer! Wat habt ihr denn mit dem schönen Trecker gemacht, det hält ja kein anständiger Mensch aus, diesen Anblick, da kriegste ja Depressionen, da vergeht dir ja alles.»

Er lässt seine wasserblauen Äuglein zwischen mir und Jakob hin und her huschen. Dann schaltet er sein Lärmorgan wieder auf volle Kraft. «Wer hat denn diese Scheiße verbrochen? Raus mit der Sprache, wer ist der Rädelsführer? Na? Krieg ich wat zu hören oder habt ihr Knödel in eure Hälsen stecken? Wer ist die Banause, will ich wissen, der das auf dem Gewissen hat?»

«Ich», sagt Jakob und steht unwillkürlich ein wenig strammer.

«'n Abend», macht Krüpki und nimmt Jakob genauer in Augenschein. «Da haste dir aber was zugetraut, wa? Erst mal allet schön wild auseinandergerupft, wa? Den ganzen prächtigen Hürlimann einfach mal so eben zerlegt, wie?»

«Ich hätte es mir lieber erschpaart, aber anders chunsch du ja an das Kuppligsschibli nicht ran», rechtfertigt sich Jakob.

Krüpki tritt frontal auf ihn zu. «Aha ... Kupplungsscheibe im Arsch, wa? Kenn ich!» Jetzt pegelt er seine Lautstärke auf ein Maß herunter, das für Menschen angemessen wäre, die sich am Tisch gegenübersitzen. An den Kopfenden. Eines, sagen wir, zwanzig Meter langen Tisches. Voll besetzt mit achtzig debattierenden Fußballfans.

«Kenn ich, det ist natürlich Kacke, wa? Den Dreck hatte ich zu DDR-Zeiten och mal an der Backe, mit meinem alten Famulus. Musste getrennt werden die ganze Scheiße, wa, da half kein Heulen und kein Zähneklappern, da mussten wir durch, durch die ganze Scheiße. Auseinander geht ja noch, aber wieder zusammen, det is ja die Scheiße, wieder zusammen, darauf kommt es an, det muss man hinkriegen. Na, ich würde es nicht wieder selber machen, nie wieder, det sach ich dir, da müssen Fachbetriebe ran, det geht doch nicht so einfach mal inner Scheune. Mensch, wir sind doch jetzt im Westen, ihr habt ja Hafergrütze in den Köppen, da fährt man inne schöne Werkstatt und lässt mal die ran, die dett auch können, die die Möglichkeiten ausschöpfen, die der goldene Westen jetzt bietet! So ist das doch Scheiße, ist das! Mit 'nem ollen Kettenzug arbeiten diese Anfänger, und ... guck dir das doch an, da liegt alles nur so offen rum, keene Hebebühne, nix habt ihr, nix, was Profis haben. Warum macht ihr denn so was? Damals inner DDR, ja, wir mussten uns ja behelfen mit so 'ner Scheiße, aber jetzt muss doch die Frage erlaubt sein, zu was wir denn die ganze Kacke mit der Wiedervereinigung auf uns genommen haben, wa? Wozu sich det Volk erhoben hat 89? Damit nu ihr Wessis kommt und wieder herumkaspert wie wir damals, ohne ordentliche Ausstattung! Wir hatten immerhin wenigstens noch det ausgebildete Fachpersonal, Leute, die wat verstanden haben von der Materie, aber eben keine verdammte Scheißausstattung nicht hatten. Und nu? Kommt ihr an, und der ganze Dreck geht wieder von vorne los, nur mit ohne Fachpersonal. Det ist doch ..., also wirklich, det kapiert doch der dümmste Gaul, bloß ihr Scheißer nicht, ist doch aber auch wahr, Scheiße noch mal.»

Unvermittelt beendet Krüpki seinen Monolog. Ich bin mir nicht sicher, ob ihm die Puste auszugehen droht, oder, was ich für sehr viel wahrscheinlicher halte, ob er, begeistert von der eigenen rhetorischen Leistung, eine kleine Pause einlegen will, um das Gesagte im inneren Nachklang noch mal richtig schön genießen zu können.

Jakob wartet zwei Sekunden ab, dann holte er Luft. «Also ...» Er lässt die Luft zwischen seinen Lippen wieder herausströmen. «Pfffff ... also das WC wäre im Haus, erste Tür rechts.»

Krüpki und ich wechseln ratlose Blicke.

«Wat sacht der?», fragt Krüpki schließlich.

«Ja, wissen Sie ...» Jakob zieht Krüpkis Aufmerksamkeit wieder auf sich, er spricht sehr ruhig und höflich. «Wissen Sie, ich bin Schweizer, wir sind nicht so gschnäll. Ich habe etwas Mühe mit Ihrem Brandenburger Dialekt. Da han ich nicht alles, was Sie gesagt haben, so ganz vollständig verstande. Ich han nur immer wieder ‹Scheiße› ghört. ‹Kacke› kam, glaube ich, auch öfters vor. Da denk ich mir natürli, der Mann muss dringend, oder? Oder war das gar nicht das Thema?» Jetzt bedenkt Jakob Krüpki mit einem breiten Grinsen, und zu meinem großen Erstaunen erlebe ich Krüpki zum ersten Mal, seit ich ihn kenne: sprachlos!

Krüpki ist jedoch, wie sich zeigt, aus hartem Holz geschnitzt, einer, der mit allen Gäulen, auch den verstocktesten klarkommt, der lässt sich auch von einem Traktoren-Demontierer nicht in die Ecke stellen.

«Mein lieber Herr Schweizer, det se det ma gleich schnallen ... ach nee, ich muss ja lang-saaam.» Krüpki redet jetzt sehr betont und in gespreiztem Schul-Hochdeutsch. «Sonder-Service für Laaangsaaame: Damit Sie das gleich ein-mal mit-be-kom-men: Des Stuhl-Ganges ent-ledige ich mir immer noch in meinem eige-nen Hau-se. Und die Schei ... pardon, die Sache mit dem ‹Sie›, die kannst du dir auch spa-ren. Ich bin Krüpki, und du?» Er streckt Jakob die Hand hin.

«Jakob», lacht der und schlägt herzhaft ein.

«Na, geht doch!», schreit Krüpki. «Warum machste denn so umständlich einen auf Etepetete, da kriegste ja Läuse, Mensch? So», fährt Krüpki fort und schafft tatsächlich Zimmerlautstärke, oder sagen wir: Saallautstärke. «Nu aber mal ernsthaft.» Er wendet sich mir zu. «Du raubst mir meinen Schlaf mit der Nummer, die du da abziehst, mein Lieber. Kommst bei mir erst angeölt und erzählst mir was von wegen dein Trecker ist futsch. Sachst, du kannst die Schafe nicht tränken, heulst mir die Ohren voll, bis ich Vollidiot dir denn meinen guten, altgedienten, zuverlässigen Famulus leihweise – ich betone: leihweise – zur Verfügung stelle, damit de mal siehst, was 'ne Marke ist, wa, und du nicht in die Scheiße kommst.» Er dreht sich kurz zu Jakob: «'tschuldigung, in die Bredullie», und wie-der an meine Adresse: «Also damit de nicht in die Kacke kommst mit deinen Tieren, und was machst du?» Er steigert die Lautstärke wieder auf 60 Prozent, was bei Krüpki bedeutet: auf Feuerwehrsirenen-Niveau. «Und was machst duuuuu?»

«Was?», frage ich lapidar.

«Was? Fragt der mich: Was! Ich glaub, ich hör den Dünndarm pfeifen! Was sagt man denn dazu?», fragt er Jakob, der es auch nicht weiß, also fragt Krüpki den einzig weiteren Anwesenden, mich: «Was sagt man denn dazu, da fällt mir ja gar nichts mehr ein, was sagt man zu so 'ner Antwort?»

Schweigen von unserer Seite.

«Na gut, denn will ich es euch verraten: Gar nichts sagt man dazu! Das hat man nicht gehört, das steckt man gnädig weg und schmeißt es auf den Müll zu der anderen Scheiße, die alle alle Tage lang absondern zu müssen meinen tun!»

«Du, das würde ich gar keine so schlechte Idee finden, du! Mal nüüt sagen», meint Jakob anerkennend.

«Hör mal, mein Freund», nimmt Krüpki die Herausforderung an. «Wenn du als Schrauber so fit wärst wie mit Worten, denn gäb's ja Hoffnung. 'ne kleine Hoffnung zwar, aber immerhin 'ne Hoffnung, dass du den ganzen Krempel, den du da auseinandergepfuscht hast, vielleicht, ich betone vielleicht, auch wieder vernünftig zusammenfriemeln könntest. Und unser neunmalkluger Kleinbauer hier», er deutet mit dem Kinn zu mir, «endlich mit meinem Trecker auf meinem Hof vorfährt und ihn mir zurückbringt, weil er ihn nicht mehr nötig hat, weil sein sogenannter Hürli wieder im Dienst ist.»

Ich will ansetzen, Krüpki zu versichern, dass genau dies spätestens übermorgen stattfinden wird. Er jedoch stoppt mich mit einer entschiedenen Handbewegung. «Du hältst den Rand, ich bin noch nicht fertig: Also, wie ich als Kenner die Lage aktuell einschätze, wird das frühestens sein, nachdem die Kastanien auf der Straße liegen, nachdem die Bäume ihr Laub abgeworfen haben, nach dem ganzen Schnee und dem Frost, nachdem das Gras dann wieder kniehoch steht, und ich wette, auch erst nachdem alle anderen das Heu eingefahren haben, nur nicht der doofe Krüpki, weil der seinen Trecker noch immer nicht zurück hat, den er, weichherzig wie er leider ist, seinem Nachbarn leihweise zur Verfügung gestellt hat, damit der seine Viecher versorgen kann. So, und nu bist du wieder dran!», fordert er Jakob heraus.

«Also, was mich betrifft, der Hürlimann läuft spätestens übermorn wieder. Ob du dann auch dein Tracktörli wieder zurückbekommst, das musst du dann schon mit dem Dieter abmachen, weisch.»

«Steht übermorgen wieder auf deinem Hof, Krüpki, vollgetankt, wie abgemacht», versichere ich zackig.

«Na, denn ist ja gut. Bisher haste ja Wort gehalten, det muss man dir lassen.» Krüpkis Stimme ist wieder auf Saallautstärke. «Reicht auch 'n paar Tage später, weil det ist doch Scheiße, wenn du dann ohne Trecker dastehst, wa. Wegen die Schafe, mein ich.»

«Wir schaffen das bis übermorgen, Krüpki», versichere ich ein weiteres Mal. «Jakob ist absolutes Fachpersonal, Erste Liga, Banner der Arbeit Stufe 1 in Gold für besondere Verdienste um Hürlimänner!»

«Veräppeln kann ich mir selber, von wegen Banner der Arbeit, so was ist ja, was det arbeitende Volk betrifft, abgeschafft worden, zum Glück. Also: Es kann ja vielleicht sein, dass dein Jakob vom Fach ist, aber dann hat er ja immer noch das Problem, dass er dich zum Helfer hat. Ausgerechnet dich! Wenn einer wie du mit anfasst, dett ist, wie wenn fünf andere loslassen, wa?»

Jetzt muss Jakob laut herauslachen. «Das wird schon gehen, Meister Krüpki, sogar mit dem Dieter.»

«Na, denn will ich euch jungem Gemüse jetzt ganz feierlich eines mal sagen.» Er streicht sich mit der Hand über seine Flaumfrisur, die kurz in Form kommt, aber sich schon während seiner folgenden staatstragend deklamierten Worte wieder in den Vier-Winde-Stil zurückflust. «Ich erkläre hiermit vor euch als Zeugen: Falls ihr es gegen jede vernünftige Prognose des Kenners tatsächlich schaffen solltet, diesen wilden Haufen Schrott bis übermorgen wieder zu einem Hürlimann zusammenzuflicken, also zu einem Gerät, das, wie auch immer es aussehen wird, selbständig läuft, also im Sinne von auto mobil, denn hol ich mir meinen Famulus höchstpersönlich hier ab, und ich werde nicht mit leeren Händen erscheinen, sondern mit 'ner schönen Pulle Edelbrand zum Anstoßen auf die Wiederauferstehung des Hürlimanns! Und dir, Jakob, hisse ich als Zugabe ein inneres Banner der Arbeit in Platin, so wahr ich Krüpki heiße.»

«Beschlossen», sage ich.

«Also, söll gälte!», sagt Jakob.

Wir reichen uns die rechten Hände – Jakob reißt sich vorher noch hastig seine grünen Gummis von den Fingern –, legen die Pranken übereinander, und für einen Moment werden wir zu den drei Eid-Genossen, im Kreise stehend, in dieser Scheune in Amerika, beinahe exakt in der nämlichen Pose, wie sie auf den kitschigen Schweizer Gründungslegenden-Ölschinken gern aufgepinselt ist: die Vertreter der drei Urkantone auf der Rütliwiese über dem Vierwaldstätter See, ewige Freiheit und Brüderlichkeit schwörend.

Zum Abschied ruft Krüpki: «Denn kriegt mal eure Hintern wieder hoch, die Zeit läuft, haut mal rinn jetze, und labert mir nicht stundenlang die Ohren zu!» Dann lässt er sich von der wieder still gewordenen Nacht verschlucken.

Herzbolzen

Die Esel und das Pferd waren in den Stall gekommen und schnorchelten mit halb geschlossenen Augen schläfrig vor sich hin, die Schafe auf der Weide mümmelten ein letztes Gute-Nacht-Kräutlein und machten sich daran, eines nach dem anderen auf der großen Wiese nach Auswahlkriterien, die nur ihnen begreiflich waren, den perfekten Schafschlafplatz zu finden. Der Nachttau senkte sich über die Weiten des Brandenburger Landes. Es war «schattig» geworden, wie Sonja zu sagen pflegt, wenn die Temperaturen anziehen und einem die Kälte langsam, aber stetig in die Glieder kriecht.

Jakob und ich standen noch immer in der Scheune. Unsere Finger umklammerten wärmende Tassen mit dampfendem Kaffee. Eigentlich hatten wir es gut sein lassen wollen, für heute. Wir lagen bestens im Zeitplan, die neue Kupplungsscheibe war bereits in den Eingeweiden des Hürlimanns implantiert, morgen würden wir wieder zusammenfügen, was zusammengehörte, und wenn es gut lief, könnte die Probefahrt bereits innerhalb der nächsten vierundzwanzig Stunden stattfinden. «Gut, hab ich noch Resärve-Tag eingerechnet.»

Warum wir diesen Abschlusskaffee nicht in der warmen Küche getrunken haben, sondern in der ungemütlichen Kühle der Scheune, ist im Rückblick nicht leicht zu erklären. Vielleicht verspürten wir eine leise Scheu, den armen Hürlimann allein zu lassen, zerlegt und hilflos, wie er war. Vielleicht mochten wir uns nicht trennen von der Scheune, die im Laufe des Tages zu unserem Spielzimmer geworden war, so wie kleine Jungs sich schwer von ihrer Modelleisenbahn trennen. Vielleicht mussten wir erst mal in Ruhe jene vertraute Zweisamkeit ausklingen lassen, die sich durch das gemeinsame Tun eingestellt hatte. Wahrscheinlich war es eine Melange aus all dem.

Jedenfalls standen wir mit unseren Kaffees frierend in der Scheune, umgeben von Werkzeug, Hürlimann-Teilen, Stützhölzern und Putzlappen. Der Zufall, vielleicht sogar das Schicksal wollte es, dass wir uns exakt vor dem Lenkgestänge mit den an der Vorderachse verdrehten Rädern postiert hatten. Ich bewunderte die Genialität der Hürlimann-Konstrukteure der sechziger Jahre, die eine damals revolutionäre Verbesserung ersonnen hatten: die Einzelradaufhängung für Traktoren! Eine bewegliche Vorderachse, die sich automatisch an den unebenen Boden anpasst, was Fahrkomfort und Sicherheit erheblich verbesserte. Damit sie Unebenheiten abfedern und ausgleichen konnte, wurde sie in eine linke und eine rechten Hälfte geteilt, verbunden durch ein mächtiges Gelenk. Jetzt lag dieses Gelenk zerlegt zu unseren Füßen, nackich und bloß ausgesetzt unseren bewundernden Blicken.

«Die waren einfach gut, die alten Ingenieure», entfährt es mir. «Schon dieses Achsgelenk, schau dir das an: klassisch einfache Konstruktion. Stabil, übersichtlich, und es funktioniert.»

«Ja», sinniert Jakob. «Zwei mächtige Gelänkbäggli, den Herzbolzen durchgeschoben, fertig. Hält wie d' Sou und bewegt sich doch.» Er bückt sich und fasst nach dem Herzbolzen. «Aber das Bölzli hat es dann in sich. Das muss ja 's ganzi Gewicht vom Motor- und vom Getriebeblock tragen. Zusätzlich muss er die härtesten Schläge der

Vorderräder können uuffange. Und da vorn ist er auch noch mit der Hängerkupplung verbunden. Und außerdem sicheret der Herzbolzen den Traktor auch noch in sich selbst ab, siehst du, Dieter, dahinten an der Nut rastet dann der Getriebeblock ein. Das hat also vily Funktionen, das Herzbölzli.»

«Kein Wunder, dass er Herzbolzen genannt wird ...», philosophierte ich.

«Ja, der ischt dann also aus ganz enorm speziellem Edelstahl. Super hart aber dennoch relativ elastisch, sonst würde er ja brechen.» Jakob stellt seine Kaffeetasse auf den Boden, zieht den dicken Herzbolzen aus dem Gelenk und zeigt ihn mir. «E schöns Stückli Stahl! Uf de Hundertschtel genau gedreht. Dafür brauchscht du eine Spezialdrehbank, die muss mit diesem enormen Härtegrad fertig ...» Jakob stockt. «Ja Huäräsiech, was isch dänn das? Ja Gopfertammi, das isch gar nöd gut!» Jakob starrt wie vom Donner gerührt auf ein Ende der stählernen Mega-Zigarre in seinen Händen.

Ich bin alarmiert. Seit ich ihn kenne, habe ich Jakob nie fluchen gehört.

«Was?», frage ich. «Was ist nicht gut?»

«Gebrochen», sagt Jakob erschüttert. «Da, am Ende, da fehlt ein Stückli. Der Herzbolzen isch gebrochen.»

«Verstehe», sagte ich. Und ich verstand wirklich: Das Wort «Herz» in Kombination mit «gebrochen», das ist nie gut. Noch nie gewesen. Diese Kombination hat Krieg und Umstürze verursacht, hat edle Geister zu Monstern werden lassen und Heerscharen von Menschen in Tod und Verderben gestürzt. Und jetzt auch noch den Hürlimann ruiniert. Mir wird schlecht.

«Und ... jetzt?», frage ich.

«Brauchen wir en neue Herzbolze», stellt Jakob fest.

«Aber der ist ja schon seit langem gebrochen», argumentiere ich hektisch. «Ich bin doch mit dem so rumgefahren, es ging doch, trotz des gebrochenen Herzbolzens. Den bauen wir einfach trotzdem wieder ein wie er ist, und gut!»

«Genau», sagt Jakob und sieht mich an, als hätte ich vorgeschlagen, im Heulager am offenen Feuer Servelats zu grillieren. «Super Idee, Dieter, wir bauen ihn wieder ein, du schließt eine Lebensversicherig über zehn Millione ab, und dann isch 's nur noch eine Frage der Zeit, bis dyni Sonja eine schwerreiche Witwe ischt.» Er schnaubt die Idee verächtlich weg. «Möchti wüsse, wie der brechen konnte. Der Traktor muss aus relativ großer Höhe brutal auf den Bode krachet sy», kombiniert Jakob. «Bis so ein Herzbolzen verchlöpft, bruucht's dann also en mordsgwaltigen Schlag, weisch wiä, hä!»

Kommissar Jakob mustert mich mit strengem Blick. Augenblicklich beschleicht mich jenes diffuse schlechte Gewissen, das sich, kaum wird man verdächtigt, reflexartig einstellt, selbst wenn man unschuldig ist wie ein frisch geborenes Lamm.

«Also, raus mit der Sprache.» Jetzt forderte Jakob ein Geständnis. «Was hascht du mit dem Hürlimaa angestellt?»

«Nichts … Also ich weiß von nichts. Ich hab den Hürlimann nie fallen lassen, das würde ich doch niemals tun, ich schwöre!»

Jakob bleibt misstrauisch. «So ein Hürlimaa-Herzbolze bricht nöd einfach wegen nichts.»

Ich zucke mit den Schultern und versuche, seinem stechenden Verhörblick standzuhalten. Da, plötzlich, sackt mein Freund in sich zusammen und winkt resigniert ab. «Isch ja auch egal. Kaputt isch kaputt.»

Er starrt fassungslos auf den Herzbolzen in seinen Händen.

Eine Erinnerung aus Kindertagen taucht in mir auf: Genau so hatte mein kleiner Bruder dagestanden, damals, mit seiner Griechischen Landschildkröte, die aus dem Winterschlaf nicht mehr aufgewacht war. «Es wird wieder gut», hatte ich ihn damals zu trösten versucht, wohl wissend, dass nie wieder etwas gut werden würde, jedenfalls nicht für die Schildkröte.

«Es wird wieder gut», flüstere ich Jakob zu und berühre ihn sanft am Oberarm.

«Ja natürli wird's wieder gut!», ruft er, meine Hand unwillig wegschubsend. Sein Gesicht ist ein einziger Vorwurf. «Was meinsch denn du? Logisch bekommen wir das hin! Aber nicht bis übermorgen. Ich han nicht die leiseste Ahnung, wo ich so einen Herzbolze hernehmen soll, jetzt! Mitten im Ussland, in der Hürlimaaa-freien Zone, in so churzer Zeit! Am einfachsten wäre es, wenn ich selber einen mache. Müsste den kaputten da vermessen, den genauen Härtegrad analysieren, ein identisches Stück Edelstahl finden und eine Drehbank organisieren, wo das packt, auf den Hundertschtel genau. Und dann müsste ich wieder herkommen und ihn einbauen, das kannst du nicht alleine. Aber das braucht Wochen. Alles in allem Monate.»

«Ich organisiere mir schon irgendwie einen Ersatztrecker, bis es so weit ist, Jakob, das geht schon. Irgendwie. Mit Glück.» Ich klinge nicht sehr überzeugend, was wohl daran liegt, dass ich meinem eigenen Optimismus nicht vertraue. Nicht wirklich. Wie sollte ich jemanden finden, der einen funktionierenden Trecker besitzt, aber nicht selber braucht und ihn darum herborgen kann? Das ist mindestens so schwierig zu finden wie einen Herzbolzen.

Jakob legt das Metallstück sanft auf den Betonboden. Ein helles, hoffnungsfrohes «Kling» ertönt, wie von einem zarten Kapellenglöckchen. Dann greift er nach der Kaffeetasse, nimmt einen Schluck von der erkalteten Brühe und wischt sich über den Mund.

«Kä Chance», stellt er fest. «Wir können ihn nicht zusammenbauen. Also haben die jetzt doch rächt, dieser Teddy und dieser Krüppi, oder wie er heißt: Der Hürlimaa wird nicht laufen. Die werden sich ihren Teil denken über mich, diesen Schweizer Hürlimaa-

Fachmaa. Schöner Fachmaa das. Und du musstest ja noch lamentieren, von wegen Verdienstorden in Gold. Und ich blöde Löli lach auch noch dazu. Das isch mir so pinlich, dass es weh tut.»

Dazu fällt mir nun gar nichts mehr ein. Jetzt fühle ich mich nicht nur schuldig, jetzt bin ich es: Durch meine großmäulige Prahlerei habe ich meinen hilfsbereiten Jakob unter Erfolgsdruck gesetzt. Gegenüber ganz Amerika. Jetzt geht es um nichts weniger als um die Ehre. Um seine Ehre. Die er verlieren wird.

Und so verharren wir beide, bar jeder Hoffnung, in der Scheune, mit unseren kalten Kaffees in der Hand, und brüten stumpfsinnig vor uns hin.

Müsebeck

«'tschuldigung», sagt eine Männerstimme hinter uns. Wir wirbeln herum. Im Scheunentor steht, lässig gegen den seitlichen Torpfosten gelehnt, Hände in den Hosentaschen, ein Bein übers andere gewinkelt, Fußspitze auf den Boden gestützt: Bauer Müsebeck! Wenn er einige Stücke seiner für ihn typischen Arbeitskluft ersetzt hätte – statt der schweren Schuhe Westernstiefel, statt des schmalkrempigen schwarzen Lederhütchens eine schwarze Lederweste und auf dem Kopf einen Cowboy-Hut, statt des Arbeitskittels einen breiten Gürtel mit silberner Schnalle und anstelle des grauen Pullovers ein um den Hals geknotetes Tuch –, er hätte jedem Gary-Cooper-Film zur Ehre gereicht. Wie er sich da anlehnt. So lässig.

«Man erzählt sich in Amerika, ihr hättet wohl das eine oder andere Problem mit eurem Hürlimann», meint Müsebeck, während sein wacher Blick über die am Boden verteilten Metallstücke gleitet, und dabei grinst er über sein ganzes braun gegerbtes Gesicht.

Na super, denke ich, Teddy hat offensichtlich das dörfliche Buschtelefon sehr effizient benutzt. Und spätestens morgen Mittag wird man sich in ganz Amerika erzählen, wir hätten den Trecker zwar auseinander-, aber nicht wieder zusammengekriegt, hahaha!

Mit einem kleinen Ruck aus der Hüfte löst sich der Mann vom Pfosten und schlendert auf Jakob zu. «'n Abend», sagt Bauer Müsebeck, «Bauer Müsebeck.»

«Jakob», sagt Jakob.

Die Männer schütteln sich die Hand. Müsebeck nickt mir zu, dann wendet er sich wieder an Jakob. «Herzbolzen, wa?»

«Woher wüssed Sie ...?», fragt Jakob verwirrt.

«Ach», winkt Müsebeck ab. «Ich steh schon 'n paar Minütchen hier. Bin gekommen, weil ich dachte, mal sehen, wo der Hut brennt, vielleicht kann ich helfen. Aber ihr habt mich ja nicht bemerkt, so sehr wart ihr mit eurem Herzbolzen beschäftigt.»

Nun steht Müsebeck genau über dem Problemteil und tippt mit dem Fuß leicht gegen das glänzende Stück Stahl. Abermals ertönt ein leises «Kling». «Den kannste in die Tonne treten», bemerkt er. «Muss 'n neuer her.» Jakob nickt ergeben. Dann schiebt Müsebeck leise nach: «Ich hätte da womöglich 'ne Idee ...»

Das elektrisiert uns. Als ob wir Stahlfedern in den Hälsen hätten, rucken unsere Köpfe hoch. Und Müsebeck, der alte Meister des Spannungsaufbaus, genießt unsere ungeteilte Aufmerksamkeit. «Also», fährt er in aller Ruhe fort, «ich kann's ja nicht garantieren, aber ich könnte mir vorstellen, dass det eventuell funktioniert.» Er dreht sich zu uns und wartet auf unsere Reaktion.

«Dass was funktioniert, Müsebeck?», erfülle ich prompt seine Erwartung.

«Na ja», macht er, «ich hab da 'n Neffen. Und der hat 'n Kumpel. Und dem sein Vater, der arbeitet auf 'ner Werft.»

Müsebeck pausiert.

«Und?»

«Als Dreher.»

«Aha.»

«Ist einer der Besten.»

Müsebeck schiebt seine Unterlippe vor und nickt anerkennend. In diesem Moment macht es bei Jakob «Klick»; er erkennt die Chance, die sich hier bietet. «Sie meinen, dieser Vater von diesem Kumpel von diesem Neffen von Ihnen, der könnte uns eventuell so einen Herzbolze machen?»

«Nö», erklärt Müsenbeck, «der kann det nicht eventuell, der kann det.»

«Das wär ja, also … Huäresiäch, das wär ja die Rettung.» Ich kann förmlich zusehen, wie Jakobs aufkeimende Hoffnung wieder Farbe in sein Gesicht treibt.

«Moment, Jakob», bremse ich. «Das ist zwar ein guter Vorschlag von dir, Müsebeck, aber diese Ostsee-Werften sind weit. Bis wir da hochgefahren sind und retour, das kostet uns einen vollen Tag, und den haben wir nicht.»

«Stimmt», sagt Jakob. «Und dann haben die ja nicht grad auf uns gewartet, die sind doch immer unter Zyt-Druck, bis die dazu kommen, eine solche Einzelanfertigung zu machen, die müssen ja die Drähbank extra dafür einrichten und justieren, ein riesiger Ufwand für nur ein einziges Stückli, also in der Schwyz würden die da glatt sagen, nei, mached mer nöd, und wenn doch, wartesch du Minimum zwei Mönet auf so ein Einzelstückli. Ganz abgesehen von den Chosten, die müssten ja einen ungeheuren Preis verlangen, damit die ihren Ufwand wieder drin haben.»

«Man müsste halt ma reden mit denen», bemerkt Müsebeck. «Denn wüsste man, was dett kostet. An Zeit und an Geld.»

«Außerdem ist das ein ganz spezieller Traktorenstahl», gibt Jakob zu bedenken, ohne auf Müsebecks Einwurf einzugehen. «Da müsste es schon mit dem Teufel zugehen, dass die dann ausgerechnet gerade so ein Stück lagernd hätten, noch dazu in geeigneter Dimension. Wie gesagt, die haben ja nicht darauf gewartet, dass da einer einen Hürlimann-Herzbolze braucht, weisch.»

«Man müsst halt mal reden mit denen …», wiederholt Müsebeck ungerührt. «Is 'ne Werft. Die haben jede Art Stahl. Jede.»

«Ja, wenn du uns die Nummer gibst», sage ich zu Müsebeck, «dann rufen wir da einfach an, morgen früh, und dann können wir mal reden, mit denen.» Warum fühle ich mich plötzlich wie ein Papagei?

«Nummer bringt nichts. Warum fahrt ihr nicht einfach hin? Denn wisst ihr sofort Bescheid.»

«So einfach auf gut Glück?», überlege ich. «Ob sich das lohnt?»

Müsebeck zuckt nur mit den Schultern. Jakob zuckt nur mit den Schultern.

Drei Männer stehen in meiner Scheune, inmitten der Hürli-mann-Eingeweide, und denken über ein Problem nach. Schweigend.

Es ist Müsebeck, der als Erster seine Stimme erhebt: «Ich sag ja immer: Lieber einmal mehr als mehrmals weniger.»

Das klingt gut! Jedoch, der genaue Sinn in Bezug auf die Werft erschließt sich mir denn doch nicht. Ich blicke fragend zu Jakob. Der nickt Müsebeck anerkennend zu. «Genau! So heb ich's au immer», sagt er. Offenbar hat er die Botschaft verstanden.

«Wo genau an der Ostsee liegt denn diese Werft?», frage ich. «Wenn die autobahntechnisch günstig liegt …»

«Was haste denn immer mit deiner Ostsee?», unterbricht mich Müsebeck. «Oder. An der Oder liegt die Werft, mit dem Auto 'ne halbe Stunde von Amerika.»

«So nah?», staune ich und schaue zu Jakob.

«An der Oder, oder?», meint der, als wäre ihm das immer schon klar gewesen.

«Ja, aber dann könnten wir's ja doch schaffen», rufe ich. «Wirklich, Müsebeck, warum sagst du nicht gleich, dass das eine Oder-Werft ist?»

«Hat mich einer gefragt?» Müsebeck zieht seinen Mund in die Breite, tippt an sein Hütchen, und weg ist er.

«Jakob, was meinte Müsebeck mit … äh, wie war das noch mal: Lieber einmal mehr, als mehrmals weniger?»

«Kei Ahnig, Dieter, aber den Spruch merk ich mir. Tönt gut!»

Die Werft

«Di ganzi Nacht hab ich den blöden Bolzen im Chopf gehabt», sagt Jakob. «Da komm ich den weiten Weg hierher wegen dem Kuppligs-Schibli und dann: Hab ich en Bolze im Chopf!» Er schlägt sich mit der Handfläche gegen die Stirn.

«Ich glaube, es ist schlimmer, Jakob, du hast ihn im Herzen, den Bolzen.»

«Ja sonscht noch öppis? Wäre ja no schöner!»

Er spielt mit dem abgebrochenen Teilstück des Herzbolzens in seiner Hand, wirft es auf, fängt es wieder, hält es sich vor die Augen und legt es schließlich an den eigentlichen Bolzen, der zwischen seinen Beinen auf dem Beifahrersitz liegt.

Schon früh um halb sieben Uhr waren wir losgefahren, nach einem hastigen Frühstück, während dem wir Sonja zu erklären versucht hatten, wo das Hürlimann-Problem lag, warum unser Ruf in Amerika, gut oder schlecht, vom Herzbolzen abhing und somit unsere Ehre und damit das Wohl oder Weh unseres ganzen künftigen Daseins allhier und welch existenzielle Hoffnung wir nun in unseren Ausflug legten, zu Müsebecks mysteriöser Werft an der Oder. Sonja hatte sich das alles eine Weile stoisch angehört und dann gesagt: «Ich schau nach den Schafen.» Sie schnappte sich die Hunde und floh. Frauen haben ja so was von keine Ahnung von der Ehre der Männer!

«Ich hab eine Idee», sagt Jakob. «Wenn die uns den Bolze sechs Millimeter länger machen als das Original, dann könnte ich dir die Hängerkupplig so befeschtigen, dass sie mitdreht, auf unebnem Gelände. Dann würde es weniger an der Deichselöse umenwürgen, wenn du was ziehscht. Wäre, glaub i, noch eine sinnvolle Verbesserung, oder?»

«Gerne, lieber Erfinder des Jahres», schmunzele ich. Das ist endlich wieder der Jakob, wie ich ihn kenne!

Der schmale, mit rissigem, bröckeligem Beton überzogene Weg gabelt sich. Ein rostiger Wegweiser zeigt nach rechts. Die Schrift ist gerade noch zu entziffern: «Werft.»

«Wir sind da», bemerke ich. Jakob späht ungeduldig wie ein Jagdhund, der Beute wittert, durch die Scheiben. Seine Hände umklammern den Herzbolzen. «Bin mal gspannt, du, was das wohl für eine Werft sein soll, weisch wiä», presst er zwischen den Zähnen hervor.

Es sieht alles andere als vertrauenerweckend aus, hier: Halb verwitterte Gebäude mit rostigen Wellblechdächern schwimmen in gelb vertrocknetem Gras. Disteln und Farne wuchern wild. Kleine, rostzerfressene Boote und Schaluppen liegen hier und dort im Brachland, als hätte sie eine Riesenwelle vor Jahrzehnten aus dem Fluss gekotzt und in wildem Durcheinander verstreut. Die Resterampe ausgeträumten Fernwehs ganzer Generationen von Freizeitkapitänen.

Jakob ist still geworden. Der Anblick vergammelnder Technik in wild wuchernder Natur ist für ihn als Schweizer gewöhnungsbedürftig. Beängstigend. Aber in ihrer absurden Anarchie doch irgendwie schauerlich schön.

«Sind mir da richtig, Dieter? Die isch doch schon seit einer Ewigkeit nicht mehr in Betrieb, diä Werft.»

Ich antworte nicht. Ich kenne Brandenburg immerhin schon

gut genug, um zu wissen, dass man auf den ersten Anschein nichts geben darf. Es ist ein Land voller Überraschungen.

Konzentriert halte ich den durch zahllose Schlaglöcher heftig schwankenden Jeep stur auf Kurs. Zwischen zwei rostig-löcherigen Schiffsbäuchen hindurch flimmert kurz die im Sonnenlicht glitzernde Oder auf. Der Pfad führt jetzt steil bergab, und nachdem wir einen wild in die Fahrbahn wuchernden Dschungel hinter uns gelassen haben, weitet sich das Gelände jäh. Ein unerwartetes Panorama: Große moderne Hallen breiten sich aus, in den Himmel ragende Brückenkräne rollen auf Schienen über riesige Asphaltflächen, an ihren Greifern schwanken tonnenschwere gebogene Stahlträger wie Rippen eines gigantischen Monsterfisches.

«Ja, jetzt luäg au da», ruft Jakob, den die Betriebsamkeit der Kräne offensichtlich begeistert. «Wer hätte das gedacht!» Er schlägt mit der Faust auf die Konsole. «Jetzt gaht's mir wieder gut!»

An einem schönen alten Backsteingebäude prangt ein Schild: «Werft-Leitung». Wir parken den Jeep direkt davor und betreten den Empfangsraum. An den Wänden Farbfotos von Ozeanriesen. Eine Luftbildaufnahme der Werft. Wenn mein Hof nur über halb so viel Fläche verfügen würde wie diese Werft, denke ich, dann ginge es uns gut!

Eine zierliche, dunkelhaarige Frau mittleren Alters sitzt hinter einem Computerbildschirm und hämmert auf die Tastatur. Grauer Rock, kaffeebrauner Rollkragenpulli, darüber eine dünne Goldkette mit Perle. Stiefeletten mit Absätzen.

«Guäte Morrrgä», sagt Jakob.

«Tach», sage ich.

«Momeeent», sagt die Frau.

Jakob platziert den Herzbolzen auf dem Tresen. Die Frau hämmert weiter, die Plastikuhr an der Wand tickt. Ich betrachte die Prospekte im Plaste-Prospekthalter auf dem Tresen. «Patente für den modernen Schiffsbau», lese ich, «Komponentenbauweise», «Exklusiv in Europa», «Laser-Schweißtechnik» und «Spanten bis 1000 Tonnen, millimetergenau».

«So», sagt die Frau, steht jetzt schwungvoll auf und kommt elastischen Schrittes zum Tresen. «Wat können wir den Herren denn antun?» Sie fixiert Jakob, ihre lidstrichumrahmten Augen blitzen herausfordernd. Sie riecht nach Vanille.

«Ja, also, es ischt eben eso, oder», beginnt mein Freund. «Wir hätten da es Problem mit dem Herzbolzen da, oder, weil der Herzbolzen ist vebrochen ...»

«Verbrochen? Sie sind nicht aus der Gegend, wa?»

«Nei, ich ...»

«Icke versteh nämlich nur Bahnhof.»

Jakob verharrt verblüfft. Die Frau schnippt mit den Fingern, deutet auf seine Brust und ruft: «Schweizer! Hab ich gleich gehört. Da war ich auch schon!»

«Ja, ja ... Schwyz, ja.» Jakob lächelt verlegen «Äh, eben ... dem verbrochenen Herz ...»

«Ge-brochen heißt det, junger Mann, gebrochen. Mit gebrochenen Herzen kenn ick mir aus, det können Sie mir glauben, da sind Se bei mir goldrichtig.» Sie lässt ein kleines Kichern hören und lehnt sich über den Tresen, Jakob entgegen. Die Perle an ihrer Kette baumelt exakt über dem Herzbolzen. «Ich würde jetzt zwar liebend gerne mit Ihnen über Berge, Banken und Bonzen mit ‹verbrochenem› Herzen plaudern, aber», sie senkt ihre auffallend schöne dunkle Stimme, «aber ich bin leider ziemlich im Druck. Die Tanker-Spanten für Dubai müssen raus, und die Araber sind ziemlich kompliziert, seit die Amis ... egal. Also nehmen Sie's bitte nicht persönlich, aber ich kann mich nicht auch noch um Ihren Herzens-Dingsda kümmern.»

«Ja, dann halt ...» Enttäuscht lässt Jakob den Herzbolzen vom

Tresen herunter in seine Hand rollen. Die Frau richtet sich wieder auf. «Waren Sie denn schon inner Dreherei?»

«Nei», sagt Jakob. «Also inner … in einer Dreherei scho, in mehreren, aber nicht hier in der da.»

«Wat denn nu? Waren Se oder waren Se nicht?» Sie wendet den Kopf in meine Richtung. «Können Se vielleicht mal dolmetschen? Ihr Schweizer Kumpel ist mir zwar nicht unsympathisch, wa, aber det Sprachliche, da kommen wir nicht wirklich zusammen.»

«Wo ist die Dreherei?», frage ich knapp.

«Richtung Oder, beim Drehkran links, an der Montagehalle vorbei und dann gleich wieder rechts, neben dem hohen Kamin.»

«Danke, komm Jakob.» Ich ziehe ihn Richtung Tür.

«Jederzeit gerne wieder», ruft uns die Frau nach. Wirklich, eine schöne Stimme.

«Das gäbe es bei uns nicht, dass sich da die Frömden in einem so großen Betriebsgelände frei bewegen können. Die wollte ja nicht mal einen Uswies gseh, oder so …» Jakob marschiert neben mir über den Asphalt.

«Sie hat eben beschlossen, dir zu vertrauen. Hier zählen die Menschen, nicht die Ausweise», erkläre ich und spüre, wie in mir plötzlich ein unerklärlicher Stolz auf meine Wahlheimat aufsteigt.

«Ja, die ischt mir aber au nicht glych, diä Frau, du. Die isch ziemlich schnäll mit dem Maul, weisch. Aber eigentlich ja nett. Sehr nett.»

«Da hast du sie», lache ich, «die Brandenburger Variante von Nettsein.»

Wir überqueren die Schienen, auf denen gravitätisch die Kräne hin- und herrollen, und nähern uns dem Fluss.

«Das hätt ich nie gedacht, dass die hier solche Riesenteili fertigen. Wenn wir da jetzt mit unserem chline Bölzli daherkommen, die lachen uns doch us, weisch», gibt Jakob zu bedenken. «Und schau mal, da isch ja richtig öppis los, du, also die sind doch zugeplant bis über die Ohren, da müssen wir nichts wollen, hab ich's Gfühl, du, die sind ein paar Nummere z' groß für uns, weisch.»

Ich antworte nicht. Was hatte Müsebeck gesagt, gestern Nacht? «Man müsst halt mal reden mit denen, dann wüsste man's.» Seltsam, dass wir Schweizer so sehr dazu neigen, uns vorab auszumalen, wie es sein würde und was der andere dann sagen würde und was man dann darauf sagen würde, dass aber der andere sicher recht hätte, mit dem was er sagen würde, und dass es ja dann deswegen nichts würde, ganz sicher nicht, weil es ja bestimmt so sein würde, wie man denkt, dass es sein würde, sodass man, jetzt, wo man ja weiß, wie es sein würde, gleich gar nicht mehr hingeht, weil es ja, so wie es sein würde, unter jeder Würde sein würde.

«Ja gut», entscheidet Jakob, «jetzt gömmer halt hin, wo wir schon da sind, und dann reden wir mal mit denen, dann wüssed mer's.» Das Schöne an Freundschaft: Gedankenübertragung funktioniert wirklich.

«Schau, da ist der Kamin», sage ich und biege rechts ab.

Als wir die Dreherei betreten, umfängt uns augenblicklich Getöse und der charakteristische Duft von Metallspänen, Öl und heißen Elektromotoren. Jakob saugt den Brodem genussvoll ein. «Da simmer richtig», schreit er gegen den Lärm der Drehbänke an. Und gemeinschaftlich schreien wir nun die Männer mit den blauen Overalls und den gelben Ohrschützern an, von Drehbank zu Drehbank ziehend, einen nach dem anderen: «Sagt Ihnen der Name Müsebeck etwas?» Es ist immer das gleiche Ritual: Schreien der Frage, Kopfschütteln seitens des Angeschrienen, Deuten auf den Ohrschutz, leichtes Lüpfen desselben, nochmaliges Brüllen der Frage. Danach werden wir unsererseits angebrüllt, in verschiedenen Varianten: «Nööö!» «Unbekannt!» «Warum, was hat der denn angestellt?» Bis einer der Dreher, ein langer, hagerer Mann, nickt, mit dem Finger zum Ausgang zeigt, losmarschiert und uns winkend auffordert, zu folgen.

«Sucht ihr Müsebeck?», fragt er, als wir wieder vor der Dreherei stehen, und zieht den Hörschutz vom Kopf.

«Nein, wir suchen den Vater von einem Kumpel vom Neffen vom Bauern Müsebeck in Amerika», erkläre ich zaghaft. Nicht gerade eine effiziente Personenbeschreibung, die ich da zum Besten gebe. Warum hat uns Müsebeck nicht einfach den Namen vom Vater des Kumpels seines Neffen genannt?, überlege ich. Doch ich kenne die Antwort: Vor meinem inneren Auge taucht Müsebecks grinsendes Gesicht auf: «Haste mich gefragt?» Nein, habe ich nicht, verdammt.

Der Hagere blickt mir ins Gesicht. Von seiner asketischen Miene ist nicht abzulesen, ob er mich für verrückt hält oder auf weitere Information wartet. Die habe ich ohnehin nicht, also wiederhole ich langsamer: «Wir suchen den Vater ... von einem Kumpel ... vom Neffen ... vom Bauern Müsebeck ...»

«... in Amerika, hab ick schon begriffen», unterbricht der Hagere. «Det bin ich. Worum geht's?»

«Um ein Herzbolze», sagt Jakob und hält ihm die Stahlstange entgegen. Mit der anderen Hand fügt er das kleinere abgebrochene Stück dazu. Der Dreher lächelt schief. «Det is extra gehärteter Edelstahl, den kann man nicht wieder zusammenschweißen.»

«Ja, das isch mir auch klar.» Jakob muss ebenfalls lächeln.

«Schweiz», sagt der Mann.

«Ja, ich komm aus de Schwyz», antwortet Jakob wegwerfend.

«Den Stahl mein ich, det ist Schweizer Edelstahl.»

«Ah, das sehen Sie? Alle Achtig!» Jakob ist ehrlich überrascht.

«Det hör ich. An Ihrem Akzeng.»

Nun hat er es geschafft: Jakob ist vollkommen aus dem Konzept.

«Schon gut, Kumpel, war bloß ein Schuss ins Blaue. Dachte mir, wenn du von dort bist, ist dein Bolzen wohl auch von dort.» Der

Hagere verzieht keine Miene. «Zigarette?», fragt er schließlich. Er zieht ein Päckchen aus dem blauen Overall und bietet an. Wir greifen zu. Feuerzeuge klicken, drei Gluten glimmen, Rauch wird eingeatmet und in den blauen Himmel geblasen.

«Also, ihr braucht det Ding in neu», kommt der Hagere zur Sache. «Kein Problem, aber solchen Stahl, den verwenden wir im Schiffsbau nicht.»

«Ja, genau das han ich befürchtet», stöhnt Jakob.

«Wir drehen Wellen für Schiffsmotoren. Da ist dieser Stahl zu brüchig für.» Er nimmt Jakob den Bolzen aus der Hand.

«Und was nehmt ihr denn dann?»

«Titan», erwidert der Hagere, wiegt unseren Bolzen in seiner Hand.

«Titan?» Jakob zieht die Augenbrauen hoch. «Ja, das isch dann natürlich die ganz edle Variante.»

«Also, aus Titan könnten wir euch den machen. Dauert aber.»

Jakob und ich wechseln sorgenvolle Blicke. Dann wage ich die Frage, die über Verlust oder Gewinn unserer Mechaniker-Ehre entscheiden wird: «Mit wie lange müssten wir rechnen?»

Der Hagere wiegt den Herzbolzen in der Hand auf und ab, während er nachdenkt. Dann sagt er: «Morgen um die Zeit könnt'ern abholen.»

«Sensationell», entfährt es Jakob.

Der Hagere schnippt seine Zigarette in den großen Kippeneimer, der neben der Tür steht, öffnet sie und deutet mit dem Kopf Richtung Werkraum. «Kommt mit», fordert er uns auf.

«Jakob, ich warte hier draußen, während ihr die Details besprecht», kann ich gerade noch anbringen, bevor mein Schweizer Freund, dem Hageren hinterher, begeistert im Lärm der Dreherei verschwindet. Und ich? Ich schlendere, den Rest meiner Zigarette im Mundwinkel, Richtung Oder. Und bin glücklich.

Geldnot

Auf der Rückfahrt sprudelt Jakob förmlich. Er erzählt, was für ein guter Typ dieser Sandro doch sei. Ein Dreher von altem Schrot und Korn. Und er, Jakob, hätte ihm seine Idee mit der Verlängerung des Bolzens, damit die Hängerkupplung drehbar werde, nur kurz angedeutet, und Sandro hätte sofort verstanden und hätte vorgeschlagen, eine zusätzliche Nut zu fräsen, mit der man dann die Kupplung ... Ach, es sei ja egal, ich würde das sowieso nicht verstehen, jedenfalls hätte der Sandro zur Verbesserung noch eine Verbesserung gehabt, und das sei eben genau das, was immer seltener würde, gute Handwerker mit Köpfchen und einer soliden Ausbildung, und das sei ja ein Paradies hier, weil hier möglich sei, wofür man in der Schweiz zuerst Hunderte von Bewilligungen bei Tausenden von inkompetenten Kompetenzträgern einholen müsste, und hier hätten die eben noch nicht verlernt, den gesunden Menschenverstand einzuschalten ...

Ich genieße Jakobs Monolog bis in die Zehenspitzen, zuckele mit meinem Jeep made in Amerika und meinem Freund made in Switzerland über die Weiten Brandenburgs und finde das Leben ziemlich anstandslos lebenswert.

«Wann seid ihr denn vom Sie aufs Du umgestiegen?», frage ich Jakob schließlich, als wir uns Amerika bereits wieder nähern.

«Weiß gar nöd», erzählt Jakob. «Wir haben den Herzbolze ausgemessen, und dabei kamen wir ganz automatisch ins Du, weisch, bis ich ihn dann fragte, wie er heiße.»

«Aha.»

«Er hat den ähnlichen Namen wie mein Götti-Buäb, weisch, der heißt nämmli Sandor. Das ist gut, so muss ich den Namen des Drehers nur leicht drehen und kann ihn mir dann merken: Sandor – Sandro.»

«Und was habt ihr außerdem gemacht, so lange?»

«Was heißt da lange?»

«Okay, dann eben in der kurzen Zeit, in der ich draußen all meine restlichen Zigaretten aufgeraucht habe», grinse ich.

«G'redt.»

«Geredet? Verstehe.»

«Ja, halt über Drähbänk und so … und über Stahl.»

Ich für meinen Teil kann mir beim besten Willen nicht vorstellen, wie Stahl ein erschöpfendes Gesprächsthema sein kann. Und bin fasziniert von der Erkenntnis, dass wohl kein Thema existiert, das *nicht* erschöpfend besprochen werden kann, wenn sich zwei Fachleute seiner annehmen.

Jakob ist still geworden. Wahrscheinlich denkt er an Stahl, überlege ich. Als wir das Ortschild «Amerika» passieren, sagt er: «Du, Dieter, dir ischt schon klar, dass die jetzt eine ä̈xtra Einzelafertigung machen müssen, oder? Us Titan!»

«Ja, das hab ich verstanden», sage ich und drossele das Tempo. Ich mag es sehr, langsam in jenes Dorf hineinzugleiten, das mir Anfangs so fremd war und das ich inzwischen als *mein* Dorf bezeichne.

«Dann häsch du au verstanden, dass das nöd billig wird, oder?»

Ich blicke zu Jakob hinüber. «Was verstehst du unter nicht billig?»

«Teuer», sagt Jakob nur.

Mir wird unwohl: «Hat dein Sandro eine Kostenprognose abgegeben?»

«Gfröget hab ich schon, mit wie viel wir denn so rechnen müssten, in etwa. Aber er meinte nur, das machen wir dann schon, morgen.»

«Und was meinst du? So als Fachmann?»

Jakob wiegt den Kopf: «Ich chönnte nur ungefähr schätzen, was es bei uns so sein chönnte ...»

«Und wie könnte diese Schätzung dann so ungefähr ausfallen, Jakob?» Mein Unwohlsein steigert sich ins Mulmige. Dass ich Jakob die Würmer derart einzeln aus der Nase ziehen muss, verheißt nichts Gutes.

«Ja ... was soll ich da jetzt dazu sagen, Dieter?» Draußen gleiten die Dorfpfuhle und das bronzene Reiterdenkmal vorüber.

«Die harte, nackte Wahrheit sollst du sagen, Jakob. Und nichts als die Wahrheit.»

«Also», hebt er an, in seinem Tonfall schwingt eindeutig so etwas mit wie: Wenn du unbedingt Schmerzen willst, dann will ich dir Schmerzen verschaffen. «Da wäre die Vermesserei, die Einrichterei, die Programmiererei, dann das Drehen selbst mitsamt zwei Nuten, uf de Hundertschtel genau, dann wieder retour bouen auf den normalen Produktionsablauf ... ja, und dann 's Material! Titan isch so ziemlich 's Edelschte, was es gibt, rechne wir mal mit fünf Kilo, inklusive Drehschwund, Abnützung vom Werkzüüg, die isch dänn höch bei den Härtegraden, also ... so über dem Duumen gepeilt, würd ich sagen ... also unter fünfhundert kommscht du nicht weg.»

Ich bremse und rufe entsetzt: «Fünfhundert, für ein Stückchen Stahl?» Wir kommen vor unserem Gefängnis-Hoftor zum Stehen.

«Für es Hürlimaa-Herzbölzli us Titan, immerhin!», korrigiert Jakob. «Wenn sich der Hürlimaa dann i fünftausend Jahren völlig in Roscht verwandelt und ufglöst hat, finden die Archäologen nüt meh' von ihm, außer einem völlig unversehrten Herzbölzli. Das wird noch immer sein wie neu, die müssten es nur abputzen und könnten es, so wie es ist, grad wieder in einen anderen Hürlimaa einbauen.»

«Es tröstet mich ungemein, Jakob, dass die Archäologen in unabsehbar ferner Zukunft *meinen* Herzbolzen in *ihren* Hürlimann einbauen können. Aber zahlen muss *ich* ihn. Im Hier und Jetzt.»

«Ja, aber du häsch ja kei andere Wahl, oder?», stellt Jakob pragmatisch fest. «Es isch ja nur eine grobe Schätzung. Könnte natürlich auch teurer werden.»

«Über tausend?», frage ich, auf alles gefasst.

«Das glaub i wieder weniger.»

Mehr als fünfhundert, aber weniger als tausend also. Toll. Super. «Franken oder Euro?», frage ich, in der Hoffnung, Jakob hätte nur von Franken gesprochen, sodass ich in Euro vielleicht doch mit weniger als Fünfhundert davonkommen würde.

«Nein, hab's scho in Euro umgerächnet.»

«Umgeschätzt wolltest du sagen. Jakob, wenn ich den Geldautomaten in Schmachthagen bis zum Limit plündere und alles zusammenkratze, was Sonja und ich im Hause finden, komm ich maximal auf sechs- bis siebenhundert. Was, wenn's mehr kostet?»

«Dann helf ich dir aus. Ich hab ja auch noch öppis Weniges deby.»

«Danke, Jakob.»

«Jetzt mach dir doch kein Chopf, vilicht sind's ja au nur 450.» Jakob knufft mich in die Schulter und steigt voller Tatendrang aus. Er dreht sich um, steckt den Kopf zurück ins Wageninnere und verkündet: «Folgende Plan – wir bauen heute den Hürlimann komplett zusammen, bis auf d' Vorderachse und das Lenkgestänge. Wir bocken ihn vorne uuf und stützen ihn mit Holzpaletten ab.

Morn holen wir das Herzbölzli, montieren es ein, und dann zeigen wir aber den Amerikanern, was ein Hürlimaa isch!» Spricht's, knallt die Tür zu und eilt mit Siebenmeilenschritten Richtung Scheune.

Verbrecher

Am nächsten Morgen ließen wir den Umweg über die Werft-Leitung aus und fuhren direkt zur Dreherei. Wir fühlten uns leicht ramponiert, immerhin hatten wir schon die zweite Nacht mit «Spätschicht» hinter uns. Aber Jakob hatte darauf bestanden, das von ihm ausgerufene Timing einzuhalten. Überrascht hatte ich festgestellt, dass er unter Zeitdruck keineswegs «schneller» arbeitete, in dem Sinne, dass er hektischer oder unruhiger geworden wäre. Er ging Schrittchen für Schrittchen vor, ähnlich wie ich das auch von Teddy kannte, der scheinbar langsam arbeitete, aber erstaunlich schnell vorankam. Und Jakob blieb exakt bis zur Pingeligkeit. «Wenn wir das hier schon offen haben, dann putzen wir doch schnell noch diese Zah-Rädli, oder, so gschwind kommen wir an die nicht mehr ran.»

Kurz, wir bauten den Hürlimann nicht nur einfach wieder zusammen, wir verpassten ihm, quasi als erwünschte Nebenwirkung der Kupplungsscheiben-Operation, auch gleich eine Wellness-Kur mit Tiefenwirkung. Wäre der gute alte Hürlimann eine Katze gewesen, er hätte geschnurrt. Gegen ein Uhr Nachts funkelte er wieder in seiner ganzen Pracht im gleißenden Licht unseres OPs und präsentierte sich als ganzer Traktor. Allerdings mit einer Menge untergeschobenem Holz, dort, wo sich eigentlich eine Vorderachse samt Rädern hätte befinden müssen.

Ich war erschöpft ins Bett gefallen, mit freudigem Herzklopfen einerseits, wenn ich an den funkelnagelneuen Herzbolzen dachte, den wir morgen einbauen würden, anderseits beschleunigte sich mein Puls noch mehr, wenn ich mir vorstellte, wie wir womöglich in der Werft stehen würden, um beschämt zu bekennen: «Wir haben zu wenig Geld dabei ...»

Wir waren noch früher als am Vortag losgefahren. Es hatte ja geheißen «gleiche Zeit», aber wir hatten ja zusätzlich den Umweg nach Schmachthagen zu bewältigen, zum Geldautomaten, bevor wir Kurs auf die Werft nehmen konnten. Fast pünktlich, kurz nach sieben, stoppten wir den Jeep exakt neben dem Kippeneimer vor der Dreherei. Und vor Sandros Füßen.

«Morgen, Jakob», begrüßt er uns. «Guäte Morgä, Sandro», sagt Jakob. Ein Handschlag wie unter alten Kumpels. Ich trete hinzu. «Dieter», stelle ich mich vor. «Jo», sagt Sandro und schüttelt mir ebenfalls die Hand.

«Habt ihr's anen bringen können?», fragt Jakob.

«Aber logo doch», brummt Sandro, schnippt seine Kippe weg und dreht sich zur Tür. «Bin gleich wieder da.»

Er kehrt mit dem alten Herzbolzen in der Hand zurück. In der anderen trägt er ein von Öl dunkel gefärbtes Putztuch. Er überreicht Jakob den alten Bolzen, dann schlägt er das Tuch auf und ...

«Wow», mache ich unweigerlich. Der neue Bolzen glänzt in der Sonne wie Silber. Auf dem dreckigen Putzlappen wirkt der massive, schlanke Titanium-Zylinder teuer. Richtig teuer. Viel teurer als 500 Euro. Auch teurer als 1000 Euro. Ich schlucke leer. Was Jakob bemerkt, jedoch falsch interpretiert.

«Schön, hä? Da staunsch, oder?», strahlt er mich an. Dann greift er feierlich nach dem Herzbolzen, wie ein frisch gekrönter Kaiser nach dem Zepter greifen würde, und inspiziert das Werkstück mit wohlgefälligem Kennerblick.

«Auf den Fünfhundertstel genau. Mit zweiter Nut, wie bestellt», informiert uns Sandro.

«Guäti Arbet, erschtklassig», sagt Jakob anerkennend, fast ehrfürchtig.

«Weißte ja noch gar nicht. Hast 'n ja noch nicht abgenommen», entgegnet der Hagere.

«Also dänn», sagt Jakob und zaubert aus der Seitentasche seines Overalls eine Schieblehre mit Digitalanzeige; offensichtlich hat er, das Kontrollritual erwartend, sein Messgerät heute Morgen in weiser Voraussicht eingesteckt. Er nimmt Sandros Putzlappen, geht in die Hocke, breitet das Tuch aus und platziert darauf den alten neben den neuen Herzbolzen. Dann beginnt er zu messen. «Achteviärzgi, zweihundert zwänzg zu, Momänt, zu achteviärzgi zweihundert zwänzg, da händ mer auch achteviärzgi, zweihundert zwänzg, sehr guät …» Einige Minuten hantiert Jakob mit seiner Schieblehre an den Metallteilen herum und murmelt Messdaten. Schließlich wickelt er beide Stücke in das Tuch und kommt wieder hoch, auf Augenhöhe. «Guät», sagt er zu Sandro. «Abgenommen. Ein dickes Merci an den tollen Dreher.»

«Kein Problem», macht Sandro. «Denn könnt ihr 'n ja nu einbauen in euren Hür … Dingens-Trecker.»

Nun ist unausweichlich der Moment der Wahrheit gekommen: die große Preisfrage. Ich spüre meinen wild klopfenden Puls im Hals.

«Was sind wir denn schuldig?», frage ich so beiläufig, wie ich eben kann.

Sandro zuckt mit den Schultern, dann sagt er: «Na ja, ist ja 'ne Spezialanfertigung. Da gibt's natürlich keen Listenpreis.» Er massiert nachdenklich sein scharfkantiges Kinn. Gebannt warte ich auf die Verkündigung des Preises. «Komm schon», denke ich, «rück's raus, gib's mir, mach mich fertig.» Doch Sandro hat Zeit, viel Zeit. «Na», lässt er sich nach unendlichen, ewigen Sekunden hören, «ich sach mal ... gebt mir 60 Euro, und denn ist jut.»

«Was?», rutscht es mir raus. «Sagten Sie 60 Euro? Ha ... ha ... hab ich richtig verstanden, sech-zig?»

«Na ja», Sandro schlenkert mit seinen langen Armen. «Wir mussten ja immerhin die ganze Drehbank umrüsten, und es ist ja nu auch Titan, und ...»

«Also, ich find, das isch fair», mischt sich Jakob ein. «Würkli, Dieter. Ich hab dir ja gesagt, du musst mindeschtens mit 50, also mit 50 muscht du schon rechnen, hab ich dir doch gesagt.» Ich schaue Jakob an wie eine Erscheinung. Doch der wendet sich Sandro zu: «Damit musste er schon rechnen, ich hab also auch etwa in diesem Rahmen, hab ich es also auch etwa geschätzt, weisch, also zwischen 50 und 70 etwa, hab ich ihm gesagt.»

Sandro nickte Jakob einvernehmlich zu. Fachleute unter sich. Ich fingere einen Fünfziger- und einen Zwanziger-Schein hervor und überreiche sie Sandro. Um nicht endgültig als knickriger Geizkragen dazustehen, stammele ich: «Stimmt so, Rest ... äh ... Kaffeekasse!»

«Jedankt», sagt Sandro und steckt das Geld ein.

Jakob und ich sprechen keinen Ton, als ich den Jeep über das Werftgelände navigiere. Uns ist klar: Dieser Preis ist der Schwarzarbeitertarif, das Titan geklaut und der Bolzen ist zu nachtschlafender Zeit, lange nach Betriebsschluss, hinter dem Rücken der Firmenleitung gedreht worden. Auf eigene Kasse. Wir haben gerade einen illegalen Herzbolzen gekauft! Wir sind: Kriminelle ...

Mit eingezogenem Kopf fahre ich an der Werft-Leitung vorbei, biege Richtung Dschungel ab und ... dann sehe ich: die Frau.

Heute roter Pulli. Unter dem V-Ausschnitt leuchtet eine weiße Bluse. Enge Jeans. Dieselben Stiefeletten wie gestern. Sie rudert mit den Armen. «Haaalt», ruft sie. «Halten Se an!»

Aus. Ende. Fertig. Jetzt wird alles auffliegen. Anzeige, Verhöre, Verfahren, Verurteilung, Entzug des Aufenthaltsrechts. Und keine Chance, an dieser zierlichen Frau, die sich zum falschen Zeitpunkt am falschen Ort befindet, vorbeizukommen. Gleich wird sie uns fertigmachen, mit ihrer schönen Stimme, und es gibt keine Flucht-möglichkeit. Blitzschnell schiebt Jakob das Tuch mit dem Herzbolzen unter seinen Hintern. Wohin wird er ihn schieben, frage ich mich, wenn uns die herbeigerufene Polizei zum Aussteigen auffordert?

Ich bremse vor der Frau und lasse die Scheibe runter.

«Na, Sie kommen mir nicht so einfach vom Gelände wa?» Sie umrundet die große Kühlerhaube und baut sich neben dem Fenster auf; ihr Kopf befindet sich fast genau auf Höhe des meinen. «Wir haben doch noch wat zu erledigen, wir dreie. Sind Sie denn auch zufrieden mit dem schönen Stück aus unserer Dreherei, die Herren?» Ach, von der Sorte ist die also, denke ich, die Katze spielt noch ein wenig mit der Maus, bevor sie ihr genüsslich die Zähne ins Genick rammt.

«Das Stück?», frage ich diffus.

«Na, den *Verbrochenen*. Den Herzebolzen, den Se grade bei uns abgeholt haben.»

Fieberhaft suche ich nach Worten, ich brauche dringend und jetzt sofort jene einzig richtigen Worte, die uns aus der Klemme helfen, die rettenden, die erlösenden Worte. Aber da sind keine. Kein einziges.

«Na, nu machen Se doch hier nicht einen auf Begriffsstutz. Sie haben doch eben ein Werkstück aus Titanium von uns in Empfang genommen, oder nicht?»

Verzweifelt drehe ich mich zu Jakob. Doch der hockt stumm auf seinen beiden Bolzen wie die brütende Glucke auf ihren Eiern und blickt stur geradeaus in undefinierte Weiten. Ich wende mich wieder an die schöne Stimme. «Ah», krächze ich, «aus Titan, äh, ja Titan ... ium.»

«Ebend», gurrt sie im Tonfall Gütige Lehrerin lobt Schüler für die Lösung der Deppen-Rechenaufgabe zwei mal zwei ist gleich ... «Sagen Se, wer hat es Ihnen denn eigentlich übergeben, det fertige Werkstück?»

«Äh, also, wie er heißt ... äh ...»

«War det so 'n langer dünner mit Kantenkinn, so Ende vierzig? War det der Sandro? Der war's doch, der Sandro, oder?»

«Also, ob der jetzt Sandro oder Sandor ...»

«Nö, nö, machen Se sich keen Kopp, Sandro, det stimmt schon. Was hat er denn verlangt, der Sandro?»

«Was machte das noch mal gleich, Jakob? Ich erinnere mich nicht genau, waren ... waren das nicht so in etwa so ...»

«Sächzgi», kommt es leise von Jakob.

«Wie bitte?», fragt die schöne Stimme.

«Sechzig», dolmetsche ich. «Mein Freund hier meint: sechzig.»

«Na denn kommen wir der Sachlage ja allmählich auf den Grund. Ihr seid ja überraschend schnell, wa, ihr Schweizer. Schnell im Abhauen, wenn ich mal so sagen darf.» Die Frau lacht kurz auf, dann zieht sie einen gefalteten Zettel aus der Gesäßtasche ihrer Jeans, ich vermute die Vorladung vor den Untersuchungsrichter. Sie überreicht sie mir in der gleichen bedeutungsschwangeren Beiläufigkeit, mit der im Fernsehen die schönen, jedoch stahlharten Kommissarinnen den Übeltätern das ultimative Beweisstück überreichen.

«Wissen Sie, der Sandro, der ist ein wirklich Guter, ich mag ihn ja, einer unserer Besten, aber er zieht einfach immer wieder sein eigenes Ding durch, als ob er alleene wär uff der Welt. Sandro, hab ich ihm gestern noch gesagt, als er Ihren Auftrag bei mir anmeldete, Sandro, sag ich zu ihm, denn mach ich jetzt schon mal die Quittung über die 60 Euro fertig und leg sie dir hier auf den Tresen, ja? Und du, Sandro, holst sie morgen auf 'm Weg in die Dreherei bei mir ab und überreichst sie den Herren nach Erhalt des Betrages. Macht er, sacht er. Macht er! Und wat liegt da auf dem Tresen, als ich ins Büro komme? Ihre Quittung! Von wegen – macht er! Also wirklich, ich mag den Sandro, sehr sogar, aber manchmal könnt ich ihn … ach, is auch egal. Nu haben Se ja Ihre Quittung. Gut, dass ich Euch schon von weitem ranfahren sehen hab! Noch hab ich ja den Überblick, sag ich immer. Ich bräuchte dann bitte nur noch hier Ihre Emp-fangsbestätigung, da unten, warten Sie, Stift hab ich auch dabei, so, na alles gut, nu kriegen wir keinen Ärger mit dem Finanzamt, wir drei, wa? So, denn bräucht ich nur noch mein Doppel zurück, vie-len Dank, nu hat alles seine Ordnung, und der Sandro, der ist mir 'n Schnaps schuldig. Aber so was von …»

Die Frau schiebt ihren Durchschlag in die Gesäßtasche und beugt sich ins Auto. Vanilleduft. «Hey, Herr Schweizer», lässt sie ihre Stimme an mir vorbei Richtung Jakob vibrieren. «Wenn Se wieder mal was verbrochen haben, mit Herz oder so, Sie wissen, wo Sie mich finden. Vergessen Sie bloß nicht uf mir, junger Mann!»

Jakob schenkt ihr ein Lächeln. «Da müssen Sie sich keine Sorge machen, Sie vergiss ich garantiert niä meh!»

Sie lacht kurz auf, zieht ihren Kopf ins Freie zurück und schlägt mit der flachen Hand in schnellem Rhythmus dreimal aufs Auto-dach. «Und ab», vernehmen wir noch einmal ihre Stimme. Im Rückspiegel beobachte ich, wie sich eine zierliche Frau in rotem Pulli und engen Jeans in perfektem Laufsteggang geschmeidig Richtung Werft-Leitung bewegt. Kurz hebt sie die Hand über die Schulter und winkt knapp, ohne sich umzudrehen.

Rehabilitation

«Jetzt fahrt er wieder», sagt Jakob und schnalzt den letzten der vier Kühlerhauben-Haltegummis in die Metallöse über dem Motorblock.

Ich erwidere nichts, schaue Jakob nur zu, wie er sich seine grünen Latex-Dinger von den Händen rubbelt und sie Richtung Mülleimer wirft. In perfekter Parabel segeln sie, mit den Fingerlingen flatternd, wie zwei absurde Flugwesen durch die Scheune und landen präzise auf den ölverschmierten Putzlappen, mit denen wir den Eimer während unserer Hürlimann-Operation nach und nach bis zum Rand gefüllt haben.

«Bingo», kommentiere ich. «Perfekt!»

Jakob bezieht es auf seinen Latex-Volltreffer. «Glück», sagt er nur und grinst.

«Nein, Können», erwidere ich. «Jakob, du bist der Größte, danke, ohne dich wäre der Hürli nie wieder gefahren, und meine Tiere wären verhungert.»

«Das wär aber scho no schad gsy, oder? Aber wir sind nanig fertig. Aufräumen!»

«Wäre es nicht sinnvoller», schlage ich vor, «zuerst eine Testfahrt zu machen, bevor wir das Werkzeug versorgen?»

«Dä lauft!», meint Jakob mit fester Stimme. «Und wenn nöd, hock ich in meinen Pick-up und fahr sofort ab, damit ich's laute Lachen von deinen Amerikanern nicht ghöre. Und da hätt ich mein Zeug schon vorher fein süüberlich hinten auf der Ladefläche verstaut.»

Nachdem wir die letzte Zange und den letzten Schlüssel auf den Pick-up verfrachtet und den Hürli-Operationssaal wieder in eine besenreine Scheune zurückverwandelt haben, ist es so weit: Gleich werden wir den Zündschlüssel drehen und andächtig dem charakteristischen Pröck-Pröck-Prott-Prott-Prott-Prott des Traktors lauschen. Doch weit gefehlt. Jakob löst stattdessen die Handbremse, prüft, ob der Ganghebel auf «neutral» steht, und stellt sich, eine Hand am Lenker, neben den Traktor.

«Rausschieben», befiehlt er.

«Warum nicht rausfahren?», will ich wissen. «Hast du Angst, dass er explodiert?»

«Hilf», kommandiert mein Freund, der Hürlimann-Gott, und ich gehorche. Was sonst?

«Wir sind immer nanig fertig», kommt es abermals von Jakob, als der Hürlimann unter dem freien weiten Himmel Brandenburgs steht. Er drückt mir einen Lappen in die Hand. «Fang du schon mal mit der Kühlerhaube an, ich hol Wasser.» Und ich begreife: Eine würdige Testfahrt ist nur mit blitzsauber gewienertem Gerät möglich. Das erste der Zehn Gebote des Hürlimann-Gottes. Ich wage keinen Widerspruch, um nur ja nicht mit Gebot Nummer Zwei in Konflikt zu kommen: Liefern statt lafern.

Nachdem wir auch dieses «Noch-nicht-fertig» fertig haben, stellt sich Jakob neben die chromblitzende Traktorschnauze, vollführt mit dem Arm einen Halbkreis Richtung Fahrersitz und sagt: «Jetzt kannscht du ihn mal anlassen.»

Ein Freudenfeuerwerk geht in meinem Inneren ab, das selbst die Silvesterknallerei am Brandenburger Tor wie Glühwürmgeplänkel aussehen lässt. Mit heißen Ohren, vermutlich leuchten sie mit dem rot glänzenden Lack des Traktors um die Wette, nähere ich mich dem Thron des Landmannes: dem Fahrersitz. Doch dann verharre ich. Ich kann nicht aufsteigen. «Nein, Jakob, das geht nicht. Die erste Fahrt gehört dir.»

«Verzell keine Romantik, mach», brummt der, doch das Leuchten in seinen Augen verrät ihn.

«Ich seh's dir an, Jakob, du willst jetzt, und zwar genau jetzt, Hürlimann fahren. Und zwar genau diesen Hürlimann. Es ist dein Werk, du machst den Test!» Meinen letzten Worten gebe ich jenen festen, bestimmenden Unterton, der keinen Widerspruch duldet.

«Also guät, dänn halt.» Jakob löst sich vom Kühler. «Wenn du der Sache nöd trousch …» Er zieht ein Blatt Papier und einen Kuli aus der Brusttasche seiner Mechaniker-Latzhose. «Jetzt muscht du mir, Dieter, aber noch genau aufzeichnen, wo dä … äh … dä Teddy – so seisch du ihm doch, oder –, wo dä daheim isch.»

Ich kritzelte eine Skizze von Amerika und zeichne dort, wo Teddys Haus steht, ein Kreuz, Jakob verlangt zwei weitere Kreuze. Ich beschrifte sie mit «Krüpki» und «Müsebeck». Der Hürlimann-Gott starrt konzentriert auf das Blatt, scannt es und speichert die Zeichnung in seinem Bio-Computer. Schließlich faltet er den Zettel zusammen, steckt ihn ein und schwingt sich auf den Traktor.

«Machsch du de Türli-Maa?», bittet er.

Und während ich zum Tor gehe, um es zu öffnen, höre ich in meinem Rücken, wie der Hürlimann ins Leben zurückkehrt. Heach-Heach-He-He-He-Pröck-Pröck-Prott-Prott-Prott-Prott. Jakob legt den Gang ein und lässt vorsichtig die Kupplung kommen. Sanft greift sie, überträgt die Kraft des Motors auf das Getriebe, die Achse, die Räder, den Boden … der Hürlimann … fährt!

Hoch aufgerichtet knattert Jakob an mir vorbei, während er mit heldenhafter Disziplin, aber nur mäßigem Erfolg versucht, seine Mimik auf cool zu trimmen und die Freudezuckungen seiner Mundwinkel unter Kontrolle zu halten. Ich bleibe beim Tor stehen und sehe zu, wie ein Mann mit roter Latzhose auf einem roten Traktor alle Gänge rauf- und runterschaltend die Dorfstraße entlangfährt, immer kleiner wird, bis er am Dorfende rechts abbiegt, zu Krüpkis Hof, und aus dem Blickfeld verschwindet.

Ich schließe die Augen, atme tief durch und genieße die Bilder, die mir nun via Ohren vors innere Auge gezaubert werden: Jakob kommt vor dem Krüpki-Hof zum Stehen, macht im Leerlauf, den Motor immer wieder auf höchste Drehzahl peitschend, ziemlich viel Krach, jetzt Rückwärtsgang, Knatter-Knatter, Vorwärtsgang, Knatter-Knatter, wieder Leerlauf. Niedrige Drehzahl, offensichtlich dreht Jakob jetzt ein paar Ehrenrunden auf Krüpkis Vorplatz. Jetzt höre ich ihn hochschalten, zweiter Gang, dritter Gang, vierter Gang. Der Hürlimann entfernt sich, ist hinter der Häuserzeile gegenüber der Dorfpfuhle kaum noch zu vernehmen, wird wieder lauter ...

Aha, da taucht er auf, hinter den Büschen am anderen Ufer des Teichs, biegt links ein, entschwindet dem Blick ... Abermals Ohrenkino:

Runterschalten, dritter, zweiter, erster Gang. Leerlauf, hohe Drehzahl, Rückwärtsgang, Leerlauf, Vorwärtsgang, offenbar demonstriert Jakob vor dem Haus, in dem sich Teddy eingemietet hat, akustische Präsenz. Rangieren, Jakob wendet ... Er wird wieder sichtbar hinter den Büschen, verschwindet hinter Frau Widdels Laden ... Runterschalten, Zwischengas ... Jetzt wird er wieder sichtbar, biegt wieder in die Dorfstraße ab, diesmal nach links Richtung Müsebeck-Hof, in höchster Drehzahl und entzieht sich abermals dem Blick ...

Er wird leiser und leiser, jetzt dasselbe Spiel wie vorher bei Krüpki, nur ganz schwach zu hören, Leerlauf, Vollgas, erster Gang ...

Jakob gibt in ganz Amerika ein Hürlimann-Konzert. Und drei ganz bestimmten Amerikanern bietet er jeweils eine Extra-Motoren-Sinfonie dar.

Endlich steigt Jakob ab, er hat den Hürli am Straßenrand, direkt vor unserem Hoftor, zum Stehen gebracht. «Nöd schlächt», sagt er anerkennend, sein Gesicht leuchtet. «Jetz du!»

Das lasse ich mir nicht zweimal sagen, rauf auf den Hürlimann und los. Der Motor arbeitet ruhig, die Gänge lassen sich geschmeidig einlegen, die Kupplung kommt ungewohnt schnell, aber sanft, es ist wie früher, als alles noch besser war, nur jetzt noch besser, weil es jetzt ist. Ich tuckere bis zum Dorfrand, wende, und dann sehe ich eine große runde Gestalt auf dem schmalen Grün zwischen Häusern und Straße stehen. Im runden Gesicht, zwei staunend aufgerissenen runde Augen und ein runder offener Mund. Knapp bevor ich auf Höhe des großen Mannes bin, schalte ich runter, Zwischengas, Bremse, noch mal runterschalten, Zwischengas, Leerlauf … und komme zum Stehen. Teddy klappt den Mund zu. «Dette gloob ich nich. Dette gloob ich einfach nich!»

«Was denn, Teddy?», frage ich unschuldig. «Was ist denn so schwer zu glauben?»

«Ich gloob, ich tu spinnen. Wo haste denn so schnell 'nen neuen Hürlimann her, Mensch?»

«Das ist kein neuer, das ist mein alter Hürlimann. Siehst du doch, Teddy!»

«Wohl seh ich det, nur glooben tu ich det nich. Det dette det Alteisen sein soll, wo ich in deiner Scheune hab liegen sehn, wie 'n ausgeweideter Bock. Det dette detselbe wie dette sein tut, dette … dette … kannste du nich hinjekriecht haben!»

«Stimmt, Teddy, hab ich auch nicht. Aber Jakob, der hat dette mit dette hinjekriecht», mache ich ihn nach. Teddy winkt verächtlich ab: «Vergiss dette, det Brandeburgische, det lernst du nie!»

Da hat er wohl recht. Also liefere ich die Variante in Hochdeutsch: «Jakob hat dieses landwirtschaftliche Nutzfahrzeug, berühmt und beliebt unter dem Namen Hürlimann, zerlegt, totalrevidiert und wieder in fahrtüchtigen Zustand versetzt, durch Anwendung des Detailwissens, das für eine fachgerechte Remontage unerlässlich ist.»

«Und?», fragt Teddy. «Läuft?»

«Hast du doch gesehen, Teddy! Ich kann's dir auch noch in Schweizerdeutsch verdeutlichen: De Jakob hätt en usenand gnoh, gflickt, zäme bout und jetz lauft er!»

«Is ja jut!», wehrt Teddy ab. «Da kriegt man ja Knoten in die Ohren, wenn man so wat hören tut!» Vorsichtig nähert er sich und taxiert den Hürlimann misstrauisch. Dann kickt er mit der Fußspitze leicht gegen den Vorderreifen. Zu Teddys Überraschung bricht das Rad nicht weg. Teddy blickt zu mir hoch. «Ohne Tricks jetze ... Der läuft in echt wie vorher?»

«Besser», antworte ich und kann einen gewissen gönnerhaften Unterton nicht vermeiden. «Steig auf, ich zeig's dir.»

Teddy wuchtet sich mit einiger akrobatischer Anstrengung auf den Trecker und quetscht seine nicht eben kleine Rückenverlängerung in den engen Stahlrohrrahmen, der als primitiver Mitfahrplatz auf dem Schutzblech über dem Hinterrad angeschweißt ist.

Jakob steht seelenruhig rauchend am Tor, flankiert von einem mit einer Schnapsflasche ohne Etikett winkenden Krüpki und Bauer Müsebeck, der kurz mit dem Zeigefinger an sein schmalkrempiges schwarzes Lederhütchen tippt. Teddy und ich umkurven pröckend, aber souverän das Dreiergrüppchen und preschen geradewegs mitten auf den Hof. Ich ziehe den Zündschlüssel. Stille breitet sich aus.

Langsam, gefolgt von den beiden anderen, kommt Jakob in jener demonstrativen Lässigkeit herbeigeschlendert, die selbst John Wayne vor Neid hätte erblassen lassen. Ruhig zupft er seine Zigarettenkippe aus dem Mundwinkel und schnippt sie cool unter den

Hürlimann. Er gibt sich Mühe, Teddy geflissentlich zu ignorieren. «Und?», fragt er zu mir herauf.

Ich wiederhole seine eigene Testfahrt-Wertung. «Nicht schlecht! Sogar besser als vorher. Kupplung kommt sanfter denn je, haben wir perfekt justiert. Die Kraft überträgt sich vom Getriebe wieder völlig verlustfrei auf den Boden.» Fieberhaft versuche ich mich an aufgeschnappte Formulierungen von auto-motor-sport-Testfahrern zu erinnern und lege kräftig nach: «Die Lenkung hält das Fahrzeug neuerdings auf Spur wie einen ICE. Die Bremsen beißen aggressiv, und der kraftvolle Viertakter lässt auch im unteren Bereich des Drehmoments keine Wünsche offen. Die perfekt ausbalancierten Ventile verdichten optimal und sprechen die souveräne Sprache eleganter Kraft. Das höchste der Gefühle jedoch stellt zweifellos die jetzt wieder flexible Vorderachse dar: Luxus pur. Dank des eigens gefertigten Titanium-Herzbolzens, der nun im Epizentrum der robust konzipierten Einzelradaufhängung treu seinen Dienst verrichtet.»

Jakob nickt ernst. «Ich hät's nöd besser formulieren chöne.» Dann wendet er sich überraschend an Teddy: «Stimmt doch, oder?»

Teddy schnaubt. Er deutet mit dem Kinn zu Krüpki, der jetzt mit Müsebeck vor der Hürlimann-Schnauze Position bezogen hat. «Schnaps, Krüpki. Ich brauch 'n Schnaps jetzte!»

«Nu mal langsam mit die junge Pferde!», schreit der und verbirgt die Flasche hinter seinem Rücken. «Erst mal darf ich um einen wahrheitsgemäßen und detaillierten Fahrbericht bitten, Teddy, ja? Wat nämlich unser Neubauer da intellektuell rumlabert, in der Hoffnung, der alte Krüpki sei zu belämmert, da mitzukommen, wa, was einer eklatanten Fehleinschätzung meiner Person gleichkommt, bin ich doch immerhin und nicht umsonst mit einer Frau Doktor der Chemie verheiratet, und glaubt mir, ich versteh meine Lotte, aufs Wort versteh ich die, also, was dieser Hürlimann-Eigner da herumsalbadert, das ist ja möglicherweise – und aufgemerkt, ich sag mööööglicherweise – gequirlte Enddarmverlassenschaft, und ich bitte den Herrn Arbeitsbanner-Stufe-eins-Träger, unseren Oberchefmechaniker hier, bemerkt haben zu wollen, dass ich an dieser Stelle das von ihm weit unterschätzte, aber nichtsdestotrotz in unserer Gegend traditionell gern verwendete und vielfach bewährte Wort ‹Scheiße› zu vermeiden gewusst habe. Ich frage mich, ist etwa der Weihnachtsmann da gewesen und hat 'nen neuen Hürlimann vorbeigebracht, oder wat, oder am Ende vielleicht Karl Marx persönlich? Haben se nu wieder die Wunder fürs werktätige Volk eingeführt oder wat? Also, Teddy, läuft nun dieser Scheißtrecker einwandfrei oder zieht unser Kleinbauer hier nur 'ne Kacknummer ab? Jetzt raus mit der Sprache, Teddy, wenn ich mal eben in aller Bescheidenheit drum bitten dürfte!»

Der solcherart Angesungene ist inzwischen in aller Ruhe vom Trecker gestiegen, hat sich seitlich gegen denselben gelehnt und den angewinkelten Ellenbogen lässig auf die Kühlerhaube gelegt. Ungerührt lässt er jetzt einige angenehm stille Sekunden der absoluten Ruhe verstreichen, bevor er sagt: «Jo.»

«Was jo? Haste Petersilie in die Ohren? Ich hab um einen detaillierten Bericht gebeten!»

«Jo, läuft.»

«Läuft?» Krüpki breitet seine Ärmchen melodramatisch aus, als würde er die Götter anrufen wollen, das durchsichtige Glas der Schnapsflasche in seiner Rechten glitzert in der Sonne. «Läuft? Wie läuft er, wie? Das ist hier die Frage! Und die Antwort entscheidet über Schnaps oder kein Schnaps, Teddy!»

Teddy lässt sich wieder Zeit. «Na ja.» Er zuckt mit den Schultern. «Jut.»

«Ist das alles?», empört sich Krüpki. «Jo … läuft … jut? Ist jetzt das der ganze detaillierte Fahrbericht? Oder kommt da vielleicht noch die eine oder andere klitzekleine Differenzierung, wie: Er zieht nicht oder läuft unruhig oder eiert oder hat Fehlzündungen oder verliert Öl oder knirscht in die Gänge oder irgendetwas in dieser Richtung?»

«Nö», schließt Teddy ab. «Dett war et. Wenn dir das nicht langen tut, denn kann's dir Dieter auch noch mal auf Schweizerisch uffsagen. Aber dette tut denn weh in die Ohren, dett kann ich dir sachen.»

«Na aaal-so, geht doch», kräht Krüpki. «Sag ich doch immer, auf unsern Teddy ist Verlass. Nee ne? Dem kann man trauen, der hat 'n aufrichtiges Wesen, der liegt mit der Wahrheit immer unter einer Decke, und wenn der Teddy sagt: läuft, dann läuft das!» Nun wendet er sich an mich: «Wie lange soll ich denn hier noch rumstehn mit der ollen Flasche in der Hand wie 'n Hilfskellner? Wir brauchen Gläser, falls ihr Alpen-Heinis über so was verfügt, so Schnapsgläser, weeßte, das sind diese kleine durchsichtigen Dinger, innen hohl, damit man was Geistreiches und Edles reingießen kann, und das hier», er hebt die Flasche hoch, «das hier ist so wat von geistreich, das Zeug, das sag ich euch, das trinkt ein zivilisierter Mensch nicht einfach aus der Pulle, das wird ordentlich in Gläser gefüllt, und dann wird anständig angestoßen: auf den Hürlimann, auf unsern großen Meister Jakob, und wenn es denn sein muss auch auf den Neubauern, der ja nun endlich in der Lage ist, meinen guten, alten, armen Famulus nicht länger quälen zu müssen, sondern sein Viehzeug wieder mit diesem roten Blitz hier versorgen kann, da selbiger ja nun offenbar für eine nicht absehbare Zeitdauer wieder läuft, jut läuft, wie Fachmann Teddy einwandfrei bestätigt hat. Wat is? Willste hier noch länger Maulaffen feilhalten, Dieter, wo bleiben die Scheißgläser?»

«Sind schon da, Krüpki, sind schon da», sage ich seelenruhig, denn seitlich hinter seinem roten Gesicht, halb verdeckt vom weißen Flaum auf seinem Schädel, sehe ich meine Sonja aus dem Haus treten. Sie balanciert unser altes Wiener Caffée-Haus-Tablett, darauf funkeln kleine Gläser.

«Na, denn beweg mal deinen Allerwertesten Richtung Küche, die Dinger kommen nicht von selber hier an, so weit ist der Fortschritt auch bei uns im Westen noch nicht, die müssten schon geholt werden, von irgendjemandem, und dieser Jemand, der könntest vielleicht du sein!»

«Oder auch nicht», sage ich nur, da steht Sonja schon neben Krüpki.

«Nicht lamentieren, Krüpki, trinken», begrüßt sie ihn.

«Ach, na, jetzt geht aber die Sonne auf, die kluge Bäuerin ist uns erschienen. Ich hab mich ja schon gefragt, wo du steckst, oder ob du Petersilie in die Ohren hast und die Einzigste in ganz Amerika bist, die nicht gehört hast, wie der Hürlimann wieder läuft. Angeblich.»

«Der Hürlimann?», lacht Sonja. «Den hab ich nicht gehört, aber dich Krüpki, dich hört man krakeelen bis Schmachthagen.»

«Ist ja gut, ist ja gut.» Er verdreht theatralisch die Augen. «Ein Mann muss auch mal seine Stimme 'n bisschen erheben dürfen, wenn es nottut. Aber jetzt bin ich ja schon wieder gesittet, Frau Nachbarin.» Und tatsächlich drosselt er seine Lautstärke auf nahezu Normalpegel. «So, nun wollen wir mal unser Versprechen einlösen, schön ruhig halten, das Tablett, wenn ich höflich bitten darf!» Krüpki dreht den Korkstöpsel aus der Flasche und schenkt sorgfältig die Gläser voll. Randvoll. «Ruhig halten, sag ich», beschwört er Sonja, die, eine Meisterleistung der Körperbeherrschung, vollkommen bewegungslos dasteht, bis jeder ein volles Gläschen zwischen Daumen und Zeigefinger geklemmt hat. Das letzte pflückt sie für sich selbst vom Tablett. Kein Tröpfchen verschütteten Schnapses ist auf dessen silbern glänzender Oberfläche auszumachen, was Krüpki zu einem anerkennenden Blick in Sonjas Richtung veranlasst. Er beherrscht durchaus auch jene Kommunikation, die ohne Beanspruchung der Stimmbänder funktioniert und die er bei seinen Pferden viel öfter einsetzt als bei Menschen, weil, davon ist er überzeugt, diese Vierbeiner viel klüger und verständiger sind als die Zweibeiner. Nicht umsonst haben Pferde ja auch die größeren Köpfe.

«Sodeli», sagt Jakob und hebt sein Glas.

«Auf den Hürlimann-Gott Jakob», sage ich und hebe mein Glas.

«Auf die Heimkehr meines Famulus», sagt Krüpki und hebt sein Glas.

«Auf das Ende der Hürlimann-Sorgen», sagt Sonja und hebt ihr Glas.

«Jo», sagt Teddy und hebt sein Glas.

«Auf den Herzbolzen», sagt Müsebeck, der bis jetzt noch kein Wort gesprochen hat. Dann hebt auch er sein Glas und fügt hinzu: «Und auf jene, die einen guten Rat nicht in den Wind schlagen!» Er zwinkert, prostet jedem einzeln zu, setzt an und kippt sich, den Kopf in den Nacken werfend, ohne dass sein Lederhütchen auch nur einen Millimeter verrutscht, Krüpkis «Original-Hausbrand» in die Kehle.

Großer Schweizer

Jakob verstaut seinen kleinen Koffer hinter dem Fahrersitz seines Pick-ups, prüft noch einmal sorgfältig, ob die Verzurrung der Plane, die sein wertvolles Werkzeug auf der Ladefläche abdeckt, wirklich die ganze lange Fahrt halten würde, und sagt dann zufrieden: «So, also.»

Er wendet sich an Sonja und mich: «Dann will ich mal schauen, dass ich wieder auf mein Bergli komme.»

«Und zwar pünktlich, wie es einem Schweizer gebührt», grinste ich. «Deine Zeitplanung hat ja wunderbar hingehauen, Hut ab.»

«Na ja, da haben wir aber viel Glück ghah, mit diesem cheibe Herzbölzli, oder?» Jakob kratzt sich am Nacken. «Eigentlich wollte ich den Resärvetag nicht anzehren, weisch, aber ...»

«Nix aber», mischt sich Sonja ein. «Du hast diesen Tag doch eingeplant, damit du ihn hast, wenn du ihn brauchst.»

«Scho, aber wenn man d' Resärve dann tatsächli verbruucht, weiß man fürs nächschti Mal, dass sie zu knapp gsy isch.»

«Wer soll das verstehen, Jakob?», frage ich. «Es ist doch alles aufgegangen. Der Hürlimann läuft, und du machst dich, wie geplant, heute Morgen neun Uhr auf den Heimweg!»

«Ja, und genau drum war es eben ein Resärvetag z' wenig. Die Resärve, wo man verbruucht hat, ist ja keine Resärve mehr, weil sie ja dann weg ischt. Und Resärve muss man immer genug haben. Immer.»

«Aha», staunt Sonja und baut sich direkt vor Jakob auf, die Hände in die Hüften gestützt. «Und wenn du jetzt einen weiteren Reservetag gehabt hättest, was hättest du damit gemacht?»

«Ja, dann wär ich ebe ein Tag früher heimgefahren, chann ja meinen Hof auch nicht ewig alleine laa, oder?»

«Das heißt?» Sonja schiebt ihr Gesicht weitere Zentimeter gegen Jakobs. «Du wärst *wann* genau gefahren, Jakob, mit einem zweiten Reservetag?»

«Auch jetzt, neun Uhr», antwortet Jakob. «Aber es wäre eben ein einen Tag früheres ‹Jetzt› gewesen, oder?»

Da muss Sonja hell auflachen, sie schmatzt ihm einen fetten Kuss auf die Nase, nimmt sein Gesicht in ihre Hände, knuddelt seine Wangen und sagt: «Du Wahnsinniger, du, du guter Schweizer Freund, du!»

Jakob, der nicht weiß, wie ihm geschieht, grinst verlegen und blickt auf seine Uhr. «So, es wird Zyt», murmelt er und gibt Sonja die Hand. «Wir haben es schon null nüni null drü e halb, ich bin zu spät, weisch.»

Sonja starrt ihn fassungslos an. Da lacht er seinerseits, zwinkert sie an und fügt hinzu: «Aber wegen der paar Minütli will ich mal nicht so schweizerisch sein, bin ja schließlich nicht mit em Bus unterwägs.»

Ich umarme unseren Freund. «Wie kann ich dir nur danken, Jakob? Du hast mich wirklich aus großer Not gerettet.»

«Mich auch», wirft Sonja ein. «Dieters Kupplungsscheiben-Depression hätte ich nicht mehr lange ertragen.»

Jakob winkt ab. «Scho güät, ich war ja selber scho ganz unruhig wäge dem Hürlimaa. Jetzt, wo er wieder tuät, wie er soll, isch mir grad selber wieder wohler.»

«Aber nicht so wohl wie uns», lächelt Sonja mit einem Seitenblick zu mir.

«So, chommt, jetzt lasst mich fahren, sonst wird mir diä ganzi Sach da zu rührselig. Isch mer e Freud gsy, chönd er mer glaube.»

Er steigt ein. Durch die offene Tür sagt er noch: «Gute Typen hat es da, i dem Amerika. Ich lasse alli schön grüässen, de Teddy, de Krüpki und de Müsebeck. Und säg ihnen, ich hab das ernst gmeint, geschtern abend: Wenn sie mal in der Schwyz sind, sie sind jederzeit herzli willkommen bei mir, all drei mitsamt Anhang.» Er setzt an, die Tür zuzuziehen, hält aber inne und meint verschmitzt: «Dieter, falls ich je wieder en Herzbolze nötig hab, dann legst du ein gutes Wort für mich ein, gell? Bei der Werft … du weisch jo, was i mein, gäll?»

Klack, die Tür fällt ins Schloss. Jakob startet den Motor und lenkt sein picobello schwarz brillierendes Fahrzeug über eben jene Dorfstraße, auf der er gestern Abend seine große Hürlimann-Triumphfahrt veranstaltet hat.

Wir winken dem rasant kleiner werdenden Pick-up hinterher, bis er aus unserem Blickfeld verschwunden ist, und ziehen unser Eisenstab-Monstertor hinter uns zu.

Der Hof liegt da wie immer. Der Hürlimann steht in der Scheune wie immer. Die Esel lungern vor dem Stall wie immer. Die Schafe mümmeln auf der Weide wie immer. Warum, frage ich mich, erscheint mir diese sich tagtäglich bietende und somit vertraute Szene plötzlich so viel friedlicher und satter als vor Jakobs Besuch? Hand in Hand schreiten Sonja und ich über den Hof zum Haus. Einem Impuls folgend, löse ich mich von ihr und biege ab zur Scheune. «Ich schau nur noch schnell nach dem Hürli … also, ob der Hürli … ob der Benzinhahn …», murmele ich. «Mach nur», lächelt Sonja.

Ich schwinge mich auf den Fahrersitz. Umfasse das Lenkrad, drücke das Kupplungspedal und greife nach der Zündung. Aber ich starte nicht. Wozu? Es reicht zu wissen: Ich könnte. Jederzeit. Es ist ein neues, vertrauteres Gefühl auf dieser Maschine, jetzt, seitdem mir Jakob all ihre verborgenen Geheimnisse gezeigt hat. Ich sitze minutenlang einfach nur da, auf meinem Fahrersitz und mache … nichts. Überhaupt nichts.

«Du, hast du was gemerkt?», meldet sich der kleine Schweizer in mir überraschend. «Ich war die ganzen letzten Tage mucksmäuschenstill! Ist dir das aufgefallen, hä?»

«Nein», antworte ich. «Ist es nicht.»

«Aber das ist doch aufgefallen … Das muss dir doch gefehlt haben, dass ich etwas sage!»

«Ehrlich gesagt: Nein, es hat mir nicht gefehlt.»

«So. Also nicht, hä», macht der kleine Schweizer in beleidigtem Ton.

«Nein.»

«Ja, dann war das also ein Fehler …»

«Was?»

«Dass ich nie nichts gesagt habe!»

Ich zucke gleichgültig mit den Schultern. Aber der kleine Schweizer gibt keine Ruhe: «Du könntest mich ruhig mal fragen, aus welchem Grund, oder? Aus welchem Grund ich mich die ganze Zeit nicht gemeldet habe!»

«Und?», frage ich kurz, ich will's hinter mir haben.

«Ja, weil ich mir eben dachte», erklärt der kleine Schweizer eifrig, «solange der Jakob hier ist, gibt es ja einen Schweizer, der auf dich aufpasst. Da konnte ich doch mal relaxen und ein wenig weniger Präsenz zeigen, oder?»

«Was hat deine Präsenz mit Jakobs Besuch zu tun?»

«Ist doch klar, oder! Er ist doch Schweizer wie ich, oder, und es braucht ja nicht gleich zwei, die …»

«Jakob ist NICHT Schweizer wie du», unterbreche ich ihn.

«Doch», sagt er empört. «Er ist auch Schweizer, oder?»

«Nein!»

«Ja was ... Nicht?»

«Schon, aber nicht wie du.»

«Wie denn?»

«Wie ein Mensch. Lange bevor er Schweizer ist, ist Jakob Mensch, kleiner Schweizer. Und zwar ein großer. Er könnte, wenn er wollte, auch ein großer Brandenburger sein, der Jakob.»

Darauf will dem kleinen Schweizer keine Antwort mehr einfallen.

FKK-Picknick

Die schmale Allee wird nach zwei Kilometern von Stacheldraht und Betonklötzen brutal durchtrennt. Dahinter setzt sie sich auf dem Gelände des ehemaligen Russen-Flugplatzes noch eine kleine Strecke fort, wild verwuchert jetzt, kaum noch als Allee erkennbar, bis sie unter einem riesigen atombombensicheren Kampfjethangar endgültig verschwindet. Als hätten die Götter des Kalten Krieges mit dem monströsen Betonklotz einer grünen Paradiesschlange den Kopf zertrümmert. Diese märchenhafte Allee ist ein real existierendes Schlaraffenland. Ringlotten, Pflaumen, Äpfel, Birnen, Zwetschgen und Walnüsse hängen je nach Jahreszeit üppig von den seit der Wende ungeschnittenen und ungespritzten Bäumen, die das schmale Band aus brüchigem Asphalt beidseitig säumen. Himbeer- und Brombeertriebe wuchern zwischen den Stämmen, Haselnussruten verdichten die Naturhecke, in welcher Bodenbrüter, Eidechsen und Hasen ihre Nachkommenschaft aufziehen, Igel ihr Winterquartier einrichten und ab und zu ein Wildschwein sich an der beträchtlichen Auswahl von Pilzen gütlich tut. Hier führt die Natur den hohnlachenden Beweis, dass sie aus sich selbst heraus großzügigste Mengen von Essbarem schafft, wenn sie nur sich selbst überlassen wird und tunlichst verschont bleibt von der ertragssteigernden Intensiv-«Pflege» der Menschen.

Eine im frühen Licht des Hochsommermorgens flimmernde

Blechwand pflügt vom Dorfende her durch die Allee. Die Wand ist fast so hoch wie die Bäume und so breit, dass sie auf beiden Seiten am Gestrüpp entlangstreift. Langsam, im Schritttempo, drückt sie die über dem Sträßchen sich fast berührenden Zweige der Baumkronen auseinander, reißt einzelne Blätter ab und kleine Ästchen. Unreife grüne Äpfel und Birnen kullern zu Boden und werden von riesigen Reifen zermatscht. Der Sattelschlepper nähert sich einem seltsamen Gebäude, das auf halber Strecke der Allee, einen Steinwurf von ihr abgerückt, in einer weiten, eingezäunten Wiese steht. Eine scheunengroße, relativ flach gewinkelte Satteldachkonstruktion, nur zur Hälfte mit Trapezblechen bedeckt, schwebt auf langen, senkrechten Holzbalken, etwa drei Mann hoch. Keine Seitenwände. Neben der eigenartig luftigen Konstruktion ein offenbar erst vor kurzem ausgebaggertes Erdloch, etwa so groß wie der Keller eines Fertighauses. Erdbraunes Regenwasser hat sich darin gesammelt, bildet einen hüfttiefen Tümpel.

Das dunkle Motorengeräusch der Zugmaschine wird präsenter, nähert sich unerbittlich. Hinter der Sonnenreflexion der Windschutzscheibe wird ein Mann erkennbar. Kanarienvogelgelbes T-Shirt, schlanker Oberkörper, kurze, dunkle Haare, Schnauzbart. Die Augen verdeckt durch eine riesige Spiegelbrille, Siebziger-Jahre-Design. Der Lastzug kommt auf Höhe des Bauwerks zum Stehen. Luftdruckventile blasen kreischend ab, das Motorengeräusch erstirbt. Die Natur übernimmt wieder die akustische Dominanz: das wispernde Geflüster von Blättern im lauen Morgenwind, ein erstes noch unsicheres Grillenzirpen, die Lerche, hoch über der Szene, die ihre Lebensfreude über das weite Land tiriliert, ein emsiges Rascheln in der Hecke.

Unpassende, fremdartige Geräusche mischen sich in die Sinfonie: Dumpf verhaltenes Poltern dringt aus dem Auflieger des Sattelschleppers. Das Schloss der Fahrertür klickt, als sie geöffnet wird. Die Sohlen von Sportschuhen schlagen auf dem Asphalt auf, scharren kurz auf den kleinen, losen Steinchen. Muskulöse Männerbeine bewegen sich zwischen Turnschuhen und einer über den Knien abgeschnittenen, ausgefransten Bluejeans. Sie tragen das gelbe T-Shirt und die Spiegelbrille zum hinteren Ende des Hängers. In seinem Inneren rumpelt es. «Ja mei», sagt der Mann. «Ja mei, ja mei, ja mei. Habds an Durscht, hä?» Er öffnet eine kleine Blechklappe am Hänger, legt einen Hebel um. Ein Zischen ist hinter der großen Blechwand zu vernehmen, das Plätschern von Wasser. Dann Schlürfgeräusche. «Ja, jetz sauft's halt, ihr Schätze, sauft's nur, 's is gnug da.»

Der Mann erklimmt eine in der Rückwand eingelassene Leiter, schiebt sich die Sonnenbrille über die Haare und späht durch eines der langen, schmalen Lüftungsfenster, die sich rund um den ganzen Hänger ziehen. «Ja, guten Morgen, ihr. Na, so is braaaav. Ja, gfressen habd's ja au scho, fast 's ganze Heu habd's niederg'macht! So is braaaaav!»

Er geht wieder nach vorn, klettert halb in seine Fahrerhütte, legt einen Schalter um. Auf dem Kabinendach ertönt, die Naturgeräusche abermals zurückdrängend, das Brummen der Klimaanlage.

«Zu heiß wollt's ihrs auch nicht, gell, ihr Süßen?»

Der Mann zieht eine zusammengeklappte Campingliege, einen Gaskocher und eine gefüllte Plastiktüte aus dem Fahrzeug. Er entfaltet die Liege und stellt sie mitten auf das Sträßchen, direkt vor die Schnauze seines Lasters. Den Kocher platziert er daneben. Er entnimmt der Tüte ein Blechtöpfchen, ein Glas Nescafé, eine Wasserflasche, eine Tube Kondensmilch, einen Porzellanbecher mit einem groß aufgedruckten Marienkäfer sowie eine rot-weiße schuhcremeartige Blechdose. Er füllt das Töpfchen mit Wasser und setzt es auf die Gasflamme.

Der Mann blickt sich um. «Da ist aba gut sein, da!» Er dreht sich um die eigene Achse. «Die hamm's da ja noch richtig urig, da im Ost'n.» Er zieht sich das T-Shirt über den Kopf, knüllt es zusammen, wirft es in die Kabine, öffnet den Hosengürtel, knöpft die Jeans auf und schiebt sie nach unten. Beim Versuch, sie auszuziehen und dennoch die Turnschuhe anzubehalten, führt der Mann einen seltsamen Einbein-Hüpftanz auf, mit dem er in jedem Indianerfilm hätte auftreten können. Aber der Mann ist fit, er schafft es, sich seiner Hose zu entledigen, und wirft sie dem gelben T-Shirt hinterher. Nun ist er in jenem Bekleidungszustand, in dem Gott ihn einst geschaffen hat.

Im Hänger rumpelt es wieder. «Ja mei, ja mei, ja mei», ruft der Mann. «Wir sind halt noch zu früh, die kommen erst umma siebene! Jetz wartet's hal amal schnell. Ein gutes halbes Stündchen noch, dann könnt's auf die Weide. Und was für schöne Weide das ist! Jetzt freut's euch doch, dass ma schon da sind, Sakra!» Das Poltern hört auf. «Brave Weibis! Und jetz is amal a Rua!»

Der Mann platziert die Spiegelbrille wieder auf seiner Nase, löst den Kaffee im heißen Wasser auf, ergänzt das Gebräu mit weißer Schlotze aus der Tube. Er öffnet die schuhcremeartige Dose, entnimmt ihr ein braunes Stück undefinierter Materie und schiebt es sich in den Mund. Lutscht genießerisch. Scho-Ka-Kola. Dann macht er es sich, die leicht gespreizten Beine lang ausgestreckt, auf der Liege bequem, stellt den Becher mit dem Kaffee griffbereit auf seine Brust und ergibt sich ganzkörperlich dem mild-warmen Sommermorgen.

Waldemar

Nemmer noch schnell an Kaffee?», fragt mich Sonja, als wir mit den Hunden wieder beim Haus sind. Wir sind seit fünf Uhr früh zugange, haben den Schafen bereits Wasser auf die Weide gefahren, den Esel- und Pferdestall ausgemistet und mit Momo und Zora, unseren beiden Sennenhunden, den obligatorischen Morgengang absolviert. Eine Stunde früher als sonst, was wir deutlich zu spüren bekommen haben, unsere Körper haben sich lange und zäh geweigert, auf Betriebstemperatur hochzufahren. Inzwischen aber hat erwartungsvolle Aufregung jede Müdigkeit vertrieben: Die Wasserbüffel werden heute Morgen ankommen, und die Galloway-Kühe. Die Urahninnen der beiden Herden, die wir mit ihnen aufbauen wollen. Kurz vor Mitternacht hatte der Fahrer noch einmal angerufen. Alles würde perfekt laufen, hatte er in fröhlichem Bayerisch mitgeteilt, er hätte jetzt noch mal Rast gemacht und die Tiere getränkt, er würde dann mit den schlafenden Viechern durchfahren und rechne, so ab sieben wohl da zu sein. Er hatte sich noch einmal den genauen Weg zum Treffpunkt beschreiben lassen, beim Unterstand, den wir mit tatkräftiger Hilfe unserer Freunde eigens für die Ankömmlinge errichtet hatten. Wir waren nicht ganz fertig geworden damit, aber immerhin, die Stützhölzer standen fest auf ihren Zementfundamenten, die Brettbinder, die das Dach tragen werden, waren montiert, und das Dach selber schon zur Hälfte gedeckt. Es war also dafür gesorgt, dass die Tiere erst mal Zuflucht vor den heißen Sonnenstrahlen finden würden. Und lange vor den ersten kühlen Herbstwinden würden wir den großen, auf drei Seiten geschlossenen Unterstand samt Stroh und Heulager fertiggestellt haben. Und im kleinen Teich, den wir mit Hilfe eines riesigen Radladers hatten ausheben lassen, hatte sich schon genügend Wasser gesammelt, sodass auch die Büffel sich wohlfühlen würden und auf ihr kühlendes Bad nicht zu verzichten brauchten.

«Kaffee? Jetzt noch, meinst du?» Ich konsultiere das Zifferblatt meiner Schweizer Präzisions-Wegwerf-Uhr. «Also gut, einen schnellen, wir haben noch vierzehn Minuten.»

«Mach kein' Stress, Dieter», lächelt Sonja. «Die sind nie und nimmer um sieben da. Der Chauffeur ist Bayer, kein Schweizer, der klang so gemütlich, dem kommt es auf das eine oder andere Viertelstündchen nicht an.» Sie stellt zwei Tassen unter die Kaffeemaschine und setzt sie in Gang.

«Aber der Tierarzt, der ist vielleicht pünktlich, und es wäre mir peinlich, wenn ...»

«Also ich brauch jetzt einen Beruhigungskaffee», beharrt Sonja, «aufgeregt wie ich bin», und setzt sich an den Küchentisch.

Den angenehm belebenden Kaffeegeschmack noch im Mund, steuere ich den Jeep durch die «Paradiesallee», wie wir sie nennen, zur künftigen Rinderweide.

«Ditaaaaa», ruft Sonja. «Dieter, schau, ich glaub, sie sind schon da ... Sie sind da, Dieter, sie sind da, siehst du da vorn?» Sie hüpft aufgeregt lachend auf dem Beifahrersitz auf und ab wie ein junges Mädchen, das zum ersten Mal auf die Kirmes darf.

Angestrengt versuche ich auszumachen, was Sonja sieht. Ja, wirklich, dort, weit vorne, wo sich die Ränder des schnurgeraden Sträßchens und die beiden grünen Seitenbänder des Alleebewuchses perspektivisch verjüngt in einem Punkt treffen müssten, dort ist ein schwarzer Fleck, ein Loch, ein Nichts. Oder doch ein Etwas? Im Näherfahren erkenne ich, ja, es ist ... kein Nichts, es könnte ... nein, es ist eine Wand, eine Blechwand ... tatsächlich, jetzt sind wir nahe genug ... es ist die Rückseite eines riesigen Transporters, der wie ein Mega-Fötus im grünen Geburtskanal der Allee stecken geblieben zu sein scheint.

Sie sind da, unsere Rinder sind da! Ich stimme in Sonjas Triumphgeheul ein und gebe unweigerlich Gas. «Übermut kommt vor dem Fall, hä», mokiert sich der kleine Schweizer in mir. Ich pfeif drauf.

Sehr dynamisch, wie ich finde, eines jedes Action-Movies würdig, bringe ich den Jeep hinter dem Hänger zum Stehen und springe synchron mit Sonja aus dem Auto. Ich lausche. Kein Muhen ist zu hören, kein einziger Laut unsere Tiere ... Nur ein leicht ratteriges Brummen, erzeugt von irgendetwas an oder in diesem Blechmonster. «Wäre nicht der erste Tiertransport, der sein Ziel nur mit unterwegs krepiertem Vieh erreicht», gibt der kleine Schweizer zu bedenken. Ich werfe einen alarmierten Seitenblick zu meiner Frau. «Ich hör sie nicht, Sonja, du?»

Sie schüttelt den Kopf. «Die pennen», sagt sie.

Und jetzt bemerke ich den Geruch. Unter das vertraute Hochsommermorgen-Parfum aus vertrocknetem Gras, einem Hauch modrigem Unterholz, einer Nuance bereits weich werdenden Asphalts und einer Prise Wiesenblumenduft hat sich eine neue, aber klar erkennbare Note gemischt: Kuh. Das erste Mal seit wer weiß wie vielen Jahrzehnten riecht es hier wieder nach ...

«Kuh», sagt Sonja. «Ich rieche Kuh.»

«Ja, ich riech's auch.» Ich muss lächeln.

«Ditaaaa! Das erste Mal seit wer weiß wie vielen Jahrzehnten riecht es hier wieder nach Kuuuuh!» Sonjas Gesicht strahlt.

«Und es wird hier noch in Jahrzehnten nach Kuh riechen, das schwör ich dir», höre ich mich sagen und werde durchströmt von einem euphorischen Glücksgefühl.

«Ja, sowieso, wonach sonst?», sagt Sonja, als wäre das so selbstverständlich wie die Tatsache, dass auch in Jahrzehnten noch Sommer stattfinden werden.

«Griaß euch Gott beieinander», höre ich eine Männerstimme.

Ich blicke der Seitenwand des Lastzugs entlang nach vorn und sehe: einen Natur-Playboy!

Von unten nach oben: Weiße Sportschuhe, darin weiße Tennissocken, darin sehnige, braun gebrannte Beine, an deren Ende ein in der Morgensonne hell babyblau leuchtendes Unterbekleidungstextil eng anliegt, das den Namen Textil bei näherer Betrachtung zu Unrecht trägt: ein Mittelding zwischen Tanga und sehr knapper Badehose, die beiden deutlich sparsamen Stoffdreiecke sind einzig durch ein schmales, dunkelblaues Gummiband miteinander verbunden. Darüber wird ein bronzefarbener, zugegebenermaßen recht athletischer Oberkörper präsentiert, frei und unbehelligt von Profanem wie Stoff, darüber wiederum, verborgen hinter Schnauzbart und Spiegelbrille, erahne ich ein nicht unsympathisches Gesicht.

«Ahhh …», macht Sonja. «Sie sind also der Fahrer, mit dem ich telefoniert habe. Hallo!» Sie geht ihm entgegen und begrüßt ihn, seinen überraschenden Bekleidungs- oder eher Nicht-Bekleidungsstil souverän ignorierend. Auch er verhält sich ganz, als ob er im lockeren City-Anzüglein vor dem Kaffee Kranzler eine flüchtige Bekannte träfe. Er reicht Sonja formvollendet die Hand, deutet sogar eine knappe Verbeugung an. Die beiden agieren so überzeugend normal, dass ich mich frage, ob das Bild des quasi nackten Mannes sich vielleicht nur mir darbietet. Dass ich an einer seltsamen Variante von Wahrnehmungsverschiebung leide. Aber, frage ich mich, wenn ich mir das alles nur einbilde, warum bilde ich mir dann um Gottes willen eine solche Unterhose ein? Baby-Leuchtblau?

«Ja, genau der bin i, der Mann am Telefon, der Viehfahrer halt, Servus.» Nun wendet sich der Mann mit ausgestreckter Hand an mich. «Ich bin der Waldemar!» Auch das noch, denke ich, Waldemar! Nein, ich leide an keiner Wahrnehmungsverschiebung. Mir diesen Namen einzubilden, wäre mir nicht möglich, das überstiege meine visionären Kompetenzen eindeutig. Der muss echt sein, der Kerl. Dieser Waldemar. Wie können frisch gebackene Eltern, üblicherweise also erwachsene Menschen, ihr süßes kleines Knuddelbaby nur auf den Namen Waldemar taufen? Auf einen Dackelnamen? Das ist ja noch ungeheuerlicher, als ein gewisses anderes süßes kleines Knuddelbaby mit dem Etikett «Dieter» versehen auf die Welt loszulassen.

«Dieter», sage ich, schlage in seine Hand ein und konzentriere mich darauf, meine Augen nicht unwillkürlich Richtung Babyblau irrlichtern zu lassen. Offenen Blickes schau ich ihm geradeaus in seine Augen, wie sich das gehört bei einer Begrüßung. Sehe aber nur mein eigenes, durch die gewölbten Gläser der Spiegelbrille skurril verzerrtes Antlitz. Waldemar spürt meine Irritation.

«Ah, äh, Entschuldigung …», setzt er an.

«Macht doch nichts», unterbricht Sonja ihn. «Hier in Brandenburg soll jeder nach seiner Fasson selig werden, warum nicht in Babyblau?»

«Babyblau?» Jetzt ist Waldemar irritiert. Er nimmt die Spiegelbrille ab und zeigt sie Sonja. «Eher dunkelblau, dunkelblau sind die Gläser, da hast immer ein schönes Wetta, wann's durch die Brillen schaust, sixt, Sonja? Blau is halt meine Lieblingsfarbe. Aber ich vergess immer, dass die ja vorn ganz verspiegelt sind, die Brillen, gell, weil das brauch ich für die Fahrerei, gegen die Reflexionen. Und dann sind die andern halt immer a bisserl verwirrt, sind's dann, wenn ich vergess, die Brille zum runternehmen. Vergelt's Gott.» Er setzt sich die Brille wieder auf, und schiebt sie weiter nach oben in die Kurzhaarfrisur.

Sonja und ich sehen uns an. In ihren Mundwinkeln zuckt es, aber sie hat sich im Griff. «Waldemar, wie geht es meinen Kühen?»

«Ja, prächtig! Prächtig geht es denen, jetz schaut's halt amal nach eurem Familienzuwachs, geh, wart, ich lass amal die Rampe runter, dann könnt's es glei begrüßen, eure Schatzelen, gell?»

«Halt», gebe ich zu bedenken, «nicht bevor der Tierarzt hier ist. Wir dürfen sie noch nicht ausladen.»

«Ja freilich, ich mach ja nur amal auf, gell, des Absperrgitter, des bleibt ja zu.»

Sie kennen diese Szenen aus vielen Science-Fiction-Filmen: Das extraterrestrische Raumschiff ist gelandet. Es dominiert riesig und fremd die verlassene Landschaft. Zwei winzige Erdenmenschlein, in der Regel von jedem Geschlecht eines, stehen staunend davor und dann ... ganz langsam, öffnet sich eine Klappe, erst klafft nur ein Spalt in der metallenen Außenhaut, doch stetig verbreitert er sich, die Klappe fährt nach unten und gibt allmählich den Blick frei ins Innere, erst erkennt man die Decke des Ufo-Laderaums, dann die hintere Wand, die Klappe senkt sich weiter ... jetzt ... jetzt werden die Helmantennen der Aliens sichtbar, die mächtigen Köpfe und nun auch ihre dunkelbraunen, fast schwarzen, mit zottigen Haaren bedeckten Körper.

Sonja und ich stehen staunend vor dem Heck des Sattelschleppers, und ganz langsam öffnet sich ein Spalt, stetig bewegt sich die Klappe nach unten, gibt den Blick frei ins Innere, wir sehen die Decke des Laderaums, die hintere Wand, und jetzt ... die beeindruckenden Hörner der Wasserbüffel, ihre mächtigen Köpfe, und nun endlich auch ihre dunkelbraunen, fast schwarzen, mit zottigen Haaren bedeckten Körper.

Wir treten an das Absperrgitter, das den großen Innenraum unterteilt. Vier Wasserbüffelkühe blicken in unsere Richtung. Ruhig, abwartend. Mächtige Körper, beeindruckende, stromlinienförmig nach hinten gerichtete Hörner, deren Spitzen in elegantem Schwung wieder nach oben auslaufen. Über der Stirn langes, raues Haar, akkurat in der Mitte gescheitelt. Die Schädelform der Büffelinnen scheinen in orkanartigem Gegenwind geformt worden zu sein. Nur die großen Ohren beeinträchtigen diesen Eindruck, weit stehen sie zur Seite ab, Schallwellenfänger. Dunkle Augen beobachten uns unter langen Wimpern. Auf den schwarzen, ledrigen Nüstern glitzern winzige Tautröpfchen, wie am Glas einer Bierwerbung. Angenehm kühl weht es aus dem Laderaum.

«Merkt'ses, wie die Klimaanlage wirkt, hä? Da drinnen hat es konstant 20 Grad, gell, damit es den Passagieren jederzeit wohl ist. Des is ja des Wichtigste, gell, dass es denen gutgeht unterwegs, halt, und wer mit dem Waldemar reist, der reist Komfortklasse», klärt uns Waldemar stolz auf, und bei ihm klingt «Komfort» wie «komm fort».

Sonja und ich stehen andächtig vor den Tieren. Die Stammherde, jetzt ist sie da! Für unseren kleinen tapferen Hof bricht eine neue Ära an. Vier Wasserbüffel, vier Galloways, alle tragend, und wenn es läuft wie geplant, werden sie uns im Frühjahr mit acht Kälbern beschenken. Die nächste Generation …

«Und die Galloways?», fragt Sonja. «Wo sind die Galloways?»

«Ja, die sind weiter hinten, im eigenen Abteil, gell, ich wusste nicht, wie gut die sich vertragen untereinander, da sagte ich mir, bevor es zu gruppendynamischen Problemen kommt, Waldemar, mach eine Abtrennung. Wart, ich schalt amal ein Licht an.»

Er drückt auf einen Schalter an der Innenwand, und im Laderaum wird es hell. Hinter den Büffelinnen erkennen wir jetzt eine etwa zwei Meter hohe massive Absperrung aus verzinkten Stahlrohren. Dahinter stehen sie. Auch sie halten die Köpfe zu uns gewandt. Etwas kleiner als die Büffel sind sie, haben lockig-zotteliges, rotbraunes, dunkles Fell. Keine Hörner, Galloways sind von Natur aus hornlos. Ich verliebe mich sofort in diese Gesichter. Sie sind geformt, als ob sie noch Jungtiere wären, breiter als bei den mir vertrauten Schweizer Milchkühen, sanfte Rundungen, mit flauschig-flaumigem Fell bedeckt. Hundertprozentiger Knuddeln-müssen-Effekt. Und zwar bei allen drei Tieren gleichermaßen. Drei? Warum nur drei?, durchzuckt es mich.

«Warum sind das nur drei?», höre ich Sonja fragen.

«Ja, eing'laden hamma vier», wundert sich Waldemar. «Vier von jeder Sorte. Aha, da ist die Vierte ja, schaut's dort ... seht's es?» Er deutet mit der Hand, und jetzt erkenne ich einen dunklen Fellhügel auf der Strohmatte. Ganz in die Ecke zwischen Absperrung und Wand geschmiegt. Reglos.

«Ich hab's ja gesagt», schreit der kleine Schweizer in mir. «Die ist verreckt, Gottverdammi, die hat den Transport nicht überlebt, ich hab's ja gewusst!»

Da rührt sich die Kuh, dreht ihren Schädel, als ob sie den kleinen Schweizer gehört hätte, in unsere Richtung. Ihr Maul mampft in meditativen Kreisbewegungen die Heukugel, welche der Vormagen zum Wiederkäuen durch den Schlund nach oben geliefert hat. Der erste schockierende Eindruck wird schlagartig überschrieben durch sein Gegenteil: Freude.

«Ja, du hast es dir aber gemütlich eingerichtet, Schatzi! Ja, aber jetzt sag einmal ...» In Waldemars Stimme schwingt ungläubiges Staunen mit. «Ja, wo liegst denn du? Du liegst ja bei den Büffeln ...» Und dann an uns gewandt: «Ja, seht ihr des auch? Die liegt, ja das glaube ich ja nicht ... liegt die plötzlich vor der Absperrung, die muss über die Ansperrung drüber ...»

«Über eine so hohe Absperrung kommt keine Kuh», stelle ich

sachlich fest. «Ihr habt falsch eingeladen! Ja könnt ihr denn kein Galloway von einem Wasserbüffel unterscheiden?»

«Jetzt kränkst du mich aber direkt a bisserl, Dieter.» Waldemar baut sich vor uns auf, so gut man sich eben als fast Nackter vor einem null nackten Paar aufbauen kann. «Pass auf, Dieter, hör zu, Sonja, wenn ich mich mit etwas auskenne, dann mit Kühen. Das hab ich in den Genen! Seit Generationen hat meine Familie Kühe. Meine Eltern hatten Kühe, meine Großeltern hatten Kühe, meine Urgroßeltern und die Urgroßeltern meiner Urgroßeltern und deren Urgroßeltern, das geht so weiter bis Adam und Eva, seit immer schon hatten wir Kühe. Meine Frau Mutter hat mich im Kuhstall zur Welt gebracht und ...»

«Du bist im Kuhstall geboren worden, Waldemar?», unterbricht ihn Sonja. «Im Kuhstall?»

«Ja freilich, wenn ich es sage. Meine Mutter war grad am Melken an dem Abend, und dann ist sie nicht mehr hochgekommen vom Schemel, weil die Wehen plötzlich so stark eingefahren sind, und dann hat sie sich einfach ins Stroh unter die Kuh fallen lassen und hat gerufen, es geht los, und dann wollten sie sie ins Schlafzimmer tragen, aber sie hat g'schrien, lasst's mich, lasst's mich ihr Deppen, lasst's mich hier bei meiner Vroni, die kennt des doch selber so gut, jetzt lasst mich doch in Ruh, ich mach das schon mit der Vroni, so hat's gewütet, die Mutter, in ihrem Schmerz. Und dann hamm's alles in den Stall schleppen müssen, Tücher und Wasser und was weiß ich, auch die Hebamme, die sie herbeigerufen haben, auch sie hat in den Stall kommen müssen und helfen, bis der kleine Waldemar herausgekrochen kam aus seiner Mutter. Und die Vroni, die gute Kuh, hat sich die ganze Zeit nicht gerührt, ist nur g'standen über der Menschenfrau und hat sie bewacht. Die Mutter schwört heute noch, ohne die Vroni hätte sie das nicht überlebt, diesen Höllenschmerz, aber sie hätt' sich halt zusammengerissen, weil, sie wusste ja, die

Vroni macht das selber mit, fast jedes Jahr und kann's ja auch, und vor der Vroni wollte sich die Mutter keine Blöße geben ...»

Waldemar muss eine Pause einlegen. Er atmet zweimal tief durch, wir hängen erwartungsvoll an seinen Lippen.

«Versteht ihr?», fährt er fort. «Das Erste, was diese meine Augen erblickt haben, war eine Kuhwampe von unten. Und dann kommst du daher, Dieter, und willst mir erzählen, ich könne eine Galloway-Kuh nicht von einem Wasserbüffel ... Nein also, da fällt mir nichts mehr dazu ein, des ist einfach ein ... eine Beleidigung ist des!»

«Entschuldige, Waldemar, ich wollte dich nicht beleidigen, und nehme das offiziell zurück», sage ich reuevoll.

Waldemar winkt ab. «Kühe sind mein Leben, verstehst du! Aber Schwamm drüber, hast es ja nicht wissen können, gell.» Er klatscht seine Hand gegen meinen Oberarm. «Schon gut, Dieter.»

«Aber warum ist die Gally-Kuh dann bei den Büffeln?», insistiert Sonja. Frauen, stelle ich einmal mehr fest, verfügen bei der Benennung von nüchternen Fakten eine gewisse Gnadenlosigkeit, die uns Männern abgeht. Ich hätte es unter dem Eindruck von Waldemars Geburtsgeschichte gut sein lassen. Sonja nicht. «Hm? Kannst du mir das erklären, Waldemar?»

«Was gibt es da zu erklären, ha?», entgegnet der. «Ist doch klar: Die ist über die Absperrung drüber, das ist die ganze Erklärung!»

Sonja bleibt dran: «Wie? Wie ist die da drüber, Waldemar? Verzeih, aber ich kann mir beim besten Willen nicht vorstellen, dass eine Kuh von über einer halben Tonne Gewicht ein Stahlrohrgitter hochklettert und auf der anderen Seite gemütlich wieder runter, um sich dort dann zum beschaulichen Wiederkäuen niederzulassen.»

«Sonja, jetzt musst du etwas lernen vom Waldemar, gell? Kühe, ja? Kühe sind uralte mystische Wesen, musst du wissen. Da brauchst du bloß amal bei den alten Griechen nachlesen. Oder noch älter, bei den asiatischen Urvölkern, gell. Ich habe mit Kühen schon Dinge erlebt, Sonja, die kannst du mit dem Verstand nicht erklären. Es gibt mehr zwischen Himmel und Erde ... du weißt schon, und hier gehört die Kuh, eindeutig dazu. Kühe können alles. Alles, merk dir das. Das wussten die Menschen schon vor Tausenden von Jahren, aber sie haben's nur leider wieder vergessen.» Jetzt hebt Waldemar den Zeigefinger und fährt fast andächtig fort: «Nur der Inder, der Inder weiß es bis heute, dass die Kühe mystische Wesen sind.» Er lässt den Zeigefinger wieder sinken und blickt sehr ernst und sehr tief direkt in Sonjas Augen. Seltsam, diesen braun gebrannten Mann ohne Kleider hätte man jetzt in seiner tiefen Ernsthaftigkeit beinahe für einen leibhaftigen indischen Yogi halten können, wenn da nicht Spiegelbrille und Schnauzbart wären. Und die babyblaue Unterhose.

«Na gut», lenkt Sonja ein. «Dann lassen wir es eben ein Mysterium sein, Waldemar.»

Ich aber nehme mir vor, mich nicht zu wundern, wenn ich dermaleinst Augenzeuge davon werde, wie unsere Kühe und Wasserbüffel in buntem Reigen wie Fledermäuse die blasse Scheibe des Vollmondes umkreisen. Ich mustere zweifelnd unseren Weidezaun, der nicht mehr aufzuweisen hat als zwei in Knie- und Hüfthöhe gespannte Elektrodrähte. «Du musst eine Idee haben», unkt der kleine Schweizer. «Für mystische Wesen sind diese zwei Drähte da gar nichts, hä. Um da drüberzukommen, also, die müssen ja nicht mal fliegen können, oder?»

Stahlnetz!, zuckt es durch meinen Kopf, ein zehn Meter hohes Stahlnetz rund um die ganze Weide. Und oben drüber: auch Stahlnetz. Eine Kuh-Voliere! Doch bevor ich den absurden Gedanken verwerfen kann, braust der silberne Mercedes des Veterinärs heran. Hä, silberner Mercedes? Tierarzt? Wie geht *das* denn? Ein Großtierarzt hat Geländewagen zu fahren, denke ich, einen schönen kantigen, hochbeinigen, hartgefederten, unbequemen Indiana-Jones-Geländewagen. In Olivgrün. Mit Stierfänger an der Front. Und Seilwinde am Heck. Ohne Schnickschnack, puristisch, eckig, gut. Keine Luxuskutsche made in Spätzle-Land. In Silber! Wer fährt denn noch silberne Autos in Zeiten wie diesen! Das sind doch die, die sagen: «Im Radio meldeten sie hohes Verkehrsaufkommen. Hab davon nichts gemerkt, vor mir war die Straße völlig frei. Nur Gegenverkehr hatten wir. Und hinter mir war eine Riesenkolonne, das schon. Aber vor mir: freie Fahrt! Also, ich konnte mein normales Tempo total problemlos durchziehen: konstant 45 km/h!»

Silber! Das sind doch die, die meinen, Rückspiegel dienten nur kosmetischen Zwecken. Das sind doch die, die nie Farbe bekennen, die, die den Blinker mit dem Lenkrad verwechseln und ihn erst betätigen, wenn sie fast fertig abgebogen sind. Die, die sagen: «Fahren ist Silber, Schleichen ist Gold.» Kein Wunder, dass dieser Doktor vom Silber-Merz fast 'ne Viertelstunde zu spät da ist. Großtierarzt in Silber, das geht nicht, das ist schlimmer als Großtiertransporteur im Tanga. Das geht alles nicht, denke ich und beobachte, wie der Herr Veterinär-ich-schreib-dann-schon-mal-die-fette-Rechnung-ich-fahre-nämlich-Silberpfeil aussteigt. Klar, dacht ich es mir doch: Luxuskutsche fahren, aber nix zu fressen. Schau dir das an: ein hageres Männchen mit Asketengesicht. Hohle Wangen mit tiefen vertikalen Kerben, scharf geschnittenes Kinn, schmale Lippen, graue Geieraugen unter buschig dunkelgrauen Brauen. Zwei markante Zornesfalten über dem filigranen Grat der Römernase.

Spezialist für Greifvögel, Volierenverkäufer, Abt eines Flagellantenklosters in den Felsen der Mohabi-Wüste, ja, da wäre er richtig besetzt, denke ich, aber Großtierarzt? Ein Großtierarzt tritt mit einem zerschlissenen T-Shirt auf, an dem noch Strohgrannen hängen vom letzten Einsatz, und in von Kuhscheiße verschmierten Gummistiefeln. Dieser in hellblauem, frisch gestärktem Hemd samt stierblutroter Strickkrawatte und: Jackett! Seine Füße stecken in edel glänzenden stierblutroten italienischen Slippern, Marke «Italia». Mit schmucken Lederkördelchen. Das ist zu viel, das ertrage ich nicht, denke ich, in diesem Film muss die Kostümbildnerin sofort, aber sofort gefeuert werden, das geht nicht, das geht alles gar, gar, gar nicht. «Lauf doch einfach davon», rät mein kleiner Schweizer eindringlich. «Renn einfach weg, danach kneife dich kräftig und erwache! Sofort!»

Alice, das Kind

Sie war die Freundin eines Freundes. Gemeinsam mit ihm hatte sie uns auf dem Hof besucht. Wir hatten einen schönen Sonntagnachmittag, waren über die Weiden gelaufen, hatten einen Drachen steigen lassen, unter dem Kirschbaum gegessen und getrunken und uns prächtig unterhalten. Als sie gegen Abend wieder gingen, fragte sie, ob sie noch mal kommen dürfe, mit ihrer Tochter. «Klar», sagten wir, «jederzeit!», und freuten uns, dass ein Stadtkind hier ein wenig Landluft schnuppern würde.

Im Gegensatz zu vielen Städtern, die sich immer alles Mögliche vornehmen – «Ja, das machen wir jetzt aber, ganz, ganz sicher, nee ehrlich, das nehmen wir uns jetzt aber mal ganz fest vor, da fährt die Eisenbahn drüber, das ist gebongt, gefixt, das ist in trockenen Tüchern, ich meine es todernst, kannste Gift drauf nehmen, das müssen wir einfach, wär doch gelacht, wenn wir das nicht» –, und die es dann vor lauter Stadtstress nie wahr werden lassen können, sie kommen einfach nicht dazu, ach, man kann ja so viel tun in der Stadt mit all ihren Möglichkeiten und mit all den vielen guuuuten Freunden und Bekannten, und immer ist was los, und man kommt ja zu nichts – und die, wenn man sie dann wieder trifft, so ein Jahr später, das Vorhaben erneut erneuern, «nein also jetzt aber ganz sicher, wie peinlich, also diesmal aber ...», und dann, natürlich, wieder nicht dazu kommen, weil es eben Städ-

ter sind …, also: Im Gegensatz zu vielen Städtern hat sie es ange-
kündigt und dann tatsächlich einfach gemacht. Sie kam. Mit ihrer
Tochter. Mit Alice.

Alice war ein sehr dünnes Kind mit großen blauen Augen in
einem bleichen, etwas spitzen Gesichtchen. Welches mal ganz, mal
ein wenig, mal gar nicht erkennbar war, weil es mal ganz, mal ein
wenig, mal gar nicht verdeckt wurde von Millionen hauchfeiner
dunkelbrauner Haare, die immer irgendwie ineinander verwickelt
zu sein schienen und sich den physikalischen Regeln der Schwer-
kraft, des Windes, der Kopfhaltung, wahrscheinlich auch und sogar
des Magnetismus, der Sonnenaktivität, dem Elektrosmog und der
Funkwellen-Intensität hingaben – oder eben zum Trotz auch nicht.
Kurz, ihre Haare führten ein derart unberechenbares Eigenleben,
dass es unmöglich gewesen wäre, auf diesem Kindskopf so etwas
wie eine Frisur auch nur annähernd zu definieren. Es sei denn, man
hätte alle zehn Sekunden neu definiert. Alice wirkte ein wenig wie
ein Wesen von woanders. Und aus einer anderen Zeit. London, aus-
gehendes 19. Jahrhundert, schien mir passend. Sie hätte gut in die
kleinen Backsteinhäuschen der frühen Industrialisierung gepasst.
Vielleicht kam es mir aber auch nur so vor, weil sie wahrhaftig
Schnürstiefeletten trug und ein blassgeblümtes Kleidchen.

Alice mochte bei diesem ersten Besuch so zehn oder elf gewesen
sein, hatte aber eine neunmalkluge Schnauze, als ob sie erwachsener wäre, als jemals je ein Erwachsener nur werden kann. Alice war
die Fachfrau für alles. Es gab nichts, wirklich nichts, was sie sich
nicht schon in jahrelangen Studien und jahrzehntelanger Lebens-
erfahrung draufgepackt hätte. Ich führte sie in den Pferdestall, und
sie erkannte sofort, diese Pferde müssen dringend zum Zahnarzt.
Hat sie mal auf der Rennbahn in Hoppegarten gesehen, ist ganz
wichtig bei Pferden: Zahnarzt.

«Und der eine, da, wie heißt der? Aha, dem gehört mal der Schweif ordentlich durchgekämmt, da gibt's so 'ne Paste, die massiert man ein, und dann verfilzen die Haare nicht mehr so.»

«Und», fragte ich, «weißt du, wie die Paste heißt?»

«Nö, kann aber so 'n Freund von uns fragen, kann ich dir dann sagen, find ich für dich raus, kein Thema, mach ich für dich.» Alice sprach, als ob sie eine verstopfte Nase hätte, und sehr schnell. Hochdeutsch mit einem ganz leichten Hauch Berlinerisch. Sie sprach die Sätze so schnoddrig weg, wie Leute es sich angewöhnt haben, die den ganzen Tag allen anderen Dinge erklären müssen, die eigentlich eh jedem vernünftigen Menschen klar sein sollten.

«Danke für die Vermittlung», sagte ich ernst, «dann werde ich die Paste besorgen. Soll ich auch für dich ein Töpfchen mitbestellen?»

Alice sah zu mir auf und wischte sich Haargespinst aus dem Gesicht «Nö, wieso? Ich hab ja kein Pferd.»

«Ich dachte eher für dich, von wegen weniger Filz und so.»

Alice reagierte nicht auf die kleine Boshaftigkeit. «Nö», winkte sie ab. «Nicht nötig, aber wenn ich 'n Pferd geworden bin, sag ich dir Bescheid.»

Wir gingen auf die Weide, wo die Esel genüsslich Gras mampften.

«Ach, Esel», ordnete Alice die Spezies sofort und korrekt ein. «So 'n Freund von uns hat auch welche gehabt. Arbeiten die? Esel müssen arbeiten, sonst schreien die immerzu, weißt du? Kannste vor 'ne Kutsche spannen, musst nur gucken, dass die nicht zu schwer ist, aber es gibt ja Kutschen für Kleinpferde, weißt du? Die gehen auch für Esel, so was können die dann ziehen, kannste dein Auto wegschmeißen, is auch besser für die Umwelt und so, verstehst du?»

«Mhm», machte ich nur und dachte mir meinen Teil.

Dann zeigte ich Alice meinen ganzen Stolz, den Hürlimann, und es kam, wie es kommen musste. «So 'n Freund von uns, der hat auch 'n ollen roten Traktor, sag mal, tropft der da unten? Musste immer Ölwechsel machen, das ist das Wichtigste, da darfst de nicht sparen mit dem Öl, sonst kann es dir passieren, dass der Motor sich frisst, und dann stehste da, weißt du? Dem ist das auch passiert, war echt Scheiße, aber selber schuld, ne, hat kein Ölwechsel gemacht, sag mal, die Vorderräder stehen schief, ich glaube nicht, dass das gut ist, musste mal dringend nachgucken, ne, bevor sie abfallen.»

Und so ging es den ganzen Nachmittag. Bei den Schafen lernte ich, dass dieselben bei warmem Wetter geschoren werden müssen, damit sie nicht «hüpa ventilieren», ich staunte über den Wortschatz der Kleinen. Bei der Tränke lernte ich, dass Mineralwasser besser wäre, weil die Schafe ohne Mineralien mangelernährt sind. Auf der Wiese lernte ich, dass die Schafsköttel wunderbare Blumenerde machen, «kannste einsammeln, trocknen und dann für viel Kohle verklickern, wir haben da so 'n Freund …»

Wir lernten, dass Kaffee schädlicher ist als Tee, am besten aber weder noch, und wir wurden gelobt für unseren selbst gezogenen Salat: «Müssta aber aufpassen – wenn der ausschießt, wird er bitter, müsstet ihr ma dringend ernten, die Köpfe da.»

Als sie gingen, schüttelte Alice uns die Hand, strich sich die Haare aus dem Gesicht und verkündete: «Ihr macht das echt nicht übel, wie ich gesehen habe, ich glaub, ich komm ma wieder rum.»

«Klar», lachte Sonja, «nur immer her mit dir.»

Aber damit gab sich Alice noch nicht zufrieden, sie packte ihren Haardschungel mit beiden Händen, strich ihn nach hinten und hielt ihn im Nacken fest – sie brauchte jetzt freie Sicht. Sie blickte zu mir hoch, fixierte aufmerksam meine Augen. Dann fragte sie mit vorgeschobenem Kinn: «Und was ist mit dir? Is okay, wenn ich komm?» Ich nickte.

Zwei Wochen später rief Alices Mutter an und teilte uns mit, die Tochter würde kaum noch von was anderem reden als von den

Eseln, den Pferden, den Schafen, dem Hürlimann und uns. Und läge ihr seit Tagen in den Ohren, wann sie denn mal endlich wieder hinfahren könnten. Aber sie, die Mutter, hätte so viel um die Ohren, ob Alice vielleicht auch alleine … ob es dieses Wochenende ginge? Sie würde das Kind in die Vorortbahn setzen, und wenn wir es dann am Bahnhof in Schmachthagen … Natürlich waren wir einverstanden. Dieses Mal und später noch einige weitere Male.

Bis es dazu kam, dass Alice uns adoptierte. An jenem Tag waren Alice und ich gerade dabei, mit dem Hürlimann einen Wagen voll Stroh über die Rollbahn des ehemaligen Russen-Flugplatzes zu ziehen. Wir hatten die Bunde in einem der leer stehenden Hangars, den wir als Lager benutzen durften, auf den Wagen geladen und waren nun unterwegs zur Hofscheune. Alice hatte ihre Haare unter einem kessen Strohhut gebändigt – «Is besser zum Arbeiten, weißt du, ich hab da so 'ne Freundin, die macht das auch immer so» – und thronte auf dem Mitfahrerplätzchen, auf dem Kotflügel des Traktors. Plötzlich bemerkte ich, wie ein kleines Rudel Rehe links neben der Rollbahn aus dem Wäldchen auftauchte. Noch im Rollen schaltete ich den Motor aus und bremste ab. Etwa fünfzig Meter vor den Wildtieren kamen wir zum Stehen. Aufmerksam äugte das Wild zu uns herüber. Sie witterten, doch sie konnten uns nicht riechen, der Wind stand gegen uns. Und dann begann das erste Reh wieder zu grasen, dann das nächste und wieder eines, bis das ganze Rudel sich verhielt, als wäre es völlig unbeobachtet.

«Das sind Rehe», informierte mich Alice leise flüsternd.

«Was?», machte ich. «Rehe? Ah, sooo sehen die aus! Und ich dachte immer, das wären Hasen.»

Alice knuffte mich in die Seite. «Blödmann.» Ich hielt den Zeigefinger an den Mund und grinste sie an. Wir guckten. Alice tippte aufgeregt auf meine Schulter und deutete: «Da, schau, da drüben links vor dem toten Baum: ein Junghase.» Tatsächlich, aus dem hohen Gras ragten die Ohren eines Rehkitzes, nur wenn es sich bewegte, konnte man auch seinen Rücken erahnen.

«Das ist Bambi, Blödkind», flüsterte ich und kassierte wieder einen Knuffer.

Wir sahen schweigend zu, wie das Rudel sich der Rollbahn näherte, an der Graskante stehen blieb und dann plötzlich, wie auf ein unhörbares Kommando hin, in eleganten, langgezogenen Sprüngen den Betonstreifen überquerte und sich nach rechts zum anderen Wald hin davonmachte. Die langen Grashalme bewegten sich im Wind in wellenförmiger Harmonie, und die darin auf und ab tanzenden schlanken Leiber der fliehenden Tiere erinnerten an braune Delfine in einem grünen Meer.

Ich griff zum Zündschlüssel, um den Hürlimann wieder zum Leben zu erwecken, doch Alice hielt mich zurück. «Wart noch, bitte.»

Ich wandte mich ihr zu.

«Wir sind doch nicht im Stress, oder?», fragte sie.

«Sind wir nicht, nö», gab ich ihr recht. Ich spürte, die Kleine hatte etwas auf dem Herzen, ihre Hand strich fahrig über das Schutzblech, sie holte Luft, als wolle sie ansetzen, etwas zu sagen, brach jedoch ab und blickte zum Wald, in dem die Rehe verschwunden waren. «Was gibt's denn?», fragte ich vorsichtig. Keine Reaktion. Ich wartete.

Schließlich drehte Alice ihren Kopf wieder in meine Richtung und sagte: «Wir müssen was besprechen, weißt du?»

«Okay.»

«Also. Ich möchte nämlich gern öfter herkommen, zu Sonja und dir, verstehst du?»

«Das ist gut.»

«Aber ich weiß eben nicht, wie gut.»

«Sehr gut.»

«Echt?»

«Echt.»

Alice blickte an sich herunter, knuffelte an ihrer Jeans herum. «Aber ...»

«Was aber?»

«Aber wie weiß ich, ob es zu viel wird?»

«Was?»

«Na ja, dass ich da bin, und ihr müsst mich holen am Bahnhof und ...»

«Und?»

«Na, weißt du, Erwachsene müssen ja nett sein zu Kindern, oder sie tun wenigstens so. Und wenn ich euch frage, ob ich kommen darf, müsst ihr doch auch nett sein, ihr seid ja wirklich nett, und dann sagt ihr ‹ja›, obwohl ihr vielleicht gern ‹nein› gesagt hättet.»

«Hmmm», sagte ich, «das Problem kenn ich. Das hatte ich in der Schweiz andauernd. Ich wusste nie, ob der andere, was er so nett sagt, auch so nett meint, wie er es sagt. Das ist echt ein doofes Gefühl.»

«Und was haste da gemacht?»

«Ich bin weggegangen.»

«Hierher», ergänzte Alice.

«Ja, und hier lernte ich, dass alle alles einfach sagen, wie sie es meinen. Was sie doof finden, was sie gut finden, hier sagen alle, wie es ist. Wenigstens die meisten. Und die, die es nicht so sagen, wie sie es meinen: selber schuld. Die anderen nehmen es trotzdem so, wie es gesagt wurde. Das macht die Sache viel einfacher.»

Alice dachte mit ernstem Gesichtsausdruck nach. Sie ließ sich Zeit. Ich mochte das sehr, das Nachdenken und Zeitlassen dieses Kindes. Schließlich kam sie zu einem Ergebnis: «Das ist gut. Das ist, glaube ich, in Berlin auch anders, aber so wie es hier ist, das gefällt mir. Dann machen wir das auch so, ab jetzt, ja?»

«Sehr einverstanden. Du fängst an.»

«Also», Alice blickte mich voll an und sagte fast feierlich: «Dieter, ich will oft kommen. Sehr, sehr oft sogar. Ohne Mama. Nur ich.»

«Und ich werde es gut finden, wenn du oft kommst. Auch wenn du sehr, sehr oft kommst.»

«Und wenn es doch mal nicht so gut ist?»

«Dann sag ich: ‹Schön, dass du kommen willst, aber im Moment ist es gerade nicht so gut.›»

«Und wenn ich schon da bin und dich nerve?»

«Sage ich, ‹du nervst›, und ich sage, was mich nervt. Und wenn ich dich nerve, sagst du, was dich nervt.»

«Jeder macht einfach, wie ihm ist, und solange keiner sagt, es nervt, ist alles gut?»

«Ja!»

Alice streckte ihre kleine Hand aus. «Dann machen wir das so, ab jetzt.»

Ich nahm ihre Hand in die meine. «Ja, wir haben jetzt eine Abmachung.»

«Geschworen?»

«Geschworen!»

Sie drückte meine Hand, ich die ihre. Ich empfand bis in alle Tiefen hinab: Diese Abmachung war todernst und wir beide waren gewillt, sie einzuhalten, komme, was da kommen wolle.

«Also», sagte Alice, «dann fangen wir an.»

«Auf geht's», sagte ich und wollte den Zündschlüssel drehen und losfahren, als Alice mich abermals stoppte.

«Ich sagte: Dann fangen wir an. Du kannst doch nicht losfahren, ohne angefangen zu haben!»

«Was meinst du?» Ich verstand nicht, was sie noch wollte, die Abmachung stand doch, wie 'ne Eins!

«Na, mit dem Sagen, was nervt, damit müssen wir doch jetzt anfangen!»

Zack, sie hatte recht! Verdammt, sie hatte mich voll erwischt. In Erwachsenenmanier hatte ich gedacht: Alles beredet, alles klar, so machen wir's ab jetzt. Und völlig vergessen, dass dieses «Ab jetzt» das «Jetzt» beinhaltet. Und wohl auch das «Bis jetzt».

«Du willst von mir wissen, was mich an dir nervt? Oder schon mal genervt hat?»

«Ja, klar!» Alice hatte einen leicht ungeduldigen Ton. «Haben wir doch gerade eben abgemacht, hm? Schon vergessen?»

Puh. Welche Konsequenz dieses Mädchen hatte, Respekt!

«Also gut, ich fang an. Dannach bist aber du dran.» Alice nickte. «Also», fuhr ich fort und dachte: Wie sag ich's diplomatisch? «Sie ist noch ein Kind, also Vorsicht, hä, jetzt nur keinen Fehler machen, oder?», mischte sich der kleine Schweizer ein.

«Also, um ehrlich zu sein …» Das war schon Scheiße. Wie konnte mir diese Dummdeppenfloskel nur rausrutschen? Ich hasse sie. Wenn Menschen einen Satz anfangen mit «Um ehrlich zu sein» oder «ehrlich gesagt», kann man davon ausgehen, dass jetzt eine Lüge kommt. Oder, dass sie bisher gelogen haben. Und nun musste ich mich selber hören, wie ich gegenüber einem Kind (!) diese Floskel absonderte.

«Vergiss es», sagte ich. «Nicht um ehrlich zu sein, sondern weil wir ein Abmachung haben: Mich nervt öfter mal deine altkluge Art.»

Alice war nicht geschockt. Blitzschnell kam: «Aber ich bin doch klug, oder?»

«Stimmt», erwiderte ich, «verdammt klug sogar. Aber überhaupt nicht alt, du kleiner Zwickel. In deinem klugen Hirn denkst du dir einen Brei zusammen aus Dingen, die du gehört hast, ohne dich zu fragen, ob das überhaupt Sinn macht, und vermischst diesen Käse dann mit Dingen, die du selber irgendwie mitgekriegt hast, und dann backst du daraus einen Behauptungspudding und servierst ihn der Welt als kluge Wahrheit. Und es ist dir egal, ob es womöglich noch ein paar andere Wahrheiten gibt und du dich gerade schrecklich blamiert hast. Und ich will nicht, dass sich jemand blamiert, der so klug ist wie du und den ich so mag wie dich. Und drum nervt's mich.»

Alice hatte sich den ganzen Sermon ruhig angehört und mich dabei keine Sekunde aus den Augen gelassen. «Das nervt? Und ich dachte, es macht, dass du mich gut findest. Weil du dann denkst, die weiß aber schon viel für ihr Alter.»

«Ich finde dich gut, weil du Alice bist, nicht weil du die allwissende Alice bist.»

«Aber wenn ich was sage, dann glaub ich doch, dass ich es weiß. Ich kann doch nicht vorher immer fragen, ob das auch stimmt, was ich denke, was ich weiß, verstehst du?»

«Versteh ich, und ich sage dir: Doch, du kannst immer fragen, ob das stimmt. Wer fragt, der wird wirklich klug.»

«Und das nervt dich dann nicht, die Fragerei?»

«Nein. Und wenn doch, sag ich das und warum die Frage nervt.»

«Und wenn deine Antworten nicht stimmen?»

«Dann haben wir beide Pech gehabt und blamieren uns. Und darum strenge ich mich ebenfalls an, niemals aufzuhören mit dem Fragen.»

Ich musste lachen und begriff: Diese Alice könnte, wenn sie richtig loslegen würde mit der Fragerei, zur Herausforderung werden.

«Gut, Dieter, ich denke darüber nach, und dann sag ich dir, was ich herausgefunden habe.»

«Gut», sagte ich. Was war das für ein Kind, das Denken ankündigt und es zweifellos auch tun würde. Ich erkannte: Alice war wirklich eine ganz Besondere.

«Jetzt du!», forderte ich sie auf.

«Was mich an dir nervt?»

«Ja, du bist dran.»

«Nix.»

«Nix?»

«Nö.»

«Holla.»

«Mhm.»

«Ähm, dann ... dann fahren wir jetzt, oder?»

«Was ist mit Sonja?», fragte Alice. «Ist die auch einverstanden, wenn ich sehr oft komme?»

«Frag sie.»

«Mach ich. Jetzt kannste fahren, Dieter.»

Und Alice machte es. Sie fragte auch Sonja, und die beiden trafen ihre Abmachung ebenfalls.

Von da an wurde uns mit jedem Besuch von Alice deutlicher bewusst, welch unglaubliche Konsequenz und Beharrlichkeit dieses Kind an den Tag zu legen imstande war. Sie hat in all den Jahren seit damals die Vereinbarung kein einziges Mal vergessen oder gar gebrochen. Die Latte, die Alice legte, war verdammt hoch, und zwang uns, ihr gegenüber eine Ehrlichkeit und Aufrichtigkeit walten zu lassen, die ihresgleichen sucht. Nichts konnte verdrängt oder verschoben werden, alles musste auf den Tisch. In der Folge hatte Alice auch einiges einzustecken, viele Tränen sind geflossen. Der Verzweiflung, der Trauer, aber auch der Freude. Ob Schulprobleme oder kleine Notlügen des Alltags, alles kam zur Sprache und wurde geklärt. Immer vor dem Hintergrund des Bekenntnisses zu Anfang. Alice war ein Musterbeispiel an Kritikfähigkeit. Sehr oft noch sollten wir von ihr den Satz hören: «Ich denke darüber nach und sag dann, was ich herausgefunden habe.» Und sie *dachte* nach und *sagte*, was sie herausgefunden hatte. Diese Gabe der Selbstreflexion, da konnten wir und so manch anderer Erwachsene sich ein mächtiges Stück abschneiden. Auch in der Umsetzung gewonnener Erkenntnisse war Alice fast beängstigend klar. Sie begann zu fragen, zu zweifeln, ihre Meinung zu überprüfen und auf diese Weise ihr Wissen immer mehr zu erweitern. Es war phantastisch, diesem staunenswerten Kind beim «Großwerden» zuzusehen.

Bald war Alice vom Hof nicht mehr wegzudenken, sie gehörte einfach dazu, «zur Bande», wie Sonja gerne sagte. Und das nicht nur in Ferienzeiten. Es gab immer mal wiederkehrende Phasen, in denen Alice die Klarheit des Landes brauchte, um die Kompliziertheit und Unverbindlichkeit der Stadt zu verdauen. Und sie war bereit, einen nicht zu unterschätzenden Preis dafür zu bezahlen, nämlich um fünf Uhr morgens auf dem Hof aus den Federn zu müssen, damit sie mit Fahrrad und Öffies die Schule in Berlin rechtzeitig erreichte – und abends denselben langen Weg zurück. Dann Hausaufgaben machen, essen, schlafen. Eigentlich hatte sie fast nichts vom Land und dem Hof, dennoch: Sie schien entschieden zu haben, dass sie das jetzt brauchte, und sie zog das durch in einer Beharrlichkeit und Disziplin, wie sie uns mehr nicht hätte imponieren können. Und ab einem bestimmten, rückblickend nicht mehr näher zu verifizierenden Zeitpunkt fühlten wir, was wir geworden waren: Alices Adoptiveltern. Nur umgekehrt: Hier waren zwei Erwachsene adoptiert worden von einem Kind.

Lebensgefahr

Ich stehe neben dem Truck auf der Weide und mache mir ernsthafte und berechtigte Sorgen um Leib und Leben derer, die sich im Inneren befinden. Den Geräuschen nach zu urteilen ist da drinnen die Hölle los. Entfesselte Urelemente, gewalttätiges Chaos: donnergleiches Rumpeln und Poltern, Brüllen von Kühen, Schreie von Menschen.

«Heeeeiiii, heeeeiii, heeiiii. Uooooaaa Uoaaaaa Uooooaaaa.» Sonja.

«Jetzt gib ab Ruaaaaaaa, gib a Ruaaaaaa, Schatziliiiiiiiiiiiiiii – aua!» Waldemar.

«Da rüber, da rüber, ich komm so nicht ran ... Vorsicht, sooo ... jetzt, neiiiiin, nicht so, sooooo.» Tierarzt.

Und das alles zeitgleich, in wilder Kakophonie.

Ich halte das nicht aus, denke ich, das ist Wahnsinn, das geht so nicht, das ist Selbstmord. Und verfluche mich, dass ich nicht darauf bestanden habe, mit hineinzugehen. Oder, noch besser, Sonja schlichtweg zu verbieten, sich unverantwortlicherweise dieser Gefahr auszusetzen. Die ist aber auch stur, diese Frau! «Das sind meine Tiere, ich bin die Bäuerin, ich bin verantwortlich, ich geh da rein», hatte sie bestimmt. Und Waldemar, der sich inzwischen in einen knallgelben Overall gezwängt hatte – «Des mögen die Kühe, gell, Gelb lieben die, des wirkt so beruhigend» –, der gelbe

Waldemar also, hatte Sonja auch noch Schützenhilfe gegeben: «Klar, so muas des sei, gell, die Sonja ist wie meine Mutter, die ist auch immer selber hingstand'n, wenn es gegolten hat, immer, gell!»

«Aber wenn was passiert?», hatte ich protestiert, unter heftigen Solidaritätsbekundungen des kleinen Schweizers. Doch Waldemar hatte mir das Wort abgeschnitten: «Genau, Dieter, wenn etwas passiert, ist immer gut, wenn einer draußen ist, dem nix passiert ist, weil der kann dann die Hilfe organisieren. Drum: Bleib du draußen und gib Obacht, gell!»

«Also, können wir, ich hab noch 'n Kongress in Berlin!» Hatte der Tierarzt gesagt, der seine Slipper dann doch noch gegen Gummistiefel getauscht, sich der Krawatte und des Jacketts entledigt hatte und in einen blauen Arztkittel geschlüpft war. Und dann waren die drei über das Absperrgitter zu den Büffeln hineingeklettert.

«Moment …», hatte ich noch einen letzten Versuch gemacht, das Unheil abzuwenden. «Herr Doktor, können Sie nicht wiederkommen, wenn wir die Tiere auf der Weide und die sich eingewöhnt haben? Dann können Sie ihnen doch in aller Ruhe das Blut für den Labortest abnehmen …»

Doch der Tierarzt war plötzlich sehr amtlich geworden. «Die Tiere sind unmittelbar nach Ankunft zu bluten. Ist das klar? So sind die Bestimmungen. Und das ist auch gut so. Ich habe in meinem Gebiet seit zwanzig Jahren keine einziges Seuchenproblem gehabt, und ich bin entschlossen, dass das auch so bleibt. Ich würde die Tiere ja gern aussteigen lassen, wenn Sie, lieber Herr Moor, einen Behandlungsstand hätten. Ich seh hier aber keinen. Also bleibt als einzige Möglichkeit, die Tiere zu fixieren und zu bluten hier drin, im Transporter. Und jetzt lassen Sie uns bitte unsere Arbeit machen.» Er hatte sich entschlossen abgewandt und die erste furchterregend große Spritze aus seiner Tasche geholt.

«Jetzt mach dir keine Sorgen, Dieter, des krieg ma scho hin. So, und jetzt Klappe zu», sagte Waldemar und betätigte einen Schalter im Inneren des Transporters. Sirrend begann die Klappe nach oben zu fahren. Das Letzte, was ich von meiner Sonja sah, bevor sie hinter der unerbittlichen Stahlwand verschwand: Sie winkte mir lächelnd zu – und erinnerte stark an jene tapfere Astronautin, die auch gewinkt und gelächelt hatte, bevor sie das Space Shuttle «Challenger» bestieg, um kurz darauf vor den Augen der Weltöffentlichkeit in einem Feuerball zu verglühen ...

Die Klappe war eingerastet, ich war zurückgetreten, dazu verurteilt, hilflos abzuwarten. Hinzunehmen, was nun geschah. Egal, wie schlimm es kam.

Wie ein gefangenes Tier tigere ich neben dem Auflieger hin und her, fühle mich so überflüssig wie ... wie eine Friedenstaube im Generalstab, ein Wandnagel im Pudding, ein Ruderboot in der Wüste, wie ein kleiner Schweizer im großen Brandenburg.

Ich kneife mich, wache aber leider nicht auf aus diesem Albtraum.

Wie kommt es, frage ich mich, dass ich Todesängste um meine Sonja ertragen muss, statt mit ihr am Prenzlauer Berg im Alternativ-Kneipchen um die Ecke ein Bio-Schafmilch-Eis zu frühstücken, bevor wir uns wieder in unsere Designer-Dachterrassen-Altbauwohnung hochliften lassen, um den ausgesucht exquisiten Brunch für unsere ausgesucht exquisiten Freunde vorzubereiten, die zu Mittag zum gepflegten Kultur-Talk erscheinen und neidvoll unser De-Sede-Sofa aus weißem Ziegenleder bewundern würden? Und natürlich auch die Kois im Riesenaquarium, das die Luxus-Bulthaup-Kochinsel abgrenzt vom stilvollendeten handlackierten Kirschholzesstisch und der Manufactum-Weingläser-Vitrine. Wie kommt es, dass ich hier diese Bullenscheiße, Bullenscheiße, Bullenscheiße mache, statt in Hauptstadtgalerien Banal-Smalltalk zu

Grünem Tee, Ingwerlikör und Asia-Häppchen abzusondern oder in handgenagelten Budapester Schuhen das historische Parkett meines persönlichen Star-Hairstylisten zu malträtieren, auf dass das Erscheinen meiner Person beim Gala-Empfang der Schweizer Botschaft bei den mit Klunkern behängten und Fendant-illuminierten Damen angemessen Eindruck hervorzurufen imstande sein wird?

Warum stattdessen diese Bullenscheiße, Bullenscheiße, Bullenscheiße?!

Ich ahne, warum: Weil mich dies sinnentleerte Urban Life unendlich langweilen würde. Andererseits: Muss denn das Landleben gleich mit solch tonnenschwerem Stress aufwarten?

Etwas Flatteriges bewegt sich, vom Dorf her kommend, in Richtung Sattelschlepper. Bunt flackert es immer wieder durch das Grün des Alleengebüschs. Ich erkenne ein Blumenkleid, ein Fahrrad, einen Strohhut. Alice! Sie springt noch im Fahren ab, lässt den Drahtesel achtlos in das Buschwerk sinken und eilt mit weit ausholenden Schritten auf mich zu. «Bullenscheiße», schimpft sie, «ich komm zu spät!»

Ich hatte nicht mit ihr gerechnet. Zwar hatte sie sich gewünscht, bei der Ankunft der Kühe unbedingt dabei sein zu wollen, jedoch, wie's der Teufel will, gestern Abend war Alice zu einer Sommerferien-Fete von «so 'ner Schulfreundin, weißt du?» eingeladen gewesen, und ich weiß aus eigener Erinnerung, wie wichtig es für Teenager ist, solche Anlässe möglichst erwachsen durchzuziehen, sprich: möglichst lange. Um tatsächlich kurz nach sieben bei uns in Amerika sein zu können, hätte sich Alice um fünf Uhr früh aus ihren Stadt-Federn quälen müssen, und das konnte, bei allem Respekt, nicht mal sie schaffen. Nicht nach einer Erwachsenen-Nacht. Aber sie ist gekommen! Hammer-Kind! Die Bande ist vollzählig, Alice ist da. Ich fühle mich schlagartig besser.

«Alice-Kind!», rufe ich.

«Wo sind die Kühe und die Büffel?», fragt sie atemlos und drückt mich kurz zur Begrüßung.

«Noch im Lastwagen», informiere ich sie. «Bist noch rechtzeitig.»

«Gott sei Dank.» Alice ist erleichtert. «Puh, ich dachte schon … Und, wie sind sie drauf, kann ich gucken? Wo sind sie? Wo ist Sonja?»

«Im Moment kannst du nicht gucken, weil die Klappe zu ist. Sonja ist bei den Büffeln drinnen und versucht sie zu bluten, was die wiederum überhaupt nicht witzig finden, und dementsprechend sind sie grade nicht so gut drauf.» Ich verstumme, und Alice lauscht mit wachsendem Entsetzen dem unheilvollen Lärm hinter der eisernen Wand.

«Das klingt nicht gut! Wir müssen helfen, Sonja wird doch zertrampelt da drinne …» Und schon stapft sie los.

«Halt!» Ich erwische Alice gerade noch am Ellenbogen. «Bitte, mach nicht noch mehr Stress.»

Sie sieht mich an. «Wie denn? Mehr Stress, als da schon ist, geht doch gar nicht.»

«Doch, Alice. Sonja packt das schon, da müssen wir jetzt alle durch. Wir können nichts tun als warten, und wir sollen auch nichts tun als warten.»

«Aber warum? Warum bist du nicht bei Sonja?»

Boing. Sie hat mich wieder mal genau am Punkt erwischt. Kleinlaut muss ich zugeben: «Sie hat mich nicht gelassen.»

Alice drückt ihren Strohhut nach hinten und reißt ihre blauen Augen auf: «Was? Sonja *wollte*, dass du draußen bleibst? Sie ist *freiwillig* alleine da reingegangen?»

«Na ja, nicht ganz alleine.» Ich deute auf den Silber-Mercedes. «Der Tierarzt ist auch drin. Und Waldemar.»

«Waldemar?»

«Ja, der Fahrer von diesem Monsterding da.»

Alice pflanzt sich vor mir auf, stützt ihre dünnen Ärmchen in die Seiten und kräht: «Hab ich das richtig verstanden? Du hast zugelassen, dass Sonja da alleine reingeht, nur mit dem Tierarzt und dem Monsterfahrer und ohne dich? Bloß weil sie das so wollte?»

«Äh … ja!»

Alice lässt die Arme fallen und mustert mich. Sie denkt nach. Sie guckt auf ihre Schuhe, dann wendet sie sich um, betrachtet den Laster, lauscht dem Chaos in seinem Inneren, denkt wieder nach und kommt zu einem Ergebnis. «Wenn Sonja das so wollte, wie es ist … dann ist es gut so, wie es ist.» Spricht's und lässt sich an Ort und Stelle ins Gras fallen, faltet ihre Beinchen zum Schneidersitz, blickt zum Laster und … wartet.

«Was machst du denn da?», frage ich.

Sie streckt den Rücken durch und antwortet, ohne den Blick vom Laster zu lösen: «Das Einzige, was wir, wie du ja schon sagtest, tun können: Warten.»

Alice schweigt und gibt sich diesem Einzigen, was wir tun können, ganz hin. Das Poltern im Wagen dauert an. Da! Menschen schreien! Kurze Stille. Dann die Stimme des Tierarztes: «Na also, warum nicht gleich.»

Waldemar: «Jetzt, zier dich halt nicht so, Schatzili.»

Sonja: «Rüber da! Uooooaaa! Uoaaaaa! Uooooaaaa! Verdammt … autsch!»

Ich setze mich neben Alice. Ächzend verkreuze ich ebenfalls meine Beine, vielleicht wirkt es ja beruhigend. Bei Alice scheint es jedenfalls enorm zu wirken. Bei mir nicht. «Verstehst du, Alice, wenn Sonja da drinnen was passiert, wenn sie verletzt wird, querschnittgelähmt, getötet, dann können wir einpacken, dann ist der Hof im Eimer. Ein Hof mit einer toten Bäuerin, absurd. Oder mit 'ner Rollstuhl-Bäuerin … Wenn meine Sonja da nicht pumperlgesund wieder rauskommt, dann kann der Bayer seine Kühe gleich wieder mitnehmen.»

«Unsere Kühe!»

«Hä?»

«Unsere Kühe, es sind unsere Kühe, oder seh ich das falsch?»

Ich freue mich, dass Alice «unsere» gesagt hat. «Na, dann eben *unsere* Kühe, dann nimmt er eben unsere Kühe wieder mit, ist mir doch egal. Wichtig ist doch nur, dass Sonja sich da drinnen … ach …» Ich verstumme. Was soll ich das arme schwache Kind da neben mir unnötig aufregen.

«Nun reg dich nicht unnötig auf, Dieter», sagt Alice völlig ruhig. «Das bringt doch nichts. Sonja weiß, was sie tut.»

Und wie um Alices Optimismus zu verhöhnen und Lügen zu strafen, steigert sich das Rumpeln im Wagen zum Crescendo molto fortissimo und bricht unvermittelt ab. Stille. Lange Stille.

«Ditaaaaaah!» Sonja! Wie zwei Sprungfedermännchen schnellen Alice und ich synchron aus dem Gras und laufen zur Heckklappe.

«Was ist, mein Schatz, was ist passiert, brauchst du einen Krankenwagen, wie geht's dir? So sag doch was …»

Stille. Bedrückende Stille.

«Sonja?», fragt Alice zaghaft, ihre Stirn an die Eisenwand gelehnt.

«Alice-Kind, sag Dieter, er soll nicht so einen Lärm machen, da werden ja die Büffel nervös.» Das glaube ich jetzt aber nicht. Ich mache die Büffel nervös, ich bin der Nervösmacher? Ich möchte dezidiert festhalten: Ich bin der nervös Gemachte! «Wir sind fertig, alles gut, wir kommen jetzt raus», hören wir Sonja ruhig, fast zärtlich hinter der Blechwand.

«Obacht, geht's weg von der Klappe», lässt Waldemar sich hören. Dann sirrt es, die Klappe bewegt sich. «Achtung, Klappe kommt!»

Coole Kühe

Alice und ich treten ein paar Schritte zurück. Das Kind, pardon, der Teenager, starrt gebannt auf die sich senkende Ufo-Luke. Dahinter tauchen drei offenbar unverletzte Superhelden auf. Mit leicht gegrätschten Beinen stehen sie nebeneinander hinter der Stahlrohrabsperrung. Das Alpha-Team! Links: der hagere Tierarzt Dr. X mit seiner Arzttasche. Rechts: der Raumpatrouille-Captain Waldemar in seinem gelben Survival Suit. Und in der Mitte – Trommelwirbel, die Geigen jaulen, die Bläser dröhnen, die Pauken pauken: die Herrin der Galaxis, die gleichermaßen schöne und wilde, die alles überstrahlende und ewig unbezwingbare Queen of the Universe: Sonjaaaaa!

Als die drei mühevoll über die Abtrennung kraxeln, verflüchtigt sich die Cinemascope-Hollywood-Vision abrupt, das Alpha-Team schrumpft in die Dimension des echten Lebens: drei Leute, die getan haben, was getan werden musste, froh, es hinter sich zu haben.

«Grüß dich, Alice-Kind! Ja, schön, dass du da bist.» Sonja strahlt über das ganze Gesicht und drückt Alice an sich. «Sie sind gekommen, Alice, siehst du? Die Kühe sind da!»

«Hab ich bemerkt, ja. Dieter war in Panik um dich wegen des Gerumpels, aber ich kriegte ihn zum Glück wieder einigermaßen runtergecoolt.»

Sie begrüßt den Tierarzt und Waldemar per Handschlag. «Tag, ich bin Alice, das Kind.»

«Und ich bin Benedict, der Tierarzt.»

«Und ich Waldemar, der Fahrer. Grüß Gott, Alice-das-Kind!»

«Ach du grüne Neune», sagt Alice und geht zur Absperrung. «Sind die schööön!» Die Büffel stehen jetzt vollkommen ruhig da, als wäre nichts gewesen, kein Bluten, keine Aufregung, kein Poltern. Sie stehen fast bewegungslos und schauen mit ihren sanften dunklen Augen mit den mächtigen Wimpern zum Kind. Wie Wesen, die eine Ewigkeit in einem Zen-Kloster verbracht und die letzten Geheimnisse des Universums enträtselt haben. Sie ruhen ganz und gar in sich. Oder im Hier und Jetzt.

«So, ich muss dann», sagt der Tierarzt. «Bin schon wieder spät dran. Also, Frau Moor, bis demnächst. Und ... Gratulation, prächtige Tiere haben Sie da. Dass endlich wieder Großvieh auf diesen Wiesen steht, das freut mich.»

«Und wie's mich erst freut!», lacht Sonja. «Danke, Herr Doktor, fürs Kommen und Ihre Hilfe. Und viel Spaß bei Ihrem Kongress!»

Der Veterinär verzieht das Gesicht. «Spaß? Wollen Sie mich veräppeln? In Krawatte und Joppe gezwängt bis morgen Abend? Von so was hab ich geträumt!» Er winkt kurz, setzt sich, ohne sich abermals umzuziehen, in seinen Silberpfeil und braust nach einer gekonnten Dreipunktwendung auf der schmalen Allee davon.

«Guuuter Typ», bemerkt Sonja ihm nachblickend. «Der hat's wirklich drauf.»

«Aber», wende ich ein, «er fährt einen silberfarbenen ...»

«Ich weiß», unterbricht mich Sonja. «Und? Mit den Kühen kann er gut, und ich kann gut mit ihm. Das ist doch, was zählt, stimmt's?»

Ich nicke. Wo Sonja recht hat, hat sie recht. Wie so oft.

«Also, pack mer's», lässt Waldemar sich vernehmen. «Jetzt dürfen's endlich raus, die Prinzessinnen, gell!»

Sonja übernimmt sofort das Kommando, Bäuerin in Aktion: «Alice, mach bitte den Weidedraht auf. Dieter, du stellst dich hier hin und schaust, dass sie nicht die Straße nehmen, sondern sofort zur Weide einbiegen, ich stell mich da her und blockiere nach rechts, Waldemar, du machst bitte die Absperrung auf, aber nur so weit, dass sie einzeln rauskommen müssen.»

«Scho recht, Sonja, bin ja kein Anfänger, gell.»

«Ist die Weide offen, Alice? Sehr gut, dann kannst du Dieter helfen, die Straße zu sichern. Waldemar, alles bereit?»

Ich staune: Sonja agiert, als hätte sie ihr Lebtag nie etwas anderes gemacht als Kühe auszuladen. Es gibt ja Menschen, die sich in Sekunden in eine ihnen völlig unbekannte Situation hineinfinden, sie analysieren und instinktiv wissen, was zu tun ist, Menschen, die mit einer Art Lebensintelligenz ausgestattet sind. Ich erkenne einmal mehr: Sonja gehört definitiv zu diesen.

Ich hingegen fühle mich dieser neuen Erfahrung, die ich hier und jetzt zu machen habe, ob ich will oder nicht, einigermaßen hilflos ausgeliefert. Hier stehe ich (und kann nicht anders) neben der kleinen Alice vor dem Riesenlaster, aus dem in wenigen Sekunden Riesen-Tierleiber, tonnenschwere Kraftpakete herauskatapultieren werden, von null auf hundert in null Sekunden! Und nichts wird sie aufhalten können, schon gar nicht ein älterer Herr und ein dünner Teenager, die der animalischen Urgewalt nichts entgegenzusetzen haben als ihre lächerlich mickerige körperliche Präsenz und ihre Ärmchen, die sie, wie zur Steigerung ihrer Lächerlichkeit, seitlich weit ausstrecken. Vielleicht in der zaghaften Hoffnung, den Tieren, wenn nötig, fliegend ausweichen zu können.

«Alles in Ordnung mit deiner Unfallversicherung? Und der Haftpflicht?», meldet sich der kleine Schweizer. Verdammt, er hat recht: Das hier ist viel zu gefährlich für Alice-Kind. Ich hole Luft, um sie in die sichere Zone hinter den Weidezaun zu schicken, da höre ich

Waldemar rufen: «Achtung, Schatzis kommen!» Der Wahnsinnige! Lachend klinkt er die Absperrhaken auf einer Seite des Stahlrohrgatters aus und schwenkt es leicht nach hinten, sodass sich eine Öffnung von der Breite einer Kuh auftut. In dieser Position fixiert er das Gatter mit einem Querbolzen am Boden. Zwischen uns und den Büffeln ist jetzt nur noch … ist gar nichts mehr. Und jetzt, jetzt gleich – mir stockt der Atem, jetzt passiert … nichts.

Nach etlichen zähfließenden Sekunden dreht eine der Büffelinnen in aller Ruhe den Schädel Richtung Ausgang, schaut, überlegt und lässt sich schließlich gnädig dazu herab, die Sache doch mal genauer zu inspizieren. Sie vollführt drei, vier gravitätische Schritte bis zum Durchgang. Sie bleibt stehen. Prüft die Rampe. Schätzt die leichte Schräge zur Straße ab. Schaut zu Alice und mir.

Offensichtlich nimmt sie Maß für ihr Überrennmanöver!

Meine Arme spannen sich reflexartig in die Waagrechte. Die Büffelin senkt den Kopf, ihre beeindruckenden Hörner sind auf gleicher Höhe wie Waldemars Knie. Der lässt sich natürlich nicht aus der Ruhe bringen, kein Wunder, er steht ja relativ sicher neben der Absperrung und nicht, wie leider wir, genau in der Angriffsachse.

Die Büffelin setzt eine Klaue nach vorn, wartet, berechnet, entwickelt ihre Strategie. Tritt mit der zweiten Klaue vor die erste und schiebt ihren dunkel behaarten Körper nach. Sie kommt langsam auf Touren, gerät in Schwung und … trottet gemütlich die Schräge hinab, gefolgt von den anderen. Sie erreichen die Straße, und als ob wir es für eine Zirkusnummer geübt hätten, schwenken sie brav vor uns ab, Richtung Weide. Der ganze Büffelkonvoi, dessen Schlusslicht die Galloway-Kuh mit der Lizenz zum Fliegen bildet, wie eine wunderschöne Kastanienkette. Kaum registrieren die Tiere das Grün der Wiese, fallen sie in einen angedeuteten Trab, den sie aber nach wenigen Sekunden wieder abbrechen. Sie drehen sich zum Transporter um, und jetzt höre ich ihn zum ersten Mal: den knatternden, zugleich kehlig röhrenden Ruf der Büffel. Es klingt wild und exotisch. Ein Geräusch, das aus der Urgeschichte des Planeten in unsere Gegenwart dröhnt, ein durchdringender Ruf aus jener Vergangenheit, als diese Wiese Amerikas noch vom Sand des Nordmeers bedeckt war.

Auch die Galloway-Kuh hat sich umgedreht und stimmt ins Konzert ein. Ihr Ruf klingt in meinen Ohren wie pure Heimat, Kindheitserinnerungen tauchen auf an das vertraute Muhen der Schweizer Milchkühe. Die noch im Transporter verbliebenen Galloways erwidern das Lied ihrer befreiten Schwester sofort. Dreistimmig und voller Inbrunst.

«Ja, ja, Schatzeln, jetzt wartet's halt amal schnell!», ruft Waldemar, verschwindet behände im Inneren des Transporters und öffnet auch die hintere Absperrung. Und dieses Mal geht alles sehr zügig. Die Kühe durchqueren, ohne ihren Gesang zu unterbrechen, im Galopp den Laderaum, brettern die Rampe runter, schlagen mit verblüffender Wendigkeit vor uns einen Haken und laufen der kleinen Herde auf der Weide entgegen. Und jetzt, als ob jemand den Stecker aus der Lautsprecherbox gezogen hätte, verstummt das Kuhgerufe und Büffelgeknattere. Die acht Tiere stehen als lockere Gruppe zusammen. Und wieder macht sich schlagartig dieser eigenartig zufriedene Gleichmut breit. Die Kühe tauchen die Mäuler ins Gras und fangen ruhig und methodisch an zu fressen. Die Wiese wird mit dem einen oder andern Fladen markiert, platsch hier, platsch dort, und dann ist nur noch das rhythmische Rupfen von Grasbüscheln zu hören. Können Hornviecher zählen?, frage ich mich, woher wissen sie, dass sie zu acht sind, was macht sie so sicher, dass kein Artgenosse im Wagen zurückgeblieben ist? Ich staune.

«Machst du wieder zu, Alice?», ruft Sonja, und die Kleine hängt die Plaste-Griffe des Elektrodrahts in ihre Halterungen zurück.

Geschafft!

Wir blicken uns an, wir schauen zu den Kühen, blicken wieder uns an. Ein Grinsen breitet sich über alle vier Gesichter.

«Yeahhh!», ruft Sonja, und wir klatschen uns ab, dass es eine Freude ist.

«Lass uns auf die Weide gehen, zu den Kühen, uns mit ihnen bekannt machen», schlage ich vor, da trötet ein heiseres Hupen aus der Allee. Ein blitzblauer alter VW-Bus, Ausführung Pick-up, eiert in halsbrecherischem Tempo auf uns zu: Gaby und Karl.

Gaby und Karl

Karls Blick kann sich niemand entziehen. Wer von seinen Augen fixiert wird, denkt unweigerlich an Feuer. Nicht an die Glut des temperamentvollen Südländers, solche Augen haben viele auf dieser Welt. Nein, das Feuer in seinen Augen leuchtet in kräftigem Blassblau. Es ist das Feuer des Nordlichts in der Weite des Eismeeres. Solche Augen hat nur Karl. Solche Augen gibt es eigentlich gar nicht. Der andere Karl, der May Karl, der hat von solchen Augen sehnsüchtig geträumt und sie seinen Helden angedichtet. Die Augen des Westmannes, der adlerscharfen Blickes die Weiten der Prärie durchschweift. Aber Karl May war ja ein Phantast gewesen, ein Fabulierer, in Wirklichkeit gäbe es solche Augen ebenso wenig wie den Schatz vom Silbersee – wenn … ja, wenn es Karl nicht gäbe. Karl hat sie, diese Eisfeuer-Augen.

Karls Augen machten vieles wett. Etwa seine für einen Mann doch eher kurz geratene Länge und seine für einen Kurzen zu XXL geratene Breite. Auch wenn es nicht wenige Frauen gab, die ihn als «quadratisch, praktisch, gut» bezeichneten, so gab es auch nicht wenige, die ihm nichtsdestotrotz gern verfielen. Und nicht selten in eher unschicklich kurzer Zeit. Was natürlich der Wirkung seiner Augen geschuldet war. Aber nicht nur seiner Augen. Karl konnte eine beträchtliche Menge von Charme entwickeln. Zudem entpuppte er sich öfter als ein willig sprudelnder Quell von humorvoll erzählten Anekdoten aus seinem alles andere als gleichförmigen Leben. Er hatte Geschichten ohne Ende auf Lager: von seiner Zeit bei den Hells Angels, in der Landkommune, von den vielen Geschäftsmodellen, die er mit allen möglichen Kumpels ausgeheckt und durchgezogen hatte, mal war schnelles Geld der Mühe Lohn, mal war schnelles Von-der-Bildfläche-Verschwinden angeraten.

Karl ist viel herumgekommen. Die ganze Welt hat er gesehen, mit seinen feuerblauen Augen. Als Schiffsmaschinist war er zur See gefahren, wie sich das für einen «Jung vom Watt» gehört, Südamerika, Karibik, alles gesehen. Und in Sachen computergesteuerter Textilmaschinen war er für die Japaner in ganz Asien unterwegs gewesen, damals in den frühen Achtzigern, als die Dinger noch eine Innovation waren. China, Korea, Vietnam, alles gesehen.

Wenn er von der großen Welt genug hatte und ihm nach der ruhigen kleineren war, kehrte er stets in seine Heimat und in seinen angestammten Beruf zurück. Und der war, was das damit verbundene Fraueneroberungspotenzial betrifft, besser als Ski-, Tennis-, Golf- und Body-Works-Lehrer zusammen. Er war: Hufschmied. Wer mit Pferden gut kann und ihnen wieder auf die Sprünge hilft, der kann bald auch gut mit den Pferdebesitzerinnen …

Genau genommen trifft die Bezeichnung «Hufschmied» bei Karls Methode der Pferdefußpflege den Nagel nicht wirklich auf den Kopf. Mit Eisen und Schmieden hat er schon längst nichts mehr am Hut. Hat es zwar gelernt, von der Pike auf: Erst Schmied bei seinem Vater, dann Weiterbildung zum Hufschmied, aber zu guter Letzt wollte es das Schicksal, dass er sich radikal von Eisenbeschlägen abwandte. Durch Zufall war er nämlich an Europas berühmtester Pferdeklinik der persönliche Hufschmied des berühmtesten Professors der Pferdemedizin geworden. Diese wissenschaftliche Koryphäe befasste sich mit den «Folgen der Einwirkung von Fliehkräften auf Pferdeextremitäten».

Um es kurz zu machen: In gestrecktem Galopp beschleunigt so ein Pferdehuf von null auf hundert Stundenkilometer in einer drittel Sekunde! Und bremst beim Aufsetzen genauso schnell wieder auf null ab, um im nächsten Augenblick wieder auf D-Zug-Tempo beschleunigt zu werden. Und das in rasend schnellem Rhythmus.

Wenn man sich nun in die Lage eines solchen Hufs versetzt, wird schnell klar: Da wird mächtig gezerrt und gerissen an Knochen, Sehnen und Gelenken. Und dann ist auch klar, dass es keine gute Idee ist, diesen Huf durch Befestigung von schwerem Eisen noch wuchtiger und träger zu machen. Also entwickelte der Professor gemeinsam mit Karl eine Methode, die unbeschlagenen Hufe nur durch gezielte, millimetergenaue Bearbeitung mit Schnitzmesser und Raspel so zu formen, dass keine Sehne des Pferdebeins überlastet wird. Und für Notfälle oder bei Überbeanspruchung entwickelten sie einen Pferdeschuh aus leichtem Kunststoff, der mit einem speziellen, ebenfalls eigens entwickelten Heißkleber mit dem Huf verbunden wird.

So wurde Karl zum Großmeister gesunder Pferdefüße, und sein Ruf, selbst hoffnungslose Fälle wieder auf Trab zu bringen, breitete sich unter Pferdeleuten in rasendem Tempo aus. Bald war Karl in der Szene zur Legende geworden, und wer immer ein lahmendes Pferd sein Eigen nannte, versuchte Karl, den Retter, heranzuholen. Leute mit wertvollen Pferden scheuten dabei weder Kosten noch Mühen, diesen Wundermann notfalls auch von weit her anreisen zu lassen. Bei Rennstallbesitzern wurde er bald zum umschwärmten Star seiner Zunft.

Und da es auch im Arbeiter- und Bauernstaat durchaus Privilegierte gab und bei diesen wiederum das Bedürfnis, dem edlen Sport der ehemaligen Adelselite zu frönen, gab es auch eine berühmte Pferderennbahn. Und dazu natürlich, als wichtiges Zubehör, die Pferde. Sehr wertvolle Pferde. Und so kam es, dass Karl des Öfteren mal aus dem nördlichen Wessi-Land nach Brandenburg reiste, um auch den Rennpferden des – sagen wir mal – *etwas* besser gestellten «Proletariats» auf die Sprünge zu helfen. Und dort, in Brandenburg, wurde er schließlich von seinem Schicksal ereilt. Es hieß: Gaby.

Gaby, eine burschikose, sportlich gebaute Frau Mitte dreißig mit wild-wuscheligem Blondschopf, verfügt über ein im Grunde sehr umgängliches und lebensbejahendes Wesen, welches sie jedoch blitzartig eliminieren konnte, wenn ihr etwas gegen den Strich ging. Sehr gegen den Strich geht es ihr, wenn ein Tier gequält oder auch nur respektlos behandelt wird. Dann verwandelt sich Gaby, der fröhlichen Wildfang, in Gaby, die Furie, die fauchende Löwenmutter. Und es kann leicht sein, dass sie sich nicht aufs Fauchen beschränkt, sondern auch Zähne und Krallen einsetzt. Tiere gehen ihr über alles. Und von allen Tieren die Faszinierendsten sind in Gabys Augen: Pferde.

Ihnen hat sie ihr Leben gewidmet. Schon als Kind war sie bereit gewesen, in Pferdeställen zu schuften für den Lohn einer einzigen glücklichen Stunde auf dem Rücken eines Pferdes. Später ließ sie sich zur Pferdepflegerin ausbilden, dann zur Bereiterin und schließlich zur Pferdewirtin. Alles mit Diplom. Und sie entwickelte ihre eigene Methode, Pferde zur Zusammenarbeit zu motivieren. Eine Methode der Sanftheit, des Vertrauens, des Respekts. Mit den klassischen Herrenreitern, die ihre Tiere mit Gerte und scharfer Trense zum Gehorsam zwangen, focht Gaby manch heftigen Strauß. Die Erfolge, die sie mit ihrer Ausbildungsmethode erreichte, dienten ihr als gute Argumente; Erfolg war nun mal nicht wegzudiskutieren. Mit diesem Erfolg war sie dann auch zu ihrem Job gekommen, hier beim staatlichen Renommiergestüt auf dem Rennbahngelände. Damit hatte sie ihre Erfüllung gefunden. Pferde, Pferde, Pferde. Und auch ihren ganzen Stolz, ihren großen Schatz, hatte sie hier unterbringen können: Marlon, einen wunderschönen Trakehner Wallach.

Als es plötzlich hieß, man überlege, wegen drei, vier Problempferden doch mal diesen berühmten Hufkleber-Wessi beizuziehen, da war Gaby ja gleich dagegen gewesen. Hatte man hier im Osten denn etwa nicht genügend eigenes, bestens ausgebildetes Fachpersonal? Aber nein, die Chefetage musste ja unbedingt ausgerechnet diesen BRD-Fischkopp ranholen. Was für eine Blamage, wie peinlich!

Und als Gaby den Wessi-Promi dann zum ersten Mal sah ... Schon wie der hier ankam, als wäre er direkt vom Himmel herabgeschwebt mit seiner feuerroten schwedischen Protzkarre. Und dann: Wie der ausstieg und einen auf dicke Eier machte, wie der mit seinen kurzen Stampfbeinchen schlackerte, während er Richtung Stall stolzierte, erzählend und lauthals lachend, damit auch ja jeder mitkriegte, dass ER jetzt seinen Auftritt hat, seine Wichtigkeit aus Besserdeutschland, einer, der weiß, wie's geht und es diesen Ossi-Luschen jetzt mal zeigt. Widerlich.

Karl kam in schöner Regelmäßigkeit, so zirka alle zwei Wochen. Und Gaby ging er immer mächtiger gegen den Strich. Sie konnte einfach nicht verstehen, was die ganzen anderen Mädels an dem Kerl nur finden konnten. Wie der schäkerte und lamentierte und seine ollen Kamellen von der großen Welt da draußen zum Besten gab, okay, ja, er konnte ganz unterhaltend erzählen, zugegeben, aber mussten diese doofen Lotten denn deshalb gleich ihre Titten recken, sich in die Haare fassen und mit den Wimpern klimpern? Ekelten die sich denn gar nicht vor dieser Stummelpfeife, die dem Typen permanent im Mundwinkel hing wie ein verschrumpeltes Mini-Saxophon und sein Kinn verschmodderte? Und dieser Schnurrbart erst! Wie konnten sich die Mädels auch nur ansatzweise vorstellen, so etwas zu küssen? Das sah ja aus wie 'ne unter die Dampfwalze geratene Schuhbürste. Ein anständiger Mann hatte so was vielleicht im Spind, aber doch nicht im Gesicht! Aber das sahen die doofen Lotten ja alles gar nicht. Wie hirnlose Hypnoseopfer fielen die auf seine blauen Leucht-Glubscher herein, mit denen er sie antropfte, der Geilsack. Und schon hatten die nichts Besseres zu tun als loszuzwitschern: «Karl, kommst du dann auch mal zu meinem Pferd? In meine Box?» Ha, warum nicht gleich: «In meine Koje, auf meine Matte!» Schlampen, das. Wessi-Wind-Löcher.

Karl jedoch genoss natürlich die Zuwendung, die ihm hier so reichlich widerfuhr. Er ließ es sich gerne gefallen, wie manche Pferdefrau sich besonders tief über einen Huf beugte, während er ausführlichst erklärte, was hier und da und «siehst du mein süße Deern» da auch noch zu beachten und beobachten war, und er wusste die freizügigen Einblicke in die Dekolletés durchaus zu schätzen, die ihm gewährt wurden, auf dass auch er etwas zu beachten und beobachten hatte. Ja, er freute sich schon jedes Mal mächtig auf seine regelmäßigen Besuche auf dieser Rennbahn, denn ohne Zweifel: Hier war er der Hahn im Korb. Der Platzhirsch.

Aber etwas wurmte ihn doch. Zuerst nur ein klein wenig, dann störte es ihn empfindlicher, und schließlich ließ es ihm keine Ruhe mehr: Diese herbe Hübsche mit dem blonden Wuschelkopf und dem süßesten Apfel-Po, den er je gesehen hatte, die ignorierte ihn konsequent. Schon seit Monaten. Ging an ihm vorbei mit einem gemurmelten «Tach», ohne ihm in die Augen zu sehen. Wenn er erzählte und alle, wirklich alle sich bogen vor Lachen, tat sie, als wären seine schönen Geschichten bloß Pferdefürze.

Er ging dazu über, sie gelegentlich anzusprechen, mit irgendwelchen pseudohaften Alibi-Fragen wie: «Wo habt ihr denn die Tränkeimer?» «Wem gehört denn der schöne Schwarze da drüben?» Sie reagierte jedes Mal, um es dezent auszudrücken, sparsam: «Beim Wasserhahn»; «Müller.» Sie verstand es so meisterhaft, ihn zu schneiden, dass es ihn beinahe um den Verstand brachte.

Und allmählich wandelte sich Karls genussvolle Vorfreude auf die Fahrten zur DDR-Rennbahn in unangenehmer Weise in eine Art aufgeregtes Jagdfieber. Er konnte es sich nicht länger ausreden, es war Fakt: Das Einzige, woran er auf der holprigen Transitstrecke Hamburg–Berlin dachte, war dieser unerreichbare blonde Wuschelkopf mit dem süßesten Po der Welt. Und wenn er dann dieselbe Strecke wieder zurückrumpelte, plagten ihn die Erinnerungen an die neuerlichen Abfuhren, die sie ihm auch diesmal wieder hatte angedeihen lassen. Das Ganze entwickelte sich für Karl allmählich, aber eindeutig in Richtung Liebeskummer.

Und dann kam jener Morgen, an dem Gaby bei ihrem Marlon ein leichtes Lahmen feststellte. Vorne rechts. Er wird sich ein wenig vertreten haben, dachte sie anfangs. Sie verzichtete auf den geplanten Ausritt, stallte den Wallach in seiner Box auf und schmierte das Pferdebein mit einer Spezialpaste ein, zur besseren Durchblutung. Abends die gleiche Kur gleich noch einmal, das würde helfen. Am nächsten Tag aber war es nicht besser. Marlon war unruhig, zickte rum, sein Bein war leicht geschwollen.

«Na», sagte Sibylle, die in der Nachbarbox ihr Pferd striegelte, «hast du ein Glück, dass unser Karl am Montag wieder da ist, dann hast du ihm ja endlich *auch* mal was darzubieten ...» Gaby ärgerte sich mächtig über Sibylles zweideutigen Unterton. «Was du ihm darbietest, reicht vollkommen», schoss sie zurück. «Der ist auch mit Bückware bestens bedient.»

Sibylle erwiderte nichts, aber ihr Pferd wunderte sich schon, warum der Striegel plötzlich so energisch gehandhabt wurde.

In den folgenden Tagen brachte Gaby all ihr Wissen, all ihre Erfahrung, all ihre Liebe auf, um dem Pferd zu helfen. Sie machte Umschläge, sie salbte, sie reinigte, sie stellte das Futter um, sie bandagierte, sie massierte, sie gymnastisierte. Viele, viele Stunden kämpfte sie um Marlons Genesung. Sie holte Rat bei jedem greifbaren Tierarzt, bei allen, die sie kannte und die auch nur entfernt was mit Pferden zu tun hatten. Und sie kannte viele. Dementsprechend viele verschiedene, nicht selten sich gegenseitig ausschließende Diagnosen und Ratschläge erhielt sie. Sie probierte alles, doch nichts nützte. Das Pferd lahmte weiter, ja, alles verschlimmerte sich, die Schmerzen wurden immer quälender. Schließlich wollte Marlon überhaupt nicht mehr auftreten und humpelte mühsam auf drei Beinen herum. Gaby war am Ende ihres Lateins.

«Sach ma, min Deern, wie lange willst du dein' Gaul denn noch betüdeln, statt ma was gegen das böse Aua zu machen bei dem armen Tier?» Karl lehnte sich über die Boxenwand, blitzte Gaby spitzbübisch an und ließ kleine Rauchwölkchen aus seiner Pfeife steigen. Rauchen im Stall, dachte Gaby, das ist ja wohl das Letzte. Aber sie behielt es für sich. Bloß nicht beachten, dann haut der gleich wieder ab. Sie drehte ihm den Rücken zu und begann, die geschwollene Fessel des Pferdes vorsichtig einzubandagieren. Karl hatte rein gar nichts gegen den Anblick einzuwenden, der sich ihm auf diese Weise darbot. Und so kam es, dass der erfreute Karl und die verärgerte Gaby zum ersten Mal gleichzeitig das Gleiche dachten: Was für ein Arsch!

Als Gaby sich wieder aufrichtete, war sie einigermaßen erstaunt, die Stummelpfeife immer noch hinter der Boxenwand qualmen zu sehen. Karls Eisfeuer-Augen blitzten sie an. «Es ist natürlich auch möglich», sagte er, «dass du scharf bist auf Pferdewurst und es gar nicht mehr abwarten kannst, bis dein Kleiner am Haken hängt. Und wenn du fleißig so weiter machst, denn ist das in ein, zwei Wochen so weit, das sach ich dir, min Deern. Und denn guten Appetit!»

«Red kein Blech», fauchte Gaby. «Der kommt nicht in die Wurst.»

«Na, denn bin ich aber froh», entgegnete Karl, von Gabys Zorn völlig unbeeindruckt. «Ich sach ma: Das wär ja auch wirklich schade um so ein nettes Hottehü, nich?»

«Du hältst mich wohl für so 'ne Freizeit-Pferdetante, was?» In Gabys Stimme vibrierte ein gefährlicher Unterton «'ne doofe Ossi-Tusse, die keinen Schimmer von nüscht hat und nichts Besseres zu tun, als sehnsüchtig zu hoffen, das so 'n neunmalkluger Hufkleber-Wessi wie du ankommt und sie von ihrer Unwissenheit befreit, wie?»

Karl blieb ganz ruhig und lächelte. «Jo, ungefähr genauso denk ich mir das.» Gaby war sprachlos. «Das mit der Tusse könnte man meinetwegen wechlassen», schränkte er ein. «Und 'n büschen Ahnung haste ja vielleicht auch, aber dass ich dich von deiner Unwissenheit befreie, darauf kannst du Gift nehmen.»

«Ach, hau doch ab mit deiner Stummelpfeife und nerv' die Weiber, die das auch noch toll finden.»

«Damit das klar ist, min Deern, ich bleib hier, bis ich mir den Huf von dei'm Gaul angesehen habe. Dem tut das nämlich mächtig weh da drinnen, weißt du? Und ich kann's nu mal nicht verknusen, wenn Tiere leiden.»

Und mit diesem Bekenntnis hatte er sie.

Schlagartig war Gabys Zorn weg. Verpufft. Er hatte recht, wurde ihr klar. Es ging hier nicht um den doofen Wessi oder um ihren Ossi-Stolz, es ging um das Pferd.

«Und», fragte sie, «was willst du machen mit meinem Pferd?»

«Gucken.»

«Jetzt?»

«Ich hätt' zufällig 'n büschen Zeit.»

«Na gut, komm rein.»

«Nö.»

«Wie, nö?»

«Ich geh nicht zu dem Pferd rein, solange wie du deinen süßen Hintern nicht aus der Box bewegt hast.»

«Aber du kannst nicht alleine zu Marlon rein, der kann ziemlich bockig werden bei Fremden», argumentierte Gaby, und setzte nach: «Und Männer kann er schon mal gar nicht ab.»

«Tjo, wenn du das sachst», machte Karl nur und lächelte Gaby an. «Also, was ist? Komm rein jetzt.»

«Nö», sagte Karl.

Stille.

Lange Stille.

Gaby verlor, sie schmiss die Nerven weg. «Gut, dann geh ich eben raus und du rein. Mir kann's ja egal sein, ob du gebissen wirst oder vermöbelt oder beides. Ich hab dich jedenfalls gewarnt.»

«Ist zu Protokoll genommen.» Karl löste sich von der Wand und öffnete die Boxentür. «Und nu mach dem Meister Karl ma Platz.»

Gaby quetschte sich an ihm vorbei und stellte fest: So schlimm roch sein Tabak gar nicht. Und in derselben Sekunde sagte sie sich: Es geht hier um Marlon, nicht um diesen Karl, verdammt!

«Vorsicht, er ist wirklich rabiat mit Fremden!», rutschte es Gaby raus, als sie den Riegel der Boxentür einrasten ließ. Sie hätte sich am liebsten die Zunge abgebissen. Was warnte sie den Wessi denn schon zum zweiten Mal? Soll er es doch selber herausfinden, der große Fachmann. Und da tönte er auch schon: «Mich hat noch nie ein Pferd schlecht behandelt.» Prahlsack!

Aber dann staunte sie nicht schlecht, als Karl mit dem Pferd zu reden anfing wie mit einem alten Bekannten, und Marlon Karls Hände beschnüffelte, sie auf seinem Hals akzeptierte, sich Streicheleinheiten auf der Stirn und unter dem Kinn gefallen ließ. Die beiden gingen miteinander um, als würden sie sich seit Jahren kennen, es war wirklich kaum zu glauben. Schließlich bückte sich Karl und sagte: «So, mein Guter, nu lass den Onkel Doktor mal das Aua-Füßchen bekieken.» Und Marlon, Gaby fasste es nicht, legte seinen Huf in Karls schwielige Hand, als ob es das Normalste der Welt wäre.

«Gutes Hottehü», lobte Karl, und fragte dann zu Gaby rüber: «Wer hat denn hier rumgebastelt vor, ich schätze mal … drei Wochen?»

«Der Hufpfleger, der das hier seit Jahren macht», gab Gaby Auskunft. «Der ist Spitze, daran kann's nicht liegen.»

«Na», sagte Karl, «denn wollen wir mal zusammen aufs Flache gehen, ne, min Alter?» Er stellte sich neben den Kopf des Tieres, strich mit der Hand unter dessen Kehle durch, ließ sie nach oben wandern, bis sie hinter den Ohren lag und der Pferdehals in Karls Armbeuge ruhte. Marlon sanft lenkend, vollführte Karl jetzt eine Wende, bis sie beide frontal vor der Boxentür standen. Er schob den Riegel zurück und …

«Was machst du da?», protestierte Gaby. «Wir müssen ihn doch erst anhalftern, warte, ich hol ein …»

«Nu halt mal die Luft an, min Deern, und mach Platz», unterbrach Karl ruhig, aber bestimmt, und führte den Trakehner auf die Betonfläche der Boxengasse. Er löste seinen Arm vom Pferd, stellte sich dem Tier gegenüber auf und hob den Zeigefinger. Marlons Ohren schnellten nach vorn. «Du bleibst jetzt hübsch da stehn, hörst du, sonst gibt's nämlich Haue, das lass dir man gesacht sein, min Marlon!»

Karl trat fünf Schritte zurück und taxierte Marlons Vorderbeine, die genau parallel standen. «Is schief», konstatierte er.

«Wo?», fragte Gaby, stellte sich neben Karl und starrte ebenfalls auf die Beine ihres Lieblings.

«Na, da!»

«Kann nicht sein, der hat doch keine schiefen Beine.»

«Die Beinchen sind wunderbar, auch das geschwollene. Der Huf, der ist schief.»

«Nee.»

«Siehst du das denn gar nich, min Deern? Innen musst du gucken, da steht er schief!»

«Und nun, Herr Professor?»

«Machen wir ihn grade!» Karl zückte sein Hufmesser.

«Wart, du kannst dem Pferd doch nicht am Huf rummachen ohne es anzubinden», bremste ihn Gaby, doch Karl ignorierte sie einfach, jetzt war nämlich zur Abwechslung er mal dran mit der Ignoriererei. Er stellte sich neben das Pferd.

«Na, Alter, nu gib noch ma Pfötchen», griff sich den Huf und schnitzte konzentriert daran herum. Winzige Hornstückchen fielen auf den Beton. Marlon stand ruhig wie eine Eins, so entspannt, dass es Gaby schien, als ob ihr Wallach gleich friedlich wegdösen würde.

«Reichst du mir ma bitte die Raspel, Gaby min Deern, die lehnt da an der Boxenwand, dort drüben, wo ich vorhin gestanden habe.»

Dieser Sack, dachte Gaby, hatte schon die Raspel mit, obwohl er gar nicht wusste, ob ich ihn überhaupt an meinen Marlon ranlassen würde.

«Brave Gaby, gut gemacht», bedankte sich Karl, als er die Raspel in Empfang nahm, und Gaby fragte sich, warum es sie nicht störte, dass er zu ihr redete wie zu einem Pferd.

Karl raspelte vorsichtig über den Huf, einmal, zweimal, er guckte, visierte über die bearbeitete Fläche, setzte noch einmal an, ein halber Zug, blies die wenigen Späne weg, visierte noch einmal sorgfältig, nickte und stellte Marlons Huf sanft zu Boden. «Das war's!»

«Das war's?», fragte Gaby.

«Jou.»

«Das soll's gewesen sein? Bisschen schnitzen, bisschen raspeln, und fertig?»

«Du sagst es, Gaby min Deern, und fertig.»

Karl steckte sein Messer ein, legte sich die Raspel mit Schwung auf die Schulter. «In die Garage zurück bringst du den Gaul ja wohl alleine, oder?» Er machte auf dem Absatz kehrt und schlenderte gemächlich die Boxengasse runter zum Stallausgang.

«He», rief ihm Gaby nach. «Gucken Sie noch mal nach, Herr Klugscheißer-Karl, wenn Sie nächstes Mal hier sind?» Keine Reaktion von Karl. «Bitte!» schob sie nach.

«Bis in zwei Wochen, Frau Besserwisser-Gaby», hörte sie ihn. Aber er drehte sich nicht zu ihr um. Denn obschon sein Herz vor Freude Bocksprünge machte, wusste Karl: Wenn du willst, dass das zickige Pferdchen dir nachläuft, musst du ihm erst mal davonlaufen.

In den nächsten vierzehn Tagen schwoll Marlons Bein ab, er trat wieder auf, und nur wenn man sehr genau hinsah, konnte man noch einen Ansatz von Lahmen erkennen. Als Karl wieder am Hof erschien, musste Gaby sich selbst straff zur Ordnung rufen, damit sie ihrem Bedürfnis nicht nachgab, zu ihm zu laufen und ihm begeistert von Marlons Genesung zu berichten. Diese Blöße wollte sie sich auf gar keinen Fall geben. Er würde schon von selber kommen! Hatte er nicht gesagt: «Bis in zwei Wochen ...»? «Frau Besserwisser-Gaby», das hatte er auch gesagt, der traute sich vielleicht was! Es gelang Gaby, wie sie sich einbildete, sehr erfolgreich, Karl so geflissentlich zu ignorieren wie eh und je. Karl jedoch bemerkte sehr wohl, dass dieses Ignorieren von anderer Qualität war als noch vor einem Monat. Es war nicht mehr echt. Es war gespielt. Und zwar für ihn, für Karl. Er freute sich wie Bolle.

Es wurde Mittag, es wurde Nachmittag, es wurde später Nachmittag. Karl ließ sich nicht bei Gaby blicken. Sie guckte in der Sattelkammer, sie guckte im Büro, sie guckte im Stall. Kein Karl. Sie stellte sich vor den Stall, von wo aus sie den roten Volvo-Kombi im Blick hatte, und wartete. Der wird doch nicht einfach fahren, ohne ... Da, da kam er um die Ecke gebogen, steckte sich sein Pfeifchen an und schlenderte, bestens gelaunt vor sich hin summend, zu seinem Auto, öffnete die Heckklappe, kramte was rum, schloss sie wieder, ging zur Fahrertür und ruckelte den Hosenbund über seine Wampe. Dann stieg er ein und startete den Motor.

«He», schrie Gaby und schoss wie eine Furie zum Volvo. Vor der Kühlerhaube bremste sie ab und klatschte beide Hände krachend aufs Blech. Karl hinter der Windschutzscheibe starrte sie an. Jenseits zahlloser plattgeklatschter Insektenleichen sah er eine hübsche Frau mit blondem Wuschelkopf über seine Kühlerhaube gebeugt, wild guckend. Was für ein Bild! Obwohl, überlegte Karl, von da aus gesehen, wo sie hergekommen war, nämlich von hinten, hätte ihm die Szene auch nicht schlecht gefallen, denn sie hatte wirklich und wahrhaftig den süßesten Po auf Gottes Erden.

«He», schrie Gaby noch einmal, «mach den Motor aus!»

Karl gehorchte.

Gaby kam um die Kühlerhaube herum zur Fahrertür. «Hast du nicht 'ne Kleinigkeit vergessen, Genosse Karl?»

«Jesus, Gaby, min Deern, gut, dass du zufällig vorbeikommst. Ich wär beinah … Oh, das tut mir aber leid, kannst du mir dies eine Mal verzeihen?»

Er stieg aus, öffnete abermals die Heckklappe und schnappte sich die Raspel.

Wieder schnitzte Karl ein wenig, raspelte noch weniger, sagte «Das war's» und ließ Gaby einfach stehen. Genau wie beim ersten Mal. Nur beim Abschied bot Karl eine kleine Variante: «Bis in zwei Wochen, min seute Gaby.»

In diesen zwei Wochen erholte sich Marlon vollständig; Gaby war ihn sogar schon vorsichtig geritten. Und seltsam, sie konnte nicht mehr an Marlon denken, ohne dass sich unweigerlich Karls Eisfeuer-Augen vor das Bild schoben.

Als er wieder aufkreuzte, ließ sie das Ignorier-Spiel einfach weg. Wozu noch die Zickerei? Sie ging geradewegs auf ihn zu und sagte:

«Wollte mich bedanken, Karl, haste gut wieder hingekriegt, meinen Marlon.»

«Keine Ursache, Gaby.»

«Was kriegste denn?»

«Was?»

«Na, für zweimal 'n büsch'n Schnitzen und Raspeln.»

Karl tippte sich an die Stirn und wandte sich ab.

«He!», rief Gaby, Karl drehte sich fragend um. «Was is mit Fisch?»

«Was is mit Fisch?», echote Karl.

«Ob du Fisch magst? Ich hab Forellen gefangen.»

«Jou», sagte Karl. «Was gibt's dazu?»

«Kartoffeln.»

«Bratkartoffeln?»

«Bratkartoffeln kann ich nicht.»

«Haste Kartoffeln?»

«Immer.»

«Denn mach ich die Bratkartoffeln und du den Fisch.»

«Jut. Ich wohn da drüben, in dem Backsteinhäuschen hinter der Tribüne.»

«Wann?»

«Abend.»

«Gebongt.»

Und jetzt wandten sich beide ab und gingen ihrer Wege.

Es war ein sehr schöner Abend geworden, im Backsteinhäuschen hinter der Tribüne. Obwohl Gaby nicht nur keine Bratkartoffeln konnte, sondern auch keinen Fisch. Aber das hat Karl ihr nicht gesagt, in jener Nacht. Wohl aber gab er ihr zu verstehen, dass sie den wirklich und wahrhaftig süßesten Apfel-Po auf Gottes Erden habe. Die Sache mit dem Fisch, das brachte er ihr erst viel später schonend bei, nachdem sie schon seit ein paar Jahren verheiratet waren. «Besserwessi», meinte sie nur und überließ das Kochen fortan ihm.

New Cowboy

Der blaue Blitz kommt unmittelbar hinter dem Sattelschlepper zum Stehen. Karl steigt aus, seine Augen funkeln, die Lachfalten bilden tiefe Furchen. «Moin, Moin», grüßt er und lässt die Tür laut ins Schloss krachen. Gaby taucht hinter dem VW-Bus auf. «Der kann einfach nicht ankommen wie andere Leute, immer muss er den janz großen Auftritt haben, der Genosse Besserwessi!»

«Nu lass doch gut sein, min seute Deern, müsstest du doch mittlerweile abkönnen, nach zwanzig Jahren», sagt er grinsend und lässt sein Pfeifchen dampfen.

«Karl, Gaby!», ruft Alice-Kind und fällt den beiden um den Hals. «Was macht ihr denn hier?»

«Joo, min Alice-Kind, bei uns haben die Spatzen vom Dach gezwitschert, dass wohl in Amerika dicke, fette große Kühe angekommen wären, da sacht ich zu min Gaby, lass uns man eben hindüsen, und nu sind wir do, ne?»

«Und? Wie geht es ihnen, den armen Kühen, nach dem langen Weg? Alles gut?», erkundigt sich Gaby.

«Ja, freilich, das will ich meinen», meldet sich Waldemar. «Wenn der Waldemar unterwegs ist, kommen nur glückliche Kühe an, gell.»

Gaby blickt den Mann mit dem knallgelben Overall und der Spiegelbrille misstrauisch an und lässt ihn wissen: «Das muss ich selber sehen, bevor ich's glaube.»

«Na», sagt Karl, «denn seh eben ma nach, Frau, und lamentier nicht rum. Wo stehen sie denn, die neuen Muh's?», wendet er sich an Alice. Sie deutet zur Wiese: «Da, hinter den Büschen.»

Gaby und Karl treten zum Weidezaun und haben jetzt freie Sicht über das weite Land. Da stehen sie. Die vier Galloways und die vier Wasserbüffel, jeweils in lockerer Gruppe. Ihre dunklen, wuchtigen Leiber kontrastieren aufs Prächtigste mit dem Grün der Wiese.

«Heiliger Klabautermann», entfährt es Karl.

«Ach wie schön, die grasen ja schon, als ob sie seit immer hier wären», sagt Gaby, und ihr Gesicht wird ganz sanft.

«Fällt dir was auf?», meldet sich völlig überraschend mein kleiner Schweizer. «Kaum sind die Kühe da, seid ihr abgeschrieben, deine Sonja und du, hä. Die haben euch ja nicht mal guten Tag gesagt.»

«Doch», antworte ich. «Karl hat laut und deutlich ‹Moin, Moin› gesagt.»

«Und dir reicht das?»

«Ja, hier reicht das, und mir auch.»

Der kleine Schweizer verstummt.

«Herrschaften, Damen und Herren, darf ich vorstellen, die zwei Stammherden!», verkünde ich und präsentiere stolz die beiden kleinen Wiederkäuergrüppchen.

«Mann, Mann, Mann, die sind ja größer als Islandponys», sagt Karl und greift mit der Hand zur Pfeife, damit sie ihm nicht aus seinem vor Staunen offenen Mund fällt.

«Ich muss jetzt zu meinen Kühen», sagt Sonja, hakt die Elektrodrähte aus und öffnet den Durchgang. «Wer will mit?»

«Dies Angebot, min Sonja, lehn ich dankend und dringend ab», sagt Karl. «Ich kann ja ganz gut mit Gäulen, aber diese Viecher sind mir nicht geheuer.»

«Wie?», fragt Waldemar. «Du hast doch keine Angst nicht vor so lieben Kühen?»

«Nicht die Bohne.» Karl hängt sich die Pfeife wieder in den Mundwinkel. «Aber ich hab schlechte Erfahrungen gemacht mit Hornviechern. Ich bin Hufschmied, musst du wissen, Pferdemensch. Kühe hassen mich einfach, weiß der Geier warum. Bin ich auf 'ner Pferdekoppel, kommt alles, was draufsteht, ran und will schmusen, bin ich aber auf 'ner Kuhweide, denn kommt auch alles ran, aber wie Kriegsfregatten unter Dampf, und nicht zum Schmusen, da kannst du Gift drauf nehmen.»

«Geh, des gibt's doch gar nicht.» Waldemar winkt ungläubig ab. «Eine Kuh ist das friedliebendste Tier unter dem Himmel! Eine Kuh, die greift doch niemals an, jedenfalls nicht, so lang wie du ihr nix antust. Ganz im Gegensatz zu Pferden, die werden doch schon rabiat, wenn du nur am Zaun auftauchst, des hab ich oft genug selber erlebt, also das is präzis genau anders herum, sag ich dir!»

«Tjo, mach ja sein, dass bei dir Süden dort ist, wo mein Kompass auf Norden zeicht, ich sach nur: Kühe hassen mich. Alle.»

«So einen Total-Blödsinn hab ich ja meinen Lebtag nicht gehört», widerspricht Waldemar. «Kühe können gar nicht hassen!»

«So», sagt Karl und deutet mit dem Pfeifenstiel auf Waldemar, «Kühe können nicht hassen? Denn will ich dir mal eine kleine Geschichte erzählen: Ich hab da vor Jahren mal in einer Wildwest-Show mitgemacht, da hatten wir sicher so an die fünfzig sehr nette Pferdchen im Einsatz. Aber für die Szene, wo die Ranch von uns Indianern überfallen wird, brauchten wir auch noch drei dicke, große, fette Kühe. Die waren ja auch ganz friedlich, im Prinzip, und fanden das alles nett, aber kaum ist der Indianer Karl auf seim Schimmelchen angeritten gekommen ...»

«Ja, ja, da haben dich die Kühe runterschubsen wollen, und du durftest nicht mehr mitspielen, in der Szene», unterbricht Gaby. «Wir kennen die Geschichte. Was ist nun mit dir, reinkommen oder draußenbleiben?»

«Also», antwortet Karl, «liebend gerne seh ich mir von hier aus an, wie die netten Büffelchen ihre Hörner in deinen süßen Po pieksen.»

Wir anderen betreten die Weide. Ehrfürchtig bleiben wir zwei Kuhlängen vor den Büffeln stehen. Ich empfinde nichts anderes als ungezügelten Besitzerstolz. Sonja steht neben mir, ich spüre plötzlich ihre Hand in der meinen. Wir halten uns ganz fest. Auf ihrem Gesicht breitet sich eine Zufriedenheit aus, als betrachteten wir ein eigenes nobelpreisgekröntes Meisterwerk. Keiner spricht. Menschen und Wasserbüffel sind einander schweigend zugewandt. Die Galloways sind etwas abseits ausschließlich mit Grasen beschäftigt, als ob es nur sie selbst gäbe auf der Welt – und diese Wiese. Da bewegt sich die erste Büffelin auf uns zu. Der Kopf ist leicht gesenkt. Verdammt, die sind wirklich beeindruckend, diese Hörner. «Achtung, sie kommen, Rückzug, geh lieber weg jetzt», sagt der kleine Schweizer aufgeregt. «Kümmere dich doch lieber ein wenig um den Karl, der da ganz alleine hinter dem sicheren Zaun steht.»

Doch ich mache das Gegenteil. Ich gebe die Geborgenheit von Sonjas Hand auf und bewege mich einige Schritte auf die Büffelkuh zu. Sie bleibt stehen. Aha, sie reagiert, sehr gut. Ich verharre ebenfalls. Die Büffelin hebt den Kopf, schaut, schätzt ab, senkt den Schädel wieder und setzt sich abermals in Bewegung, direkt auf mich zu. Ich mach es ihr nach und gehe meinerseits in ihre Richtung. Diesmal keine Reaktion. Das ist nicht gut, schießt es mir durch den Kopf, die funktionieren doch anders als Hunde oder Pferde. Aber wie? Wie geht Büffel-Sprech? Versuchsweise bleibe ich nochmals stehen, vielleicht würde sie dann auch ... nein, sie kommt unbeirrt näher, senkt den Kopf noch tiefer, stößt einen kurzen, kehlig-knatternden Laut aus. Diese Hörner ... ich zwinge mich, nicht zurückzuweichen ... Sie kommt näher, unaufhaltsam, zwei Meter, einen Meter, jetzt ... wenn nur diese Hörner nicht wären. Sie verharrt. Direkt vor mir, ihre spitzen Waffen tief gesenkt. Ich höre ihren Atem. Kurze Luftstöße. Was bedeutet das? Ist sie zornig, wird sie gleich einen Schritt weitergehen, mit den Hörnern unter mich fahren, um dann den mächtigen Kopf hochzuwuchten ... und mich der Länge nach aufzureißen?

Ich erstarre zur Statue. Meine Taktik lautet: Wer sich nicht bewegt, kann keine falsche Bewegung machen. Die Büffelin wartet. Worauf? Auf eine Berührung? Und wenn ja, wie würde sie reagieren? Da hebt sie langsam ihren Kopf, fährt mit ihren Nüstern meinen Körper entlang nach oben wie eine Hebebühne. Sie ist auf Augenhöhe. Bläst mir ihren nach Gras duftenden Atem ins Gesicht. Ich versuche das, was bei Pferden Vertrauen schafft, angeblich ein alter Indianertrick: Ich puste zurück. Ruhig und stetig, wie man ein Feuer anfacht, genau hinein, in die riesigen Nasenlöcher da vor mir. Sie ruckt den Kopf kaum merklich zurück. Kommt wieder näher, sehr nah jetzt. Berührt fast mein Gesicht. Und jetzt habe ich zwei Möglichkeiten: Entweder ich weiche vor der Hyperpräsenz dieses 700-Kilo-Tieres zurück und riskiere, dass sie dies als Schwäche auslegt und mir nachsetzt, oder aber ... oder ich berühre sie.

Langsam lasse ich meine Hand nach oben kommen und lege die Handfläche von unten an ihre Kinnlade. Keine Reaktion. Ich beginne zu streicheln. Spüre animalische Wärme, dicke Haut, raue, fast borstige Haare. Meine Hand streicht langsam zum Maul, dann wieder zurück, am Kinn entlang zur Kehle, den Hals hinunter, so weit mein Arm reicht und wieder zurück. Hin und her und her und hin. Ich erhöhe den Auflagedruck. Mein Vertrauen wächst. Das Tier scheint völlig entspannt. Die großen dunklen Augen sind jetzt halb geschlossen, der Kopf steigt höher, sie bietet ihre Kehle dar, offenbar mag sie die Streicheleinheiten. Ein ehrfürchtiges Glücksgefühl durchströmt mich: Wir haben Kontakt zueinander, aus der fremden Büffelin ist *meine* Büffelkuh geworden!

Etwas zerrt ganz unten sanft an meinem Hosenbein. Eine zweite Büffelin ist rangekommen, Kopf tief gesenkt, genau wie die erste, aber diese fordert aktiv meine Aufmerksamkeit. Während ich mit der einen Hand weiter das Büffelkinn von Nummer eins streichele, riskiere ich es, mit der anderen den Nacken von Nummer zwei zu massieren. Sie kommt mir bis Hüfthöhe entgegen und bleibt in dieser Position. Sehr komfortabel, gutes Tier. Und während ich unablässig einen Büffelnacken und ein Büffelkinn parallel bearbeite, stupst mich Nummer drei von hinten an. Ich brauche dringend eine dritte Hand! Und jetzt beginnt eine seltsame Choreographie. Sternförmig von den drei riesigen Büffelinnen umstellt, drehe ich mich mal dieser zu, mal der anderen, und streichele, flattiere, tätschele und massiere abwechselnd, was das Zeug hält. Und während dieses zeitlupenartigen Büffeltanzes bemerke ich, dass Sonja und Alice nebeneinander im Gras sitzen, bei den Galloways. Gaby entdecke ich unweit davon vor einem Gally kauernd und mit ihm sprechend, und dort … seh ich etwas Unmögliches. Karl scheint sich entschlossen zu haben, auf die Weide zu kommen! Er steht nach vorn gebeugt und überdeckt wie ein Schrägdach: Büffelin Nummer vier! Sie hat ihre Stirn gegen Karls Bauch geschmiegt und lässt sich von ihm ihren Nacken bearbeiten. Was er mit Hingabe tut, beidhändig. Streicht und knetet den ganzen Büffelhals von den Schultern bis zu den mächtigen Hörnern. Karl redet auf sie ein, ich kann nicht verstehen, was er sagt, aber es klingt beruhigend. Beruhigt er die ohnehin ruhige Büffelkuh oder beruhigt er sich selbst, frage ich mich. Wie auch immer, die beiden geben ein Bild harmonischer Eintracht ab, und das beweist: Karl, der Pferdemann, ist, wer hätte das gedacht, zu Karl, dem Cowboy, geworden. Solche Wunder gibt es nur in Amerika!

Surfer-Boy

«Geh, jetzt kommt's halt amal her, Sakra, und lasst mir die armen Küh' in Ruh. Brotzeit is, Brooooootzeit!» Waldemar haben wir im Land des Kuhglücks, in dem wir alle seit über einer halben Stunde schwelgen, völlig vergessen. Und staunen nicht schlecht, als wir zum Sattelschlepper zurückkommen. Waldemar hat die Laderampe in horizontale Lage gebracht und auf Stehtischhöhe gefahren. Auf der Fläche verteilt liegen: ein Stück Fleischkäse in Alufolie, ein kleiner Berg Laugenbrezeln auf einer aufgerissenen Papiertüte, ein Holzbrettchen, darauf ein Radi, ein Kanten Dauerwurst, ein Hirschfänger-Messer, sogar Butter ist da und ein Salzstreuer. Eine Thermoskanne mit heißem Kaffee und ein Gaskocher, darüber ein Pfännchen, in welchem Spiegeleier brutzeln, komplettieren das Früh-Picknick. «Ich dachte mir, ihr habt's einen Appetit nach der Aufregung, und eines sag ich euch: So einen Fleischkäse wie diesen habt's ihr euren Lebtag noch nicht gegessen. Der ist von der Huberin, und die Huberin, die hat schon vier Goldmedaillen gewonnen für ihren Fleischkäse, also, greift's halt zu!» Waldemar ist wieder in sein Alltagsgewand gehüllt. In nichts. Von der bewährten Turnschuh-Tanga-Spiegelbrille-Kombination abgesehen.

«Klingen tut er wie ein Bayer, aussehen aber wie ein Brathering auf Sylt», bemerkt Karl und beobachtet scharf, ob und wie Gaby auf den Athletenkörper Waldemars reagieren würde. Gaby bleibt anstrengungslos cool. Sie fixiert unbekümmert und offen Waldemars Mitte. «Aha, blitzblau», stellt sie fest, «ist auch Karls Lieblingsfarbe», und deutet auf den blitzblauen VW-Pick-up.

«Ich hoffe, es geniert euch nicht.» Waldemar wedelt mit den Armen. «Aber wisst's, des ist eine kleine Marotte von mir, noch aus meiner Zeit als Wellenreiter, gell. Ich war ja früher an den schönsten Stränden der Welt zu Hause und habe so manchen Surf-Wettbewerb bestritten, gell. Und seither kann ich, sobald die Sonne brennt, also, dann kann ich einfach gar nichts mehr auf der Haut haben, gell, ich vertrage es einfach nicht, kein Garn, kein Stoff, kein gar nichts, ich reiße es mir herunter, ich muss, sonst leide ich wie ein Hund. So, jetzt langt's doch endlich zu!»

Wir gruppieren uns um die Hebebühne und lassen es uns schmecken. Es ist wie das Festmahl eines eben gegründeten Kuh-Geheimbunds, ein Hornvieh-Begrüßungsgelage. Und während unsere Kiefer in gewissem Einklang mit den Kiefern der Kühe mampfen, während der Kaffeebecher kreist und der Brezelberg schrumpft, erzählt Waldemar von seinem früheren Leben: von Waldemar, dem Surfer-Boy.

Es sei ein schönes Leben gewesen, der friedliche Zusammenhalt in der Surfszene, trotz aller Konkurrenz in der Welle, die lockere Lebensweise und dennoch das bedingungslose Für-einander-Einstehen, der Kick im Tunnel des Todes, der Respekt vor den ungeheuren Kräften des Wassers. Und natürlich erzählt Waldemar auch von seinen Triumphen, dem Hochgefühl, nachdem er alle Konkurrenten geschlagen hat. Er erzählt, wie er einen Werbevertrag erhielt und in amerikanischen Fernsehspots auftrat, ausgerechnet er, der Kuh-Bua vom hintersten Bayern-Tal kommt ins «US-Telewischen»! Er berichtet, wie er sich dann auf den Handel mit Surfbrettern verlegte, wie gut es lief, sodass er sich ordentlich was auf die hohe Kante hat legen können. Und vom Ende dieses Zugvogellebens, weil seine Mutter starb und er nach Hause zurückmusste, damit der Hof nicht verkauft wurde. Wie er kämpfte um die kleine Landwirtschaft, wie er versuchte durchzukommen, aber einsehen musste: Überleben können heute nur noch die Großbauern und die Agrarkonzerne. Wie er die Kühe dann doch hergeben musste und wie er den Transporter, als er vom Hof rollte, nur verschwommen habe sehen können, weil er die Augen voller Wasser hatte. Und Waldemars Stimme wird sehr leise, als er sich erinnert, wie seine Schatzelen zusammengepfercht im Laderaum voller Angst nach ihm gerufen haben und er nichts tat. Und sie so verraten hat.

Nach einer kleinen Pause und einem Schneuzer ins Gras schimpft er auf den scharfen Radi, der einem die Tränen … und fragt etwas zu laut, warum wir nicht essen würden. Und dann sprudelt es immer schneller aus dem Waldemar heraus, der kommt gar nicht mehr zum Kauen und Schlucken.

Er habe dann ein Stück Land verkauft und mit dem Geld den ersten Transporter angeschafft. Und schnell bemerkt, was für eine Riesen-Depperei er da gemacht habe. In dem Drecksteil seien die Tiere mehr tot als lebendig angekommen, nach ewig langen Fahrten bis Neapel und Südfrankreich. Und er habe Albträume gehabt, die Bilder hätten ihn nicht mehr schlafen lassen, die Bilder von den Rindern, völlig erschöpft und halb verdurstet, kaum noch gehen konnten sie, haben sich einfach hingelegt, um ihre sanfte Rinderseele zu erlösen und zum Himmel auffahren zu lassen. Diese furchtbaren Bilder von den Männern mit ihren spitzen Stäben, ihren Knuten und ihren Elektroschockern, die schreiend auf die geschundenen Kreaturen einschlugen, sie pieksten und aufscheuchten, auf dass sie sich mit letzter Kraft selber in die Schlachtmaschine schleppten. Die Bilder von Rinderbeinen, die keinen Halt finden auf den von Blut und Panikscheiße glitschigen metallenen Laufgängen, die einknicken, brechen, in Todesangst versuchen, weiterzuhaspeln, verzweifelt und vergeblich. Und die Töne, erzählt Waldemar, die Töne ließen ihn in der Nacht mit den Zähnen knirschen, sie wollten nicht aus dem Kopf, die Töne. Ob wir, fragte er, ob wir schon mal eine Kuh in Panik hätten brüllen hören, ob wir ahnen, wie das klingt, wenn es ein Dutzend Kühe sind – oder Hunderte? Da entstünde ein Ton, ein Konzert des Grauens, wie aus der tiefsten Hölle. Er habe es auch nicht gewusst vorher, aber jetzt schon, und diese Töne hätten sich in seinem Kopf vermischt mit dem ängstlichen Muhen seiner eigenen Tiere, als er sie verraten hat. Und nach nicht mal einem Monat sei er so fertig gewesen, dass er hingeschmissen habe, einfach hingeschmissen, den ganzen Dreck. Ans Meer habe er gemusst, um das loszuwerden. Allein. Wochenlang. Fast ohne Gepäck. Nur er und die salzige Weite. Viel nachgedacht habe er dort. Und die Bilder hätten sich langsam verändert im Blau des Horizonts, die Töne seien friedlich geworden unter dem Rauschen der Wellen. Und er habe beschlossen, diese neuen Bilder und Töne Wirklichkeit werden zu lassen.

Er sei zurückgekommen, habe alles Land verkauft, um diesen Transporter, wie er jetzt da steht, anzuschaffen. Das Beste vom Besten. Schallgedämpft, Klimaanlage, Tränke im Innenraum, ein rollender Luxusstall. Er habe nie wieder den Todesfahrer gemacht. Kein Schlachtvieh, nie mehr. Und er nehme nur Aufträge zu seinen Bedingungen an: Verladen wolle er selber. Ohne Hektik, Geschrei und Zwang. Er habe noch jeder Kuh so viel Zeit gelassen, wie sie eben braucht, um sich fürs Einsteigen zu entscheiden, und das werde auch so bleiben. Da gäbe es eben keinen Vorgesetzten, der ihn zur Eile triebe. Keine Fahrt länger als sechs, notfalls auch acht Stunden. Mittlerweile kenne er Bauern in ganz Europa, bei denen er unterwegs ausladen und die Tiere auf einer Wiese rasten lassen könne. Es sei zwar nicht einfach, das alles wirtschaftlich durchzuziehen, reich werde er damit nie, aber er habe dafür seine Freiheit und könne es sich und den Tieren so einteilen, wie es für alle gut sei. Und langsam spreche es sich auch bei den Züchtern herum, dass sie mit ihm das Beste für ihre Tiere tun und damit am Ende auch für ihren Geldbeutel.

Wir helfen Waldemar, das Frühstück zusammenzuräumen. Eigentlich könnte er jetzt aufbrechen, doch statt sich in seine Kabine zu schwingen und loszubrausen, geht er zur Weide. «Ich muss mich doch noch von meinen Reisegefährtinnen verabschieden, meinen Schatzelen», sagt er. Wir stellen uns zu ihm und betrachten schweigend die Tiere. Die Büffelinnen haben den Teich in Besitz genommen. Liegen träge im Wasser und käuen wieder. Sie erinnern an Indien, irgendwie. Die Galloways haben sich aufgemacht, das Gelände zu erkunden – vier schwarze Flecken unter dem Horizont.

«Erinnern mich an Amerika, irgendwie», sagt Karl und stopft sein Pfeifchen.

«Wir sind ja auch in Amerika», bemerkt Gaby. «Kann ich mal den Tabak?» Sie zieht ihre Pfeife aus der Gesäßtasche.

«Gell, was machst denn du jetzt mit derer Pfeife da, Gaby?», fragt Waldemar.

«Was man eben so macht mit 'ner Pfeife», antwortet sie. «Rauchen.»

Waldemars Gesicht zieht sich in die Breite «Geh, des glaub ich ja jetzt nicht, geh. Du willst jetzt wirklich da diese Pfeife rauchen?»

«Soll ich sie essen?» Gaby lässt sich von Karl den Tabak reichen und stopft routiniert. Waldemar schaut zu, als ob er gerade Zeuge des weltbesten Zaubertricks würde.

«Des ist mir jetzt aber zu viel, gell. Das glaube ich ja nicht!», ruft er.

«Was denn?», fragt Gaby.

«Ja, du bist doch aber ein Weib, oder?»

Karl mischt sich lächelnd ein. «Da kannst du drauf wetten, junger Freund. Das kann ich dir aus eigener Anschauung und Erfahrung zu hundert Prozent garantieren.»

«Aber sie raucht Pfeife!», ruft Waldemar, als ob er gehört hätte, Gaby sei ein Goldfisch und rezitiere Fontane.

«Nur wenn's mir gutgeht», sagt Gaby. «Oder wenn ich mich beruhigen muss. Ersteres war bis jetzt der Fall, mein lieber Waldemar, Letzteres könnte gleich eintreten, wenn du mich weiter anstarrst wie 'n Zombie. Feuer bitte!» Karl reicht ihr grinsend sein Pfeifenfeuerzeug, Gaby setzt es ein, zieht an und pafft kleine Wölkchen in die Sommerluft. Waldemar haut sich auf die Schenkel, die Handfläche klatscht auf seinen nacktes Bein, es klingt wie Applaus. «Des» – klatsch – «glaub» – klatsch – «ich» – klatsch – «jetzt» – klatsch – «aber» – klatsch – «nicht» – klatsch. «Ich habe schon allerhand Weiber erlebt, die allerhand rauchten, aber Pfeife! Ja, Gaby, du bist mir vielleicht eine Nummer, du! Also, wenn ich das erzähle, daheim beim Stammtisch, was ich da mit eigenen Augen gesehen habe, also, des glaubt mit keiner in Bayern, dass die Brandenburgerinnen Pfeife rauchen als wie die Mannsbilder, also, des glaubt mir in Bayern ganz genau niemand!» Waldemar haut Gaby auf die Schulter «Also nein, das muss ich schon sagen, gell, das ist ja ganz was Neues, also Hut ab, Gaby. Ich habe ja schon gehört, dass die Ostfrau an sich, gell, also die gilt ja allgemein als sehr emanzipiert, aber dass ihr grad solche Mannsweiber seid, also das ist, also nix für ungut, Karl, gell, aber jetzt gefällt mir deine Gaby direkt noch einmal besser.»

«Da bin ich aber froh, Waldemar», versetzt Gaby, «weil, du gefällst uns auch, obwohl du überhaupt nicht emanzipiert bist. Aber das wird schon, ich hab da so meine Erfahrungen mit Wessi-Mackern.» Sie hakt sich bei Karl unter, und so nebeneinanderstehend, mit ihren Pfeifen im Gesicht, erinnern sie mich an ein ziemlich unzertrennliches Paar, irgendwie.

Zaungäste

Die Wiese liegt wieder ruhig in der brandenburgischen Landschaft. Die große Blechwand hat sich weiterbewegt, entlang der Weide, bis zum Stacheldraht des ehemaligen Russen-Flugplatzes, hat dort, wo früher die Bombentransporter gewendet haben, kehrtgemacht, und ist, sich durch das enge Grün der Alleebüsche und -bäume zwängend, Richtung Dorf verschwunden.

Kurz danach registrieren die Wasserbüffel, wie die kleine Herde der fünf verbliebenen Zweibeiner sich spaltet. Die beiden, aus deren Mund immer wieder Rauch geströmt ist, sind in einem blitzblauen Blechstall verschwunden, die beiden anderen in einem weißen. Dann haben sich die beiden Ställe stinkend und brummend Richtung Dorf bewegt, fast so schnell wie ein Büffel galoppieren kann. Zuletzt hat das Zweibeiner-Kalb ein seltsames Metallding aus dem Gebüsch gezerrt, hat sich daraufgesetzt und mit den Hinterläufen kreisförmige Bewegungen gemacht, worauf das Ding auf zwei in der Sonne glitzernden Scheiben aus dünnen Eisenhalmen den Ställen hinterhergerollt ist. Samt dem Kalb.

Ruhe war eingekehrt.

Bis plötzlich zwei andere Zweibeiner am Zaun auftauchen. Offenbar haben sie sich auf eigenen Klauen angepirscht, ohne fahrende Ställe oder andere Metalldinger.

Schon eine ganze Weile stehen sie jetzt einfach nur da und

schauen. Der eine hat weißes Fell auf seinem roten Kopf, das von kaum wahrnehmbaren Luftwirbeln in alle Richtungen zu schweben scheint, wie filigraner Silbertang im Fluss. Der andere überragt den ersten um Hornlänge. Er ist auch breiter. Dennoch scheint es sich nicht um ein Paar zu handeln. Es sind zwei Bullen, das ist sicher. Und obschon es auf den ersten Blick so scheint, ist der Kleinere kein Jungbulle. Im Gegenteil, er benimmt sich, als ob er das Leittier wäre: Er brüllt.

«Was sacht man denn nu dazu, wa?», fragt Krüpki nach langem Schweigen.

Teddy zuckt zusammen. «Wat brüllste denn so? Ick tu neben dir stehen, Mensch.»

«Wer brüllt? Ich etwa? Wofür hältst du mich, Teddy? Ich bin mit Pferden uffjewachsen, ich weiß wohl besser als jeder andere in Amerika, dass man an 'ner Koppel nicht zu brüllen hat!»

«Det sind keene Pferde! Und du brüllst, sach ich», beharrt Teddy.

«Bist du jetzt vollkommen bekloppt, oder was? Erklärt der Schafscherer mir, dass das keine Pferde sind. Mir! Das seh ich ja wohl noch selber, dass das keine Pferde sind, Mensch. Aber 'ne Koppel ist das, und an einer Koppel brüll ich nicht! Es sei denn, ein Dämlack wie du zwingt einen dazu, weil er behauptet, man könne Kuh und Pferd nicht auseinanderhalten.»

«Büffel», korrigiert Teddy ruhig.

«Wat?»

«Büffel sind dette. Sonja sagt zu denen: Wasserbüffel.»

«Sag mal, willst du den alten Krüpki mit Bedacht und Vorsatz ärgern? Da hinten, die vier schwarzen Flecken, das sind Kühe. Galloways, sagt Sonja, Galloways habe sie bestellt, sachte sie zu mir, und Galloways sind schottische KÜ-HE!!»

«Mag ja sein, aber dette da vorne, inner Pfuhle, det sind Büffel.

Wasserbüffel, sagte Sonja zu mir, und die sind aus Italien.» Teddy dreht sich zu Krüpki und guckt triumphierend auf ihn herab.

«Aus Indien, Wasserbüffel kommen aus Indien.»

«Die da kommen aus Italien, det weeß ich zufällig ganz genau, nämlich von der Sonja.»

«Mensch, haste Petersilie in die Ohren?» Krüpkis Organ kommt langsam auf Betriebstemperatur. «Wir reden vom Ursprung, Teddy. Ursprünglich kommen se aus Indien, die Büffel. Und uuuuur-sprünglich sind die Kühe schottisch. Und die hier von Sonja, also jetzt speziell die hier, die kommen aus Bran!-den!-burg!» Krüpki wedelt mit dem Arm zu den Kühen herüber.

«Aus Brandenburg?», fragt Teddy misstrauisch. «Von hier sollen die sein? Hab ich hier noch nie gesehen, so 'ne Dinger. In meiner Kindheit, ja, da gab es hier Kühe, aber dette waren so gescheckte. Mit Hörnern an die Köppe. Inzwischen sind doch längst alle tot ...»

«Es behauptet doch keiner, dass das die Kühe von damals ... ach was streit ich mit dir rum – bleib du bei deine Schafe, da kennste dir aus, und versuch nicht mir zu erklären, was Kühe sind!»

«Büffel», sagt Teddy. «Italienische.»

Krüpki reißt seine Äuglein weit auf, kneift sie wieder zusammen, holt Luft, setzt zum ultimativen verbalen Vernichtungsschlag an – und bläst die Sache plötzlich ab. Er wischt nur mit der Hand durch die Luft und wendet sich wieder der Weide zu.

Schweigen.

Ihre Schatten sind schon merklich gewandert, bis Teddy schließ-lich fragt: «Krüpki, kannst du mir verraten, warum?»

«Wie, was warum?»

«Warum jetzt diese Dinger hier. Sonja hat doch inzwischen 'ne wirklich schöne Schafherde, alles in allem, und ich hab se mit ihr uffgebaut, weeßte?»

Krüpki spürt, dass Teddy etwas Wichtiges auf dem Herzen hat, und fragt daher für seine Verhältnisse sehr einfühlsam, also in normalem Feldwebelton: «Und?»

«Na ja, wir haben doch die Schafe, Sonja und icke, mit Verstand und Herzblut ... also verstehste, det klappt ja allet prächtig, och mit die Lämmer und so, allet jesund und putzmunter. Also warum jetzt och noch diese Dinger hier?»

Krüpki mustert Teddy lange von der Seite, bevor er fragt: «Sag mal, Teddy, jetzt mal raus mit der Sprache, deinem alten Kumpel Krüpki kannste es ja sagen, wa? Bist du etwa eifersüchtig uff die Rindviecher?»

«Biste bekloppt? Eifersüchtig, icke? Wie tust du denn auf so 'n Scheiß kommen?»

«Na ja, mit den Schafen kennste dich aus ... Da kannste dann den ganz großen Maxe markieren, gegenüber Sonja, wa? Bei den Kühen hingegen ...»

«... Büffel», unterbricht Teddy.

«Meinetwegen Büffel. Jedenfalls bei den Rindviechern, da haste keen blassen Schimmer, da kannste nicht mal ansatzweise mitreden, wa? Und det ist dein Problem, mein Lieber. Nämlich: Da braucht die Sonja den großen Fachmann, den Ratgeber Teddy, vielleicht plötzlich nicht mehr, wa? Und das piesackt dich.»

«So ein Blech tust aber auch nur du reden, Krüpki! Mir tut gar keen Problem piesacken!»

«Tut es doch», sagt Krüpki, sehr zufrieden mit seiner Analyse.

«Tut es eben nich. Soll se doch selber gucken, die Sonja, wie se mit denen zu Rande kommen tut. Ich jedenfalls halt mich da raus, det sach ich dir! Was mich betrifft: Ich bleib bei die Schafe. Weil: Die hier ...», Teddy deutet mit dem Kinn Richtung Weide, «... die sind mir zu groß, die Dinger.»

«Zu groß? Na ja, da könntest du den Nagel sogar auf den Kopf getroffen haben, das ist vielleicht wirklich eine Nummer zu groß.»

Krüpki lässt seine Worte kurz nachklingen und ergänzt: «Da hat sie sich wohl doch ein wenig übernommen jetzt, die Sonja, mit den Kühen.» Und bevor Teddy ihn korrigieren kann, schiebt er schnell nach: «… und den Büffeln.»

Teddy nickt nachdenklich. «Hm. Vielleicht. Vielleicht aber och nich. Wat tun wir immer sagen: Lieber einmal mehr, als mehrmals weniger!»

«Eben», sagt Krüpki, «meine Rede.»

Synchron drehen die beiden Männer ab und verschwinden hinter dem Buschwerk der Allee.

Wer Teddy damals, an jenem Tag, an dem die Büffel kamen, prophezeit hätte, dass er sich von diesen «zu großen Dingern» im Nu erobern lassen würde, dass er entdecken würde, wie viel ihn schon vom Gemüt her mit den sanften Riesen verbindet, wer Teddy gesagt hätte, dass die Zeit kommen würde, wo er jeden Tag, sommers wie winters, bei jedem Wetter, die Weiden abschreiten und nach «seinen» Büffeln sehen würde, dass sie ihn als Vertrauten in der Herde begrüßen würden in ihrer kehligen Röhrsprache, dass er mit ihnen schmusen würde, dass er lernen würde zu spüren, wann ein Kalb fällig und wie es um die Milch der Mutterkuh bestellt ist, dass er, der Schafscherer Teddy, zum Kuhflüsterer Teddy würde – wer Teddy einen Film aus der Zukunft gezeigt hätte, auf dem er sich selbst gesehen hätte, wie er sich zuerst ein Bänkchen zimmert, um darauf sitzend stundenlang die Herde zu beobachten, wie er schließlich einen Klappstuhl neben dem Unterstand im Heulager deponiert, damit er sich ortsungebunden, wenn er wollte, auch mitten in die Herde hocken kann, umringt von Büffeln, die er geduldig am Kinn krault, bis ihm die Finger wehtun, wer Teddy ein Tonband aus seiner Zukunft vorgespielt hätte, auf dem er seine eigene Stimme gehört hätte, wie er mit den Büffeln spricht, ihnen erzählt, was ihm durch den Kopf geht, und sich zum Schluss bedankt, dass sie ihm so geduldig zugehört haben, wer all dies vorausgesehen und es Teddy wissen lassen hätte, dem hätte dieser beschieden, er gehöre in die Klapse. Teddy hätte sich ein Bierchen genehmigt und diesen Verrückten fortan ignoriert. Und dem Propheten damit bitter unrecht getan!

Der Stier

Mimosa, die Büffelin, hat es klug gemacht: Es war kühl geworden in den letzten Tagen, der Herbst hatte die ersten leichten Nachtfröste gebracht. Darum war sie nicht ihrem ersten Bedürfnis gefolgt, auf offener Weide, weit ab von der Herde, zu gebären, sondern hat ihr Kalb im windgeschützten Unterstand, auf der warmen Strohmatte, zur Welt gebracht und die Unruhe durch die Anwesenheit der anderen Tiere in Kauf genommen.

Jetzt streicht die blaue Zunge der Büffelmutter unermüdlich über Kopf, Flanken und Bauch ihres frisch geborenen Kalbes. Abgekämpft liegt es im Stroh. Es bewegt sich nicht, nur hin und wieder zucken seine riesigen Ohren. Es war eine ungewöhnlich lange Geburt gewesen, fast den ganzen Nachmittag hat es gedauert, es war sehr kräftezehrend gewesen, für das Kalb, aber auch für die Mutter. Auch sie konnte nicht mehr aufstehen, nachdem es endlich geschafft war, musste sich liegend erholen. Dennoch hat sie sich nach kurzer Zeit wieder auf die Beine gekämpft, denn sie weiß, wie wichtig es ist, das geburtsnasse Fell ihres Kalbes trocken zu lecken, damit es seine Körperwärme nicht verliert.

Mit ihrer Zungenmassage animiert sie das Neugeborene zum Aufstehen, es darf sich der Müdigkeit nicht hingeben, es muss das Euter suchen und von der wertvollen warmen Milch trinken, Überlebensenergie tanken. Doch das Kalb ist für diese erneute Anstrengung noch immer viel zu erschöpft. Ein klein wenig Ruhe kann sie ihm noch gönnen, ein wenig Zeit noch, doch dann muss es auf seine wackeligen Beinchen kommen, sonst ...

Sonja und ich stehen im Unterstand und beobachten, wie Mimosa versucht, das Kalb zum Aufstehen zu bewegen. Eine gute Mutter! Ich staune immer wieder, mit welcher Sicherheit unsere Tiere wissen, was zu tun ist. Und mit welcher Hingabe sie diese ihnen von der Natur gestellte Aufgabe meistern.

Sonja sieht auf ihre Uhr. «Das liegt nun schon über eine Stunde, das muss hoch, das muss jetzt endlich hoch.» Sie spricht leise, aber mit einem gewissen Unterton, der mich alarmiert. Wenn Sonja skeptisch ist, dann hat sie gute Gründe dafür. Innerhalb kürzester Zeit hat sie einen verblüffend sicheren Instinkt für ihre Galloways und Büffel entwickelt. Sie erkennt, ob ihre Herde sich wohlfühlt oder ob etwas nicht in Ordnung ist. Sie spürt sofort, was läuft zwischen den frisch Geborenen und ihren Müttern und wie es gut läuft oder eben auch nicht.

«Wie viel Zeit hat das Kalb noch, bis es stehen muss?», frage ich.

«Eigentlich keine mehr», meint Sonja. «Es ist zwar nicht wirklich kalt, du weißt: Wir hatten ja letzten Winter sogar bei stärkstem Frost Geburten, und alles ist gutgegangen. Aber das hier ... das gefällt mir nicht. Wenn das Kleine nicht trinkt, wird es langsam, aber sicher auskühlen und noch schwächer werden. Dann hat es endgültig keine Chance mehr, ans Euter zu kommen. Dann war's das. Es braucht die Energie aus der Milch. Und zwar bald mal!»

«Wollen wir versuchen, es aufzustellen, irgendwie?», schlage ich vor.

«Riskant», meint Sonja. «Wenn's funktioniert, sehr gut. Wenn nicht, haben wir wertvolle Kraft des Kalbes vergeudet und es noch schneller geschwächt.»

Sonja zieht ihre dicke Jacke enger um den Oberkörper, als würde sie bei sich spüren, wie die Kälte unerbittlich immer tiefer und tiefer in den Körper des Büffelbabys einsickert.

«Wir stallen die beiden auf», entscheidet sie. «Ich muss sie unter Beobachtung halten. Mimosa darf die nächste Zeit auf keinen Fall ins offene Gelände mit dem Kleinen.»

Gemeinsam schleppen wir die schweren verzinkten Gatterelemente heran, so leise und ruhig es eben geht, und bauen eine Absperrung um die Büffelin herum. Mimosa beobachtet uns genau. Wird aber nicht unruhig. Das ist der Lohn dafür, dass wir es uns zum Prinzip gemacht hatten, bei den Tieren Vertrauen aufzubauen, mehrmals täglich nach ihnen zu sehen, mit ihnen zu sein, sodass sie uns längst als zwar seltsamen, aber harmlosen Teil ihrer Herde akzeptiert haben.

Sonja klettert über das Gatter zum Kalb und seiner Mutter. Vermeidet hektische Bewegungen, nähert sich dem Frischgeborenen. Die Büffelin schnaubt, wippt einige Male mit dem Kopf auf und ab. Sonja hält inne. Mit tiefer, leiser Stimme spricht sie: «Na, Mimooosa, du stolze, schöne Mama, hast du das guuuut gemaaaacht. So ein wunderbares Kalb, ist guuuut, Mimooosa, ja, ist ja guuuut, mein schööönes Weibili.»

Die Büffelin riecht an Sonjas Hand, schmiegt sich an und lässt sich kraulen. Sonja bückt sich zum Kalb. Streichelt es, massiert. Mimosa lässt es zu. Als ob sie Sonja assistieren wollte, kommt sie mit den Nüstern ganz dicht ran. Mit einer Hand krault Sonja den Hals der Mutter, mit der anderen massiert sie das Kalb. Sonja dreht ihr Gesicht zu mir und lächelt. «Ein Bub», sagt sie. Dann beobachtet sie besorgt den kleinen Stier. «Er braucht Wärme. Wir decken ihn zu.»

Mit der Schubkarre schaffe ich zusätzliches frisches Stroh heran, Sonja breitet es über das Kalb. Ein Strohhügel entsteht, aus dem nur eine schwarze Mini-Stiernase hervorlugt.

Eine Stunde später, es dämmert schon merklich, sehen wir erneut nach dem Kalb. Unsere Hoffnung, der Kleine hätte seine Erschöpfung womöglich überwinden und aufstehen können, ist nicht in Erfüllung gegangen. Er muss es zwar versucht haben, er liegt nicht mehr unter dem warmen Strohberg, doch keine Milchspuren kleben an seinem Mäulchen.

Da, er startet einen weiteren anstrengenden Versuch! Tapfer kämpft er sich hoch. Stemmt die Kruppe vom Boden weg, bis seine Hinterbeinchen fast ausgestreckt sind. Jetzt setzt er ein Vorderbeinchen auf, macht einen gewaltigen Ruck, um auch das andere unter dem Bauch hervorzukriegen. Er stemmt sich hoch. Ja, es gelingt! Schief und wackelig steht er im Stroh, die Beine absurd weit nach hinten und vorn ausgestreckt, aber er steht! Bravo, kleiner Stier, du schaffst es, geh, geh, finde das Euter, versuch es! Er wagt einen Schritt, ja weiter! Ein zweiter Schritt, er schwankt hin und her, als würde die Erde beben, will ausgleichen und ... verliert. Seine Vorderbeinchen brechen weg, die kleinen Klauen rutschen nach vorn, sein Kopf rauscht ins Stroh, die Hüfte kippt zur Seite. Aus! Ermattet hebt er sein Schädelchen, blickt zu seiner Mutter, die neben ihm steht und doch unerreichbar ist, und lässt sich schließlich kraftlos ins Stroh sinken. Ein geschlagener kleiner Held.

Sonja klettert abermals zu den Tieren, ich werfe ihr die mitgebrachten Pferdedecken über das Gatter.

«Scheiße», entfährt es Sonja. «Er beginnt schon auszukühlen. Wir müssen ihn irgendwie warm kriegen. Wir müssen, sonst haut der uns ab, in den Büffelhimmel.»

Sie fasst dem Kalb ins Mäulchen. «Da ist er auch schon kühl, die Zunge ist kalt, verflucht noch mal. Das schaffen wir nicht nur mit Decken. Zu wenig Eigentemperatur, der braucht Wärme von außen.» Ihre Stimme klingt ratlos, ein Hauch von Verzweiflung kündigt sich an. Nervös fingere ich mein Handy aus der Jackentasche, wähle Krüpkis Nummer und hab ihn nach endlos scheinendem Tüt-Tüüüüt-Tüüt endlich dran.

«Wat denn, wat denn, wat denn», meldet er sich. «Keiner stört mich an meinem heiligen Feierabend, ich sitze beim Essen!»

In meinem Stress verzichte ich auf sämtliche Entschuldigungsformeln, die der kleine Schweizer selbst noch in einer solchen Notlage eingefordert hätte. «Krüpki, ich brauch deine Hilfe.»

Krüpki reagiert wunderbar. «Dieter! Bin zur Stelle, wat liegt an?»

«Ich brauch 'ne Pferdeheizdecke.»

«'ne Pferdeheiz ..., wat?»

«Wir haben ein neugeborenes Büffelkalb, das schwächelt und dringend Wärme von außen braucht; und zwar schnell. Hast du 'ne Pferdeheizdecke?»

«Pferde werden bei mir nicht geheizt, Mensch!»

«Nein die Decke, die Decke soll heizen. So was gibt's doch für Menschen auch, du hängst die Decke an die Steckdose, und dann wird sie warm ...»

«'ne Heizdecke für Pferde? Ja, was sagt man denn dazu. Pferdeheizdecke! Was soll das denn für 'n Dreckskram sein?»

«Hast du vielleicht 'ne Heizdecke, ich meine, eine für Menschen, ich würde dir eine neue besorgen, wenn ...»

«Willste mir verspotten? Wofür hältst du mich?» Krüpki dreht auf, ich bringe das Telefon in Sicherheitsabstand zu meinem empfindlichen Trommelfell. «Fragt der mich, ob ich 'ne Heizdecke ...», quäkt es aus dem Handy. Mimosa dreht verwundert den Kopf in Richtung dieser scheppernden Töne. «Ich bin doch kein Stadt-Weichei, hör mal, so weit kommt's noch, dass ich 'ne Heizdecke ... Arbeit ist immer noch die wärmste Jacke! Und falls du dich erinnerst, ich gehöre wahrhaftig nicht zu denen, die den ganzen Tag auf der faulen Haut liegen und denn nachts auf 'ner Heizdecke ...»

«Krüüüüüüpki!!!», schreie ich das Handy an. Ich lausche. Das

Quäken ist verstummt. Ich riskiere das Ding wieder etwas näher an mein Ohr zu bringen. «War ja nur 'ne Frage, Krüpki.»

«'ne Beleidigung war das! Und bring dein Kalb an die Wärme, aber dalli, das ist das Einzige, was ihr machen könnt. Schafft ihr das?»

«Schaffen wir, Krüpki.»

«Und wenn dir wider Erwarten etwas Vernünftiges einfallen sollte, wie ich wirklich helfen kann, denn meldest du dich, verstanden? Zu jeder Zeit, klar? Auch morgens um drei, ich bin zur Stelle, ja? Ist das in deiner Birne angekommen, haaaallo? Haaaallo, ich erwarte Bestätigung!»

«Bestätigt», sage ich.

«Na aaalso! Ich komm morgen rum und seh bei euch nach dem Rechten. Und wehe, du vermasselst die Schose, ohne mich angerufen zu haben! So, nu kümmer dich endlich um det olle Kalb und vertrödele nicht meine Zeit!»

«Mach ich, Krüpki! Äh ... danke!»

Doch er hat schon aufgelegt.

«Er hat keine Heizdecke», sage ich zu Sonja. «Er sagt, wir sollen das Kalb an die Wärme bringen.» Sie blickt vom Kalb auf, das sie mit einer Decke abrubbelt.

«Hab ich deutlich gehört.» Sie seufzt. «Dieter, das schaffen wir so nicht. Krüpki hat recht, das muss an die Wärme. Wir holen es zum Hof.»

«Im Hofstall ist es doch auch nicht wärmer als hier», gebe ich zu bedenken.

«Nein, aber im Haus», sagt Sonja.

«Du willst das Kalb ins Haus ...»

«Wohin sonst?»

Sie hat recht. Es ist die einzige Möglichkeit, dem kleinen Stier wenigstens eine Chance zu geben.

«Gut», sage ich. «Aber das heißt, wir müssen ihn füttern. Ich seh, wie viel Frischmilch Frau Widdel im Laden hat, und sonst fahr ich nach Schmachthagen ...»

«Lass, er braucht Muttermilch. Ich muss Mimosa abmelken und es ihm mit der Maulspritze einflößen, die Kolestralmilch ist lebenswichtig für sein Immunsystem. Aber erst mal muss der Kleine an die Wärme. Auf geht's, nach Hause!»

Wir wickeln das Kalb in eine Pferdedecke und tragen es mit einer zweiten, wie in einer Hängematte, zum Jeep. Völlig apathisch lässt es alles einfach über sich ergehen. Wir legen es vorsichtig auf die Ladefläche, neben ein großes, dort festgezurrtes Plastebecken, in welchem Sonja allerhand Tierpflege-Utensilien aufbewahrt. Sie kramt darin herum, findet die Maulspritze und einen Trichter. «Dachte mir doch, ich hätte alles dabei ...», murmelt sie.

Diese Frau war vor ein paar Jahren noch Kulturmanagerin, Fernseh- und Filmproduzentin. Landwirtschaft? Damals ein fremdes Universum für sie. Und jetzt? Jetzt steht sie da in der einbrechenden Oktobernacht, in Gummistiefeln und einer robusten Bauernjacke, Milchflaschen und Trichter in den Händen, wild entschlossen, diesen kleinen Büffelstier ins Leben zurückzubringen. Ich bewundere meine Sonja.

«Du bist gut. Richtig gut, du Vollbäuerin.» Ich drücke sie an mich.

«Hoffen wir's», höre ich sie leise an meinem Ohr. Sanft schiebt sie mich von sich. «Dieter, schaffst du es, den Kleinen allein ins Haus zu tragen?»

«Ich werde das schon hinkriegen», sage ich mit möglichst viel Zuversicht in der Stimme und weiß doch: Ich prahle.

«Gut», erwidert Sonja, «dann bleib ich gleich hier und versuche, ob Mimosa mir Milch geben will. Wird nicht einfach werden, sie ist das Melken ja nicht gewöhnt. Aber es wird schon irgendwie gehen, wir können gut miteinander, Mimosa und ich ... müssen wir ja!» Spricht's und stapft Richtung Unterstand.

Als ich auf den Hof fahre, wundert mich, dass im Haus Licht brennt. Wir sind doch bei Tag weg, warum ...? Da öffnet sich die Haustür, die Sennenhunde stürzen bellend heraus, und im erleuchteten Türrahmen erscheint der Schattenriss einer schmalen Person, der anstelle eines menschlichen Kopfes eine Art Heuhaufen aus den Schultern wächst.

«Wo wart ihr denn, ich dachte schon, es ist was passiert?», ruft Alice und streicht sich ihre wilde Mähne nach hinten. «Die Hunde waren da, aber von euch keine Spur.»

«Alice-Kind!» Ich steige aus. «Was für eine Überraschung, gut, dass du da bist.»

«Hab ich doch gesagt, dass ich heut komm gegen Abend, weil morgen die Schule ausfällt. Lehrerkonferenz, weißt du nicht mehr?!» Sie steigt die paar Stufen herunter, um mich zu begrüßen.

«Ah ja? Entschuldige, das hatte ich nicht mehr auf der Pfanne, aber ich freu mich immer, dich zu sehen ... Alice-Kind, du musst mir helfen.»

«Was denn los?» Das Mädchen sieht mich mit großen erschrockenen Augen an. «Ist was mit Sonja, wo ist sie?»

«Nein, nein, mit Sonja ist alles gut, sie ist bei den Büffeln und ...»

Ich schildere ihr kurz die Lage. Alice hört sich den Bericht aufmerksam an, geht kommentarlos zur Heckklappe des Jeeps, öffnet sie und ruft: «Mein Gott! Mein Gott! Wie süß, o der arme kleine Büffel. Schnell, Dieter!» Und schon zerrt sie an der Pferdedecke, auf der das Kalb liegt.

«Moment, Alice, erst planen, dann machen ...» Ich überlege, wie wir es schaffen können, das Tier die fünf Stufen hoch und danach durch die schmale Eingangstür zu bringen. Am Besten, wir versuchen es durch die Terrassentür zum Wohnzimmer. Wir nennen sie Terrassentür, obwohl die Terrasse zur Tür noch immer nicht gebaut ist. Nur eine einfache Holztreppe führt zu ihr hoch. Aber sie hat einen entscheidenden Vorteil: Zwei der drei Türflügel lassen sich öffnen, sodass ein fast zwei Meter breiter Durchgang entsteht, viel Manövrierraum. Dieser Weg ins Haus ist viel büffelgerechter als die Eingangstür. «Wir bringen ihn ins Wohnzimmer, da haben wir mehr Platz beim Reintragen», verkünde ich.

«Okay», sagt Alice, rennt ins Haus, verschwindet, taucht kurz darauf im Wohnzimmer wieder auf und öffnet von innen die beiden Türflügel. Im Nu steht sie wieder neben mir an der offenen Heckklappe. «So, also komm», keucht sie und rupft erneut an der Pferdedecke.

«Alice, sei nicht so hektisch, mach langsam.» Gemeinsam ziehen wir den kleinen Büffel auf der Decke zu uns ran, bis er knapp an der Ladekante liegt.

«Wo soll ich ihn nehmen?», fragt Alice. «Lass mich doch mal überlegen», dämpfe ich ein weiteres Mal ihren Tatendrang. «Ein Wasserbüffelkalb wiegt bei der Geburt über vierzig Kilo. Das ist nicht wenig. Für jeden von uns mehr als zwanzig Kilo. Das sind zwei gefüllte Gartengießkannen, schaffst du das, Alice?»

«Zwei Gießkannen? Klar, schaff ich locker!»

Ich mustere das schmale Persönchen mit den dünnen Ärmchen.

«Musst gar nicht so kritisch gucken», reklamiert sie. «Männer unterschätzen Mädchen immer, weißt du? Und außerdem hab ich gelesen, wenn es wirklich wichtig ist, also wenn es um Leben und Tod geht und um all so was, dann hat man dreimal so viel Kraft wie normal. Und hier geht es ja wohl um Leben und Tod, oder? Also könnte ich in diesem Fall sogar sechs Gießkannen tragen!»

Es geht zwar um Leben und Tod, aber so ein Felltier hat im Gegensatz zu Gießkannen weder Henkel noch Griffe. Wir versuchen es in mehreren Varianten: Ich vorne, Brust und Kopf, und Alice das Hinterteil, dann umgekehrt, dann wir beide jeweils auf einer Seite ... Es funktioniert alles nicht. Der einzige Effekt unserer Bemühung: Der kleine Stier ist durch unsere ganze Herumprobiererei aus seiner Lethargie erwacht und beginnt sich durch unberechenbare Zuckungen gegen unsere Belästigungen zu wehren. Wir versuchen es nun auf die gleiche Weise, in der ich den Kleinen mit Sonja transportiert hatte: die Pferdedecke als Hängematte. Allein, ich traue den kleinen Händen des Kindes einen solchen Kraftakt schlicht nicht zu. Außerdem müsste das Tier Ruhe geben, und das tut es gerade jetzt partout nicht.

«Ich muss es alleine versuchen, Alice. Ich schaff's ja auch, die Hunde zu tragen, und die sind so viel leichter auch nicht.» Zu meiner Überraschung tritt Alice ohne jede verletzte Eitelkeit zwei Schritte von der Klappe zurück.

«Okay», sagt sie.

Ich schiebe meine Arme unter das Kalb, es strampelt heftig und kommt dadurch irgendwie halb zum Stehen. Dadurch gelingt es mir, es quer zu fassen, einen Arm um seine Brust, den anderen um den Hintern zu legen. Ich presse es an mich. Hebe es hoch. Und es zeigt sich: Die massigen Sennenhunde sind doch *viel* leichter als dieser Stier! Ich wanke die Treppe rauf, mein Rücken jault, die Oberschenkel erkundigen sich beim Hirn, ob da jemand verrückt geworden sei, die Arme kündigen durch heftiges Zittern einen Generalstreik an. Jetzt nur nicht schwach werden! Bloß nicht fallen lassen! Ich muss es schaffen, ich muss, es geht um Leben und Tod! Und wie ich das denke, stellt sich heraus: Was Alice da gelesen hat, war gar nicht so dumm: Pure Energie durchströmt mich plötzlich auf unerklärliche Weise, die Beine tun nicht mehr weh, der Rücken schweigt, und die Arme halten wie Eisenträger. Noch drei Stufen, noch zwei, eine noch – und ohne durch einen engen Türstock behindert zu werden, bin ich im Wohnzimmer angekommen! Langsam setze ich das Kalb ab. Sobald seine winzigen Klauen Bodenkontakt spüren, beginnt es zu strampeln, rutscht aus, aber

noch habe ich es fest im Griff und lasse es sanft zu Boden gleiten. Ich höre noch, wie Alice die Terrassentür hinter sich schließt,
ich sehe noch die Pferdedecke, die sie aus dem Jeep mitgebracht
hat und die sie nun auf dem Holzboden ausbreitet. Kluges Schnell-
kapier-Kind!, denke ich noch, dann nehme ich nichts mehr wahr,
außer pumpenden Lungen, rasendem Puls und großer Erleichte-
rung: Wir haben den Kleinen an der Wärme, unverletzt!

Auf dem Holzboden, direkt neben dem großen Heizkörper,
bereiten wie ihm ein Lager aus Woll- und Pferdedecken. Alice
kuschelt sich liegend gegen den Rücken des reglosen Stierbabys
und streichelt es.

«Wie lange braucht der, bis er wieder warm ist?», fragt sie.

«Keine Ahnung, Alice. Ich kenn das so ähnlich nur von einem
Lamm. Das war nach zwei Stunden schon wieder fit. Bei ihm … wir
müssen abwarten.»

«Und danach kann er dann wieder zu seiner Mama?»

«Er muss. Sobald er stehen kann und 'ne Chance hat, das Euter
zu finden, gehört er wieder in seine Herde.»

«Schade», sagt Alice, «wär doch nett, einen Büffel als Haustier
hier drin», und lacht laut heraus, in mein entsetztes Gesicht.

Es ist fast Mitternacht. Sonja ist es tatsächlich gelungen, Mimosa
zu melken, und mit viel Geduld haben wir es geschafft, das Kalb
mit einem Teil der lebenswichtigen Milch sozusagen zwangszuer-
nähren. Und es hat zum ersten Mal einen Laut von sich gegeben.
Ein kurzes, kehliges «Mmmö», einer kleinen Faschingströte nicht
unähnlich, ein akustisches Fragezeichen. Ich kenne diesen Laut
von anderen Büffelkälbern, er bedeutet: «Hier bin ich, Mama.» Er
kann gesteigert werden von «HIER bin ich Mama» über «HIER bin
ich, MAMA» bis zu «H I E R B I N I C H , M A A A M A ! ». In dieser
höchsten Stufe klingt es dann nach Vuvuzela. Betätigt von sehr kräf-

tigen Lungen. Doch so weit musste sich der Stier gar nicht verausgaben: Alice hat sich bereits beim allerersten «Mmmö» an das Kalb gekuschelt und dessen Rücken massiert. Sofort hat es sich beruhigt.

Jetzt sitzt das Mädchen mit dem Rücken gegen den Heizkörper gelehnt auf dem Boden. Den Kopf des Kalbes hat sie auf ihre ausgestreckten Beine gebettet. Der Rest des Büffelchens verschwindet unter mehreren Lagen Textil. Mädchen wie Kalb dösen mit geschlossenen Augen vor sich hin.

Vorsichtig fahre ich mit der Hand unter die Decken und spüre: Wärme! Ich taste nach den kleinen Klauen und vermeine Metall anzufassen. Kaltes Metall. Vorsichtig schiebe ich einen Finger in das Kälbermaul: Es fühlt sich an, als hätte das Tier soeben ein Eis gelutscht.

«Die Wärme ist noch immer nicht im Körper», stelle ich resigniert fest.

«Tja», sagt Sonja, «bis mehr als vierzig Kilo Büffel warm werden ..., das dauert eben einiges länger als bei einem leichtgewichtigen Lämmchen.»

«Also, dann wird das nichts mehr heute Nacht mit zurück zu Mama», resümiere ich.

«Nein», bestätigt Sonja knapp. Sie runzelt die Stirn. «Das bedeutet für uns: Nachtwache. Wecker stellen, alle zwei Stunden nachsehen.»

Ich seufze. Na gut, denke ich, dann ist der morgige Tag eben geknickt. Ich brauch zwar nicht allzu viel Schlaf, so sechs Stunden genügen mir eigentlich, wenn ich die jedoch nicht kriege, dann werde ich zum Zombie. Ich zucke mit den Schultern, was soll's, dann eben Zombie.

«Es ist nun mal, wie es ist», sagt Sonja.

«Ja», antworte ich, «und eigentlich können wir uns nicht beklagen: Bis jetzt haben unsere Kühe ihre Kälber problemlos geboren und großgezogen.»

«Eben», sagt Alice, die offenbar doch nicht geschlafen hat. «Und außerdem: Warum wollt ihr euch denn dauernd wecken lassen. Ich bin doch da, ich schlaf heut Nacht beim Kleinen.»

«Das geht nicht», protestiere ich reflexartig. «Du brauchst deinen Schlaf, Alice-Kind.»

«Wozu?», fragt sie. «Ich kann ja morgen den ganzen Tag pennen, wenn nötig. Bitte, ich kann nicht vom Kleinen weg! Ich schlaf doch sowieso nicht, wenn ich nicht weiß, wie's ihm geht. Da kann ich doch gleich bei ihm bleiben.»

«Klingt logisch», sagt Sonja und zwinkert mir zu.

«Aber ...», will ich sagen, doch Alice ist schneller: «Dann ist ja alles klar!»

«Alles klar», lächelt Sonja, und schon haben mich die beiden Damen elegant überstimmt.

Wir holen eine Isomatte aus dem Keller, das Bettzeug aus dem Gästezimmer und bereiten direkt neben dem Kalb ein zweites Lager für Alice. Danach präsentiert sich uns ein Bild wie aus einem Hollywood-Kitschfilm, Titel Little Bull Girl: Beide warm zugedeckt, das Kind an den Rücken des Kälbchens gekuschelt, ein Ärmchen über dessen Flanke gelegt. Als wir uns aus dem Zimmer schleichen wollen, ertönt, dünn vor Müdigkeit, Alices Stimmchen: «Wir brauchen einen Namen. Wenn er einen Namen hat, überlebt er bestimmt.»

«Gut», antwortet Sonja. «Du wirst unseren Sorgen-Stier taufen. Es muss aber ein Name mit M sein. M wie Mimosa.»

«Ist das bei Büffeln so?», fragt Alice. «Mir hätte Lukas gefallen.»

«Das ist bei Büffeln so. Lukas ginge, wenn er der Sohn von Lilith wäre. Dieser hier braucht einen M-Namen.»

«Ich denk drüber nach», sagt Alice müde. «Gute Nacht, ihr beiden.» Sie ruckelt sich noch enger an den Stier heran. «Nacht, Kleiner.» Und schon ist sie weg, im Träumeland.

Fachleute

Um sechs Uhr morgens werde ich von fremdartigen Geräuschen geweckt. Ein ungewohntes, schnelles Klocklocklock-Klocklocklock-Klock aus dem unteren Stockwerk. Es verstummt, dann ist es wieder da, jetzt wieder weg. Es dauert einige Sekunden, bis mir mein Gehirn die Bilder zum Ton liefert. Und die elektrisieren mich. In Sekunden bin ich aus dem Bett, fahre in die Jeans, ziehe mir ein T-Shirt über und rumpele die Holztreppe hinab. Auf der letzten Treppenstufe dreh ich mich um und rufe hinauf: «Sonja, das Kalb! Es rennt herum!» Als ich die Tür zum Wohnzimmer öffne, sehe ich: Chaos. Sämtliche Decken sind wild im ganzen Raum verteilt, und mittendrin stehen, ja, *stehen* nebeneinander, flankiert von den beiden Sennenhunden, Alice und das Kalb und blicken mich an. Alices Gesichtsausdruck spiegelt Glück und Stolz. Die Hunde, fast so groß wie das Kalb, gucken sehr wichtig, warten ab. Wie mag Herrchen wohl auf diesen dritten Hund reagieren? Das Kalb selbst fixiert mich aufmerksam, es ist auf der Hut.

«Ta-taaaaa», macht Alice. «Darf ich vorstellen, Miosch, das ist Dieter.» Sie deutet mit ausgestreckter Hand auf mich. «Dieter, das ist Miosch.» Ihre Hand beschreibt einen eleganten Bogen zum Kalb und landet zwischen dessen Segelohren auf seiner Stirn.

«Er steht», analysiere ich die Lage messerscharf.

«Und er geht», ergänzt Alice.

«Und er scheißt», bemerke ich mit Blick auf diverse schwarze Breiportionen auf dem Wohnzimmerboden.

«Und er pisst.» Alice deutet auf nasse Badetücher in der Ecke.

Lachen hinter mir. Sonja ist dazugekommen. «Alice-Kind», ruft sie, «du bist eine Heldin! Du hast es geschafft!»

«Miosch hat es geschafft.» Alice rennt zu Sonja und fällt ihr um den Hals. «Miosch ist super», erzählt sie. «Ich wach auf und seh ihn über mir stehen, ich hab 'nen richtigen Schreck gekriegt, und dann war ich so glücklich, und dann wusste ich plötzlich: Er heißt Miosch, ich weiß nicht warum, aber er sieht irgendwie nach Miosch aus. Bitte, bitte taufen wir ihn Miosch!»

«Du hast ihn doch bereits getauft!», lacht Sonja. «Und Miosch ist ein super Name, klar, er soll Miosch heißen.»

«Mmmmmmö», macht Miosch.

Sofort ist Alice bei ihm. Eifrig stupst er mit seinen Nüstern an ihr herum.

«Mmmmmmö.»

«Miosch hat dich adoptiert», erklärt Sonja. «Er sucht Milch. Wir haben noch welche von gestern Abend. Macht ihr sie warm, bitte, Alice oder Dieter, und gebt sie ihm? Ich fahr zu Mimosa und hol Nachschub!» Schon dreht sie ab, aber ich halte sie zurück.

«Sonja, das Kalb ist doch fit, wäre es nicht einfacher, wir bringen es zur Muttermilch statt die Muttermilch hierher?»

«Ich trau der Sache noch nicht, ich will ihn erst beobachten. Und ein wenig warten, bis die Sonne mehr Kraft hat und es draußen wärmer geworden ist. Und er auch. Wer weiß, wie lange er bei der Mutter brauchen wird, bis er das mit dem Euter schnallt, patschert wie er ist.»

«Miosch ist nicht patschert», protestiert Alice, doch Sonja ist schon weg. «Was heißt patschert überhaupt?», fragt Alice daher mich.

«Ungeschickt», übersetze ich, «auf Österreichisch.»

«Aha.» Sie überlegt. «Machst bitte du die Milch warm?»

«Weil du dafür zu patschert bist?»

«Nein», lacht Alice, «weil Miosch mich adoptiert hat. Und Adoptierte dürfen einander nicht alleine lassen. Niemals, weißt du?»

«Ich weiß», sage ich. «Niemals», und verfüge ich mich in die Küche.

Als ich mit der warmen Kälbertränkflasche zurück ins Wohnzimmer komme, liegt Miosch wieder auf einer der Decken. Wir streichen ihm über Rücken und Flanken, versuchen uns vorzustellen, unsere Hände wären Büffelmutterzungen. «Mmmmmmö», macht Miosch und rappelt sich auf. Die Glätte des Holzfußbodens bereitet ihm Schwierigkeiten, also greifen wir ihm unter die Arme, besser gesagt unter die Beinchen. Ich reiche Alice die Flasche, sie präsentiert Miosch den Gummistutzen. Doch er findet dieses seltsame Ding seiner unwürdig und schnüffelt auf der Suche nach Milch eifrig an Alice herum.

«Du bist doch patschert, Miosch», sagt Alice. «Hier ist doch deine Milch!»

«Steck ihm einen Finger ins Maul», schlage ich vor.

Sie tut es und strahlt: «Ganz warm, er ist warm!» Miosch produziert Sauggeräusche. «Mann, der zuzelt aber mächtig!», staunt Alice.

«Jetzt versuch's mit dem Fläschchen», weise ich sie an. Geschickt zieht Alice ihren Finger zurück und schiebt Miosch in derselben Sekunde das Fläschchen ins Maul. Der Stier verharrt, ist verblüfft. Dann saugt er versuchsweise, wartet ein wenig, merkt, dass aus dem gruseligen Gummiding köstliche Milch kommt, und jetzt gibt es kein Halten mehr: In rasendem Rhythmus saugt der Kleine an der Flasche, stupst kräftig dagegen, saugt weiter, und nach kurzer Zeit hat er das kostbare Weiß in seinen Bauch befördert. Zwei-, dreimal probiert er noch, ob da wirklich gar nichts mehr kommt, dann steht er zufrieden im Wohnzimmer, lässt ganz langsam den Kopf Richtung Boden sinken, kniet sich mit den Vorderbeinchen hin, senkt dann auch die Kruppe und: liegt.

Ich will gerade Wischer und Eimer holen, um Mioschs nächtliche Hinterlassenschaften, die sich nicht nur dem Auge, sondern auch der Nase unangenehm bemerkbar machen, zu beseitigen, da poltert es an der hofseitigen Haustür. Das ging ja schnell mit dem Melken diesmal, denke ich und wundere mich, warum Sonja nicht einfach reinkommt – wir verschließen doch nie die Tür. Die Hunde rasen bellend an mir vorbei Richtung Flur. Und was jetzt an mein Ohr dringt, beweist zweifelsfrei: Das ist nicht Sonja.

«Zu spät, schon wieder zu spät, ihr lernt es nie, ihr Versager! Über den ganzen Hof sind wir schon gelatscht, und ihr habt wieder gar nüscht geschnallt, nüscht, ihr Nullen!»

Die Hunde erkennen Krüpkis Stimme, ihr Bellen verändert sich von laut drohend in laut freudig. Es gibt offenbar Vierbeiner, die durch Angebrülltwerden schlagartig in Bewunderung für den Brüller verfallen. Mir sind diesbezüglich auch einige ähnlich gelagerte Zweibeiner bekannt.

Ich lasse Mob und Eimer, wo sie sind, und öffne die Haustür. Die Hunde begrüßen Krüpki stürmisch. Er stimmt in das Getöse ein und übernimmt, was Lautstärke betrifft, souverän den dominierenden Part. «Is ja gut, ihr Versager, is ja gut, ja, ihr Versager, ihr Nullleister, ja, jaaaa!!»

Hinter Krüpki, Türrahmen füllend, taucht die Silhouette Teddys auf. An dessen Schulter vorbei erkenne ich, leicht verwischt durch Krüpkis fliegenden Flaum, das schwarze schmalkrempige Lederhütchen von Bauer Müsebeck.

«Wollten mal sehn, wie's dem Schwächling geht. Lebt der noch oder habt ihr die arme Sau mit 'ner Heizdecke zu Roastbeef gegart?»

«Sau?», fragt Teddy.

«Kalb», sagt Krüpki.

«Büffel», korrigiert Teddy.

«Meinetwegen Büffelkalb», brüllt Krüpki, sich zu Teddy umdrehend. «Mensch, nu lass doch ma gut sein, Dieter kapiert doch auch so, wen ich meine.»

«Tja ... äh», mache ich. «Sehr nett von euch, dass ihr euch erkundigt ... äh ... Miosch geht's gut.»

«Miosch?», fragt Teddy.

«So heißt das Kalb», kläre ich ihn auf.

«Büffelkalb», quäkt Krüpki. «Sag um Gottes willen *Büffelkalb*, sonst dreht der Große wieder durch!»

«Der tut mir gefallen, der Name von dem Büffelkalb», brummt Teddy, «Miosch. Und wo isser nu, der Kleene? Wir waren uf der Weide, aber da ist keen Büffelkalb. Bloß deine Frau, die melken tut.»

«Sie behauptet, ihr hättet das Kalb ins Haus genommen», mischt sich Krüpki ein. «Ins Haus! Aber das glaube ich ja nicht, bis wir es mit den eigenen Kiekern gesehen haben. Im Wohnhaus! Was sagt man denn dazu! Sag mir auf der Stelle, dass das nicht stimmt, Mensch.»

Teddy schiebt seinen Kopf an Krüpki vorbei, schnüffelt und stellt fest: «Ick gloobe, so wie det hier riechen tut, stimmt det doch.»

Krüpki macht einen Schritt in den Flur, weitet seine Nasenflügel und zieht Luft ein, wie ein Seelöwe vor dem Abtauchen.

«Kuuuuhstall!», schreit er und tritt in Aktion. «Ich rieche es, allein, ich glaub es nicht! Platz da, mach Platz, sonst werd ich laut!» Und schon drängelt er sich, mich kurzerhand beiseite schiebend, an mir vorbei durch den Flur. Dicht gefolgt von Teddy und Müsebeck. Letzterer zwinkert mir im Vorbeigehen zu und grinst sein wissendes Grinsen.

«Immer der Nase lang», versuche ich einen schalen Scherz.

Unnötigerweise: Die drei sind schon in die Küche eingebogen und streben zielsicher Richtung Wohnzimmer.

Sehr langsam und bedächtig schließe ich die Haustür, drehe mich um und warte auf Krüpkis Entsetzensschreie. Oder auf Teddys Lachen. Was würde wohl Müsebecks Kommentar sein? Doch aus den Tiefen des Hauses dringt das Unerwartete: Stille. Unheimliche Stille.

Ich nähere mich auf leisen Sohlen der Wohnzimmertür, und da seh ich sie. Alle drei stehen stumm und gucken auf die Szenerie vor sich: Miosch liegt unter einer Decke, sein Kopf ruht auf Alices ausgestreckten Beinchen, sie selbst sitzt gegen den Heizkörper gelehnt, ihre Hand bewegungslos auf Mioschs Nacken, die Augen hat sie geschlossen. Ich spüre das Bedürfnis, mir die meinen zu reiben. Das ist doch exakt das gleiche Tableau, das sich mir gestern vor dem Schlafengehen dargeboten hat. Bin ich im falschen Film?, frage ich mich, ist das eine 3D-Rückblende, spielen wir hier Und täglich grüßt das Murmeltier?

Vier gestandene Männer in einem nach Kuhscheiße stinkenden Wohnzimmer in Amerika, Land Brandenburg, starren mit offenen Mündern auf ein pennendes Mädchen mit pennendem Büffelkalb und staunen andächtig, als sähen sie die leibhaftige Mutter Maria mit dem kleinen Jesulein. Das denkt sich kein Hollywood-Regisseur aus, das muss Realität sein, harte, unerbittliche Wirklichkeit.

Wir hören die Haustür ins Schloss fallen. Entschlossene Schritte nähern sich schnell. «Ah, seid ihr doch nachschauen gegangen?», lacht Sonja. Drei Männerzeigefinger werden synchron an drei Männermünder gelegt, und ein dreifaches «Pssst» ertönt. «Mach nicht so 'n Krach», flüstert Krüpki.

Wahrhaftig, Krüpki flüstert. Dass ich das noch erleben darf!

«Der Büffel schläft», flüstert Teddy.

«Alice schläft», flüstere ich.

Müsebeck macht als Einziger das einzig Richtige, was man in Gegenwart Schlafender machen kann: Er schweigt.

«Reingefallen, ich schlaf gar nicht.» Alice grinst uns spitzbübisch an und streicht sich ihre Wuschelfrisur nach hinten. «Ich wollte bloß nicht, dass ihr hier rumschreit und meinen Miosch erschreckt. Ich hab irgendwo gelesen, Erwachsene kriegen automatisch eine Schreibblockade, sobald sie ein schlafendes Kind sehen. Hat wirklich funktioniert.»

Der Hund

«Kaffee?», hatte Sonja gefragt, nachdem sie Miosch die noch warme Milch Mimosas eingeflößt hatte, strengstens beobachtet von unseren drei Gästen, die jede ihrer Bewegungen fachkundigen Blickes überwachten. Ein vierfaches «Jou» war die Antwort gewesen. Nun sitzen wir in der Küche vor unseren Kaffeetassen. Einzig Büffelmama Alice hat darauf bestanden, bei Miosch bleiben zu müssen.

«Von seener Mutter tut der Kleene wohl nüscht mehr trinken, gloob ick, wenn der sich an die Alice jewöhnt hat», sagt Teddy

«Der? Ach», winkt Krüpki ab. «Red keinen Schrott, Teddy, der trinkt, wo immer er was zu trinken kriegt, kannste Gift drauf nehmen, ich kenn mich aus mit den kleinen Hosenscheißern. Bei den Fohlen ist es ja auch so, da hatte ich mal ...»

«Is aber keen Foohlen, Krüpki», unterbricht ihn Teddy, das Wort «Fohlen» verächtlich in die Länge ziehend. «Det is 'n Büffel! Dass du det nie kapieren tust aber och.» Teddy schnaubt.

Da meldet sich Müsebeck zum ersten Mal zu Wort. «Der trinkt schon», sagt er still vor sich hin lächelnd. «Der macht det.»

«Siehste, Teddy, meine Rede, der macht dat. Lausche den Fachleuten und verklicker uns keine Hammelscheiße. Woher willst denn du wissen, was Sache ist mit dem Viehzeug, hä? Wo du doch noch nie keine Viecher nicht gehabt hast!»

«Jetzt hör du mal zu», sagt Teddy und wendet sich zum neben

ihm sitzenden Krüpki. «Icke bin Vize-Meister im Schafscheren, da brauchst du mir nicht zu erzählen, dass ich keine Ahnung haben tu von Viehzeug.»

«Ist aber keen Schaaaf, det is 'n Büffel», äfft Krüpki Teddy nach.

«Na und? Sonja, sach du doch mal deine offene, ehrliche Meinung: Tu ich keene Ahnung haben von die Viecher oder tu ich doch?»

«Von Schafen hast du 'ne Menge Ahnung, Teddy», bestätigt ihn Sonja.

Teddy nickt zufrieden. «Det will ich meinen. Und von Hunden och. Und vom Karnickel. Und du, Krüpki, wovon hast du Ahnung? Von die Gäule vielleicht. Und denn is aber auch schon Schluss bei dir.»

«Hab ich Hunde gehört? Hun-de?» Krüpki beugt sich zu Teddy, die Gesichter der beiden berühren sich fast. «Ich kenn dich nun wirklich schon 'ne Weile, Teddy, aber noch nie hab ich 'nen Hund gesehen, der mit 'ner Figur wie dir Gassi gegangen wär.»

Teddy wendet sich von Krüpki ab und Sonja und mir zu: «Der tut ja alzheimern, der Mann. Der weiß nüscht mehr im Kopp. Aber ich, ich tu mir genau erinnern, dass ich einen Hund hatte. Bello hieß der nämlich.»

«Und wann soll das gewesen sein?», erkundigt sich Krüpki.

«Na ja ... ist 'n Weilchen her», gibt Teddy zu. «Det war, als ich noch bei die Eltern wohnte in Schmachthagen. Ich wollt immer schon 'n Hund haben, wisst ihr. Aber unser Vadder hat immer gesagt, nee, so 'ne Haarschleuder kommt ihm nich ins Haus. Da kannte der nix. Und wenn ich jemals doch so 'ne Töle mit nach Hause bring, hat der immer gesagt, denn kann ich am selben Tag ausziehen, samt dem Hund. Joo, und ... denn hat die Hündin von 'nem Kumpel von mir geworfen, fünf Stück, fünf Welpen, einer schöner als der andere. Wenn de die gesehen hast, da haste geglaubt, det sind junge Füchse, so 'n rotes Fell hatten die.»

«Füchse», schnaubt Krüpki. «Bleib mir vom Leib mit Füchsen!»

«Waren keene Füchse, waren Hunde», stellt Teddy klar. «Sahen aber aus wie Füchse, die kleenen Bälger. Na ja, und als die größer wurden, haben die die alle verkooft. Nur den eenen, den, wo keener haben wollte, den kriegten se einfach nich wech. Mir hat der ja am besten gefallen, von alle Welpen. Hatte zwar so 'n paar dunkle Flecken im Fell, aber war ein gewitztes Kerlchen. Und denn haben se mir gefragt, ob ich den nicht übernehmen will, ich kann den kriegen für Umme. Für umme?, sag ich, gemacht! Denn nehm ich den gleich mit. Ich den Hund geschnappt und so ruff uff 'n Arm und nach Hause getragen. Uff'm ganzen Nachhauseweg hat der ohne een Mucks in mein Arm gelegen, war mucksmäuschenstill, der Köter. Hat nur an meiner Hand rumgeschlabbert mit seiner kleenen Zunge, sonst Schnauze gehalten. Aber immer wenn uns einer über 'n Weg gelaufen kam, denn hat der gebellt, sag ich euch, also wie 'n Irrer. Det müsst ihr euch ma vorstellen, der kleene Kerl hat mir verteidigt! Gegen alle! 'n Herz wie 'n Löwe hatte der, det sag ich euch. Und wie der denn auch noch mein ehemaligen Lehrer angekläfft hat, der wo zufällig um die Ecke gebogen kam, da hab ich zu ihm gesagt, na Kleener, sach ich zu ihm, wenn de so wacker bellen kannst, denn sollste auch Bello heißen.» Teddy nickt und lächelt vor sich hin.

«Na? Und dann?», drängelt Krüpki. «Dann hat dich dein alter Herr hoffentlich zum Teufel gejagt, verdientermaßen.»

«Nu wart doch ab», fährt Teddy fort. «Icke komme also nach Hause. Vaddern sieht den Hund und sagt: ‹Du erinnerst dir, wat ich gesacht habe: Wenn de 'n Köter mit nach Hause nehmen tust, denn fliegste!› Ich zu ihm: ‹Allet klar, Vadder, ich geh schon mal packen. Nur: Eine letzte Bitte hab ich noch, bevor ich weg bin: Wenn du es dir da schön jemütlich machen tust in deinem Sessel, so lange bis ich fertig bin mit dem Packen, und dabei so 'n bisscken uff 'n Hund aufpassen würdest …, damit der nicht runterfällt, weeßte? Det wär jut. Ist nämlich noch 'n Junger, kommt ganz frisch von Muttern.› Und wirklich: Setzt der sich in sein Sessel, ich ihm den Bello uff 'n Schoß, und raus. Rin in meine Bude und abgewartet. Hin und wieder so mit'm Fuß gegen den Schrank gehauen, Schubladen uff, Schubladen zu und all so wat, holterdiepolter, damit det klingen tut, wie als ob ich packe, wa. So. Nach etwa 'ner halben Stunde ich wieder rin zu Vaddern und sach zu dem, ‹So, nu is alles gepackt, Vadder, ich hau denn jetzt ma ab mit dem Hund, wollt mir nur noch verabschieden von dir.› Und wisst ihr, wat der Alte da macht? ‹Pscht›, macht der und deutet so uff sein Schoß uff 'n Bello. ‹Pscht, der Hund schläft!› Von da an war der Bello in die Familie uffjenommen jewesen.»

Teddy lehnt sich zurück, trinkt einen Schluck Kaffee und sagt zu Krüpki rüber: «Erzähl du mir nix von die Viecher.»

Die Terrasse

Nachdem der kleine Büffel Miosch sein Verdauungsschläfchen hinter sich gebracht hatte, fand er, es sei nun an der Zeit, die Welt zu entdecken. Und sehr zum Leidwesen seiner Lebensretterin Alice war er der Ansicht, dass diese kleine zweibeinige Leihmutter eben doch kein adäquater Ersatz für 600 Kilo Mutterglück sein könne, welches er im Unterstand hatte zurücklassen müssen. Kurz, er begann, sehr charmant zwar, aber doch deutlich zu randalieren. Sein Stimmchen trötete durch halb Amerika, als er sich anschickte, doch mal die Vuvuzela-Variante in Anwendung zu bringen. Mit solcherlei Aktionen veranlasste er die in der Küche versammelte Gesellschaft, sich wieder ins Wohnzimmer zu begeben und Kriegsrat zu halten. Das Ergebnis war, dass Sonja beschloss, man könne es wagen, Miosch zu seiner Mutter in den Unterstand zurückzubringen. Diese Entscheidung wurde von den anwesenden Fachleuten wohlwollend kommentiert:

Dieter: «Wenn du das so spürst, mein Schatz, dann machen wir das so.»

Teddy: «Der gehört zu seine Mama, der Miosch, det sieht 'n Blinder.»

Krüpki: «Nur die Harten komm' in Garten!»

Alice: «Ach mennoooo.»

Müsebeck: «Na denn ...»

Jetzt stehen Teddy, Krüpki, Müsebeck und ich auf dem Hof vor der Terrassentür und warten, bis sie aufgehen würde. Sonja und Alice füttern Miosch nochmals mit aufgewärmter Muttermilch, damit er satt im Unterstand ankommt und sich Zeit lassen kann, herauszufinden, wo sich seine natürliche Milchausgabestelle befindet und wie sie funktioniert.

«Wann willste denn mal endlich die Terrasse angehen, Dieter?», fragt Teddy. «Det mit die Treppe ist ja wohl so nicht gedacht, auf die Dauer, wa?»

«Ach Teddy, ich weiß es nicht. Da war immer was anderes wichtig. Unterstände, Zäune, ein neuer Heuwender ... Wir kommen und kommen einfach nicht dazu, auch noch für die artgerechte Haltung der Menschen zu sorgen.»

Müsebeck grinst unter seinem Lederhütchen wissend vor sich hin und nickt.

«Ach, det mit die Terrassen», kräht Krüpki. «Bleib mir bloß vom Leib mit die Terrassen, wa? Mach et nicht! Wozu denn? Kannst doch einfach die Holztreppe runter, die paar Schritte tun ja nicht weh, wa, und dann legste hier 'n paar Betonplatten in den Modder, stellst 'n schönen Tisch drauf, Wachstuch drüber, Stühle ran, fertig! Wat willst de denn mehr?»

«Na ja», sage ich, «ein Dach überm Kopf zum Beispiel, damit man auch draußen sitzen kann, wenn's mal regnet.»

«Ja, ja, det kenn ich, det kenn ich.» Krüpki winkt ab und versucht seinen fliegenden Silberflaum zu bändigen. «Du tönst schon genau wie meine Lotte. Wisst ihr, wie det mit meiner Lotte war, als die 'ne Terrasse wollte? Also, det glaubt mir ja keiner, so bescheuert war dette. Wir hatten doch so 'nen schönen Sitzplatz vor dem Haus, wa? Direkt von der Küche durch die Hintertür, paar Stufen, so wie jetzt hier bei dir, und zack warste auf dem Sitzplatz. Einwandfrei. Aber meine Lotte! Meine Lotte beschwerte sich wegen der Stufen, das wär doch so schön, wenn man direkt, ohne runterzumüssen aus der Küche, also in einer Ebene, versteht ihr. Na, ich bin ja so doof, ich kann ja meiner Lotte keinen Wunsch abschlagen, wenn die mal so richtig wat will, ja? Denn spurt der alte Krüpki über kurz oder lang, wa?»

«Kenn ich», sagt Teddy. «Die Weibsbilder tun immer sagen, wo's langgeht, Dieter, wa?», fügt er an und blickt mich vielsagend an.

«Da kannst du schon recht haben, Teddy», gebe ich zurück. «Aber das ist ja nicht zwangsläufig schlecht.»

«Nee danke», winkt Teddy ab. «Kenn ich, anfangs gibt's Küsse, zum Schluss nur Nüsse. Mein Motto ist: No women, no krei!»

Müsebeck kratzt sich kurz am Hinterkopf, drückt sein verrutschtes Hütchen wieder in Position und sagt: nichts.

«Siehste, Dieter, det hab ich mir ja auch gesagt, bei meiner Lotte», klinkt sich Krüpki wieder ein. «Die hat ja was in der Birne, die hat ja 'n Doktor gemacht, wa, sagte ich zu mir selber, und was meine Lotte da vorschlägt: na ja, besser wär das schon, wenn sie nicht immer die Stufen rauf- und runtermüsste, wenn sie mir 'n Bier rausbringt. Also, ich Bretter besorgt, schön Stützen im Boden verankert und ein astreines Podest gebaut. Mitsamt Geländer, damit keener runterfällt, wa. Herrlich, sag ich euch. Wir haben es wirklich genossen, wir sind viel öfter draußen gesessen, jetzt, mit dem neuen Podest.

Bis meine Lotte draufkam, dass det mit dem Regen, wa, also immer die Reintragerei bei Regen, und denn kommt die Sonne und denn wieder die Raustragerei. Es wäre doch, meinte meine Lotte, viel einfacher und praktischer, wenn das Podest überdacht wäre, wa? Na, ich wieder zum Baumarkt gefahren und ein schönes Satteldach gemacht, schön mit Stützen am Rand von det Podest, und Dach druff. Sah gut aus, wirklich! Und Lotte war glücklich, dass auch bei Regen nicht immer alles nass wurde. Es sei denn, der Wind ging. Denn schon. Überhaupt der Wind, wa. Der störte Lotte nun immer mehr. ‹Dat zieht immer so auf unserer Terrasse›, sagte sie, ‹det ist nicht gut für meinen Rücken, wenn der Wind da immer so rankommt.› Na, man will ja nicht, dass dem eigenen holden Weibe der Rücken schmerzt, eine gute Ehe braucht keine Frau, der wo immer der Rücken wehtut, bei allem und jedem, wenn ihr versteht, wie ich meine? Ich also auf der Wetterseite 'n schönen Windschutz gebaut, wa. Schön aus Glas mit Rahmen und allem Schnickschnack. Freie Sicht, aber ohne Wind. War jut!

Lotte fand das auch. Aber nur bei Westwind. Wenn der Wind aus Osten kam, denn störte sie das nach wie vor. ‹Gerade der Ostwind›, sagte sie, ‹gerade der ist ja der bissig kalte.› Ich sage, da hat sie recht, die Lotte, der aus dem Osten, der ist der böse. Darum, logisch, musste auch auf der anderen Seite 'n Windschutz ran. Ich hatte ja nu schon Übung. Es war eigentlich gar kein so großer Aufwand, und der Effekt: eins a! Wir lebten quasi den ganzen Sommer über auf unserer Terrasse. Meine Lotte kriegte 'ne Farbe im Gesichte, sag ich euch, richtig knusprig sah die wieder aus, richtig jung. Darum fand sie es denn auch so schade, als die kühlen Tage anbrachen im Herbst und wir wieder drinne hocken mussten und auf die leere Terrasse stieren. Frustrierend war das, frustrierend. Bis Lotte dann die Idee hatte, wenn man vorne auch noch zumachen würde, mit so 'ner Glasfront und 'ner Tür, denn könnte man viel länger den Wintergarten genießen. Ich also vorne auch zugemacht und auch gleich, weil ein Wintergarten im Winter ja 'ne Heizung braucht, 'n ordentlichen Radiator rin. Und damit man Heizkosten spart, schön det Dach von unten isoliert und die Glasfronten allesamt mit Doppelscheiben aufgerüstet. Und uff die Holzbretter 'ne Isoliermatte und denn Keramik, wa. Hat mich fast überfordert, war ziemlich aufwendig, aber, sagte ich mir, wenn es seine Lotte glücklich macht, scheut Meister Krüpki weder Kosten noch Mühen.

Hat denn auch super hingehauen. Sogar bei Frost saßen wir

nu gemütlich draußen in unserm Wintergarten. Herrlich. Der war jetzt quasi det neue Wohnzimmer, der Wintergarten, ganzjährig zu nutzen, wa. Und denn wurde es Juni, und die Tage wurden wärmer, und wir frühstücken wie immer in unserm Wintergarten, und denn guckt meine Lotte so durch das Doppelglas nach draußen, und denn seufzt sie so. Icke frag: ‹Wat denn, Lotte, wat seufzte denn?› Und wisst ihr, was se sagt? ‹Ach›, sagt se, ‹ich habe mir nur gedacht, wie schön wäre es, wenn man jetzt, wo der Sommer kommt, vom Wintergarten her rauskönnte.› ‹Kannste doch›, sag ich zu ihr, ‹Tür uff, Treppe runter, und du bist draußen.› ‹Schon›, sagt sie, ‹aber weißt du, Schatz, praktischer wär's, wenn man doch da uf selber Ebene gleich 'ne Terrasse hätte!›»

Krüpki schlägt die Hände über dem Kopf zusammen und versucht, wieder zu Atem zu kommen. Dann dreht er sich zu mir, haut mir die Hand auf die Schulter und sagt: «Scheiß drauf, Dieter, aber sooo 'n Haufen! Det rat ich dir: Lass et, wie's is!»

Schluss mit Milchschaum

Wir kommen beim Unterstand an, mit einem ziemlich aufgeregten Kalb hinten im Jeep, das wir mit tatkräftiger Unterstützung von Müsebeck und Teddy, nebst klar erteilten Anweisungen von Krüpki und Sonja wieder in denselben verfrachtet hatten. Alice befindet sich ebenfalls hinten bei Miosch, zuständig für sein Wohlbefinden während des Kürzest-Transports. Sie hat alle Hände voll zu tun, den Kleinen zu bändigen und ihre Extremitäten immer wieder rechtzeitig unter seinen ruhelos staksenden Klauen in Sicherheit zu bringen. Ich manövriere den Jeep rückwärts gegen den Unterstand, möglichst nah an die Absperrgitter, hinter denen Mimosa aufmerksam beobachtet, was ihr die weiße Blechkiste da wohl bringen würde. Durch die Windschutzscheibe sehe ich, wie Krüpkis Auto am Rand der Weide zum Stehen kommt. Teddy und Krüpki steigen aus dem Petrolgrünen, Sonja und ich aus dem Jeep. Wo ist Müsebeck? Ich bin mir sicher, bei der Abfahrt gesehen zu haben, wie er in den Petrolgrünen geklettert war. Warum steigt er nicht aus?

«Was ist mit Müsebeck?», ruf ich zu den beiden Ankömmlingen rüber und sehe, wie Krüpki abwinkt. Die beiden kommen ran, und ich wiederhole die Frage: «Ist Müsebeck nicht bei euch eingestiegen?»

«Doch, ist er», gibt Krüpki Auskunft.

«Und warum steigt er jetzt nicht aus?»

«Weil er nicht mehr drinne ist», lautet Krüpkis mysteriöse Auskunft. Er bemerkt meinen verständnislosen Gesichtsausdruck und ergänzt: «Ja, hast du denn noch gar nicht geschnallt, wie das ist mit Müsebeck? Noch nie was aufgefallen, wa? Weil de keine Beobachtungsgabe hast, du Neu-Amerikaner. Müsebeck ist mal da ... und dann plötzlich wieder nicht.»

«Genau», sagt Teddy. «Tippt so an sein Hütchen und ... weg is er ...»

«Wollen wir, Jungs?», ruft Sonja, die schon hinter der Heckklappe des Jeeps steht. «Oder führt ihr gerade wichtige Männergespräche? Dann natürlich machen wir Frauen das gern auch ohne euch ...»

«So weit kommt's noch», schreit Krüpki und wastelt auf seinen Stamperbeinchen zu Sonja. «Jetzt hört mal zu, ihr Anfänger, der alte Krüpki sagt an, wie das zu laufen hat. Alles hört auf mein Kommando!» Er hebt seine linke Hand hoch wie Napoleon, bevor er das Kommando zum Angriff gibt. Sein dünnflaumiges Haupthaar tanzt im Wind und erinnert wahrhaftig an die Federbüsche, mit denen die alten Schlachtherren ihre Parademützen rauf-deluxt haben.

«Falsch, Krüpki.» Sonjas Stimme ist ruhig, aber sehr bestimmt. «Alles hört auf mein Kommando.» Sie legt ihm die Hand auf jene Schulter, aus der sein Feldherrnarm in die Höhe wächst, und sieht ihm tief in die Augen. Krüpki weicht ihrem Blick keinen Millimeter aus, prüft seelenruhig, wie ernst es ihr ist. Dann lässt er langsam seine Hand sinken, bis diese wiederum auf Sonjas Schulter ruht, und jetzt stehen die beiden wie Marx und Lenin auf russischen Historiengemälden einander gegenüber. Brüderlich vereint in Kraft und Zuversicht. Wie, fragt man sich bei diesem Anblick, wie gelingt es Krüpki bloß immer wieder, eine Aura von geschichtsträchtiger Bedeutsamkeit um sich aufzubauen?

«Na», verkündet Krüpki, «was sagt man denn dazu? Aus dir ist ja wahrhaftig doch noch 'ne Bäuerin geworden. Ich zieh den Hut!» Er tritt drei Schritte von Sonja zurück, dreht sich zu uns und brüllt: «Alle mal herhören: Die Kleene hier sagt an, wie das hier zu laufen hat, und ihr führt es aus, ihr Piepen. Ist das angekommen?» Wir nicken brav. «Na, denn bitten wir mal um deine Kommandos, Sonja!»

Doch bevor sie dazu kommt, poltert es laut von innen an die Heckscheibe des Jeeps. Alice begehrt mit beiden Fäusten Aufmerksamkeit und macht Gesten, die eindeutig signalisieren, wir Erwachsenen hätten wohl einen an der Waffel, Miosch und sie einfach zu vergessen. Und wie um Alice zu unterstützen, trötet der sein «Mmmö».

In derselben Sekunde folgt die Antwort von Mama Mimosa. Ein kehliger, lang gezogener Laut, der Lockruf der Büffelmutter. Und nun hebt ein Duett an, bestehend aus Mioschs Vuvuzela- und Mimosas Waldhorn-Fanfare. Die Büffelin streift hektisch an der Absperrung hin und her, Miosch zappelt wild im Jeep herum, und Alice krabbelt nach vorn, um auf dem Beifahrersitz in Deckung zu gehen.

Sonja reagiert sehr schnell. «Jeder bleibt, wo er ist!», ruft sie und öffnet im selben Moment die Heckklappe. Der Stier, der gestern Abend noch nicht in der Lage gewesen war, auch nur zwei Schritte zu gehen, springt jetzt aus dem Jeep wie ein junger Hirsch, strauchelt, rappelt sich geschickt wieder auf und ist schon beim Trenngitter. Routiniert löst Sonja die kleine Kette, die zwei Absperrelemente miteinander verbindet, rückt das eine ein wenig auf, und wie der Blitz wischt Miosch durch die Lücke und ist bei der Büffelin. Sie schnüffelt ihr Kalb ab und beginnt es zu lecken. Aufgeregt stupst es mit den kleinen Nüstern an der Kuh herum, es sucht die Milch an ihrem Hals, an ihrer Schulter, Miosch arbeitet sich weiter über ihre Flanke, bis zum Bauch. Und jetzt, jetzt ist er unter ihr, sein aufgeregt zuckendes Körperchen verdeckt unsere Sicht auf Mimosas Euter, aber die Geräusche, die wir hören, sind eindeutig: Er trinkt!

Vier Erwachsene und ein Kind stehen im Unterstand, blicken auf eine Büffelin und ein Kalb, das aussieht wie ein Clown mit dem weißen Milchschaum rund um Nüstern und Kinn. Würde man jetzt ein Foto machen, wäre bewiesen: Glück zaubert einen Ausdruck auf menschliche Gesichter, der mit einigem Recht als leicht debil bezeichnet werden kann.

Krüpki fängt sich als Erster. «Nun glotzt nicht so wie die Maulaffen, da ist ein Kalb an 'nem Euter, na und? Ist doch det Normalste der Welt!»

«Det is wohl wat Besonderes, nämlich weil der Kleene ein Wasserbüffelkalb is», bemerkt Teddy.

«Und weil's mein Miosch ist, der war gestern noch sozusagen tot, wisst ihr?», ergänzt Alice.

«Und weil ich so sehr glücklich bin, dass wir ihn über den Berg haben», lacht Sonja.

«Und weil diese Rettung einen besonderen Nachgeschmack hat ... in unserem Wohnzimmer», ergänze ich grinsend die vielen Besonderheiten dieser «normalsten Sache der Welt».

«Na ja», lenkt Krüpki ein, «denn soll's für euch Grünschnäbel eben was Besonderes sein. Wenn ihr denn eure Bude ordentlich durchgelüftet habt, denn komm ich rum, und denn wird gefeiert. Schnaps geht auf mich, soll keiner sagen, der alte Krüpki sei ein Spielverderber.»

«Bin dabei», ruft Teddy und richtet seine runden Äuglein auf mich. «Aber von wegen Schnaps: Wie bist denn auf die Schnapsidee gekommen? Wasserbüffelkalb im Wohnzimmer?»

Ich hole tief Luft, atme in aller Ruhe aus und sage, den Blick versonnen in die Ferne gerichtet: «Wisst ihr, ich sage immer: Lieber einmal mehr, als mehrmals weniger.»

Teddy starrt mich an, schüttelt ungläubig seinen Schädel und schnaubt verächtlich. «Von wo tuste denn *den* doofen Spruch herhaben?»

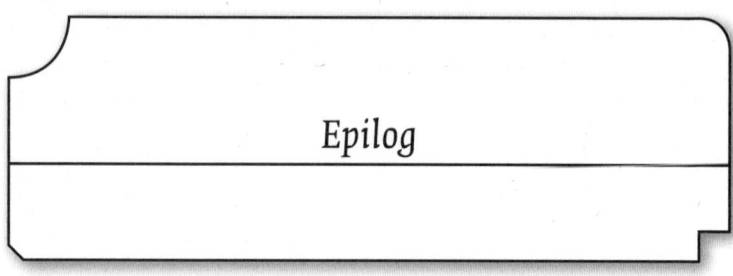

Epilog

Durch das Gestrüpp der Alleehecke hindurch hat Bauer Müsebeck die Szene still beobachtet. Er nickt zufrieden. «Meine Rede», sagt er zu sich, tippt kurz an die Krempe seines schwarzen Lederhütchens, und weg ist er.

Die Moor'sche
Verdrängung-durch-Verknüpfung-Methode

Wenn man ein Problem habe, heißt es so schön, gebe es zwei Methoden, dieses loszuwerden. Erstens, es zu lösen, und falls es nicht lösbar sei, zweitens, es nicht länger als Problem zu sehen, sondern als etwas Positives, als Chance oder Herausforderung, notfalls als Karma. Klingt gut, funktioniert in der Lebenspraxis nicht. Nicht wirklich.

Die meisten Menschen, und ich gehöre zu diesen meisten, versuchen die Probleme, die sich als unlösbar herausstellen, also die meisten, loszuwerden, indem sie sie verdrängen. Auch dies gelingt in der Lebenspraxis nicht wirklich, aber irgendwie eben doch.

Leider meldet sich das verdrängte Problem immer wieder aufs Neue – und jedes Mal quälender. Wie ein entzündeter Zahnnerv, nachdem die Wirkung der Mund- und Magenspülung mit Wodka unweigerlich nachgelassen hat. Man versucht, mit immer mehr Wodka den immer heftigeren Schmerz zu verdrängen, und am Ende hat man immer noch Zahnschmerzen und dazu auch noch einen Kater.

So ist es mit dem Verdrängen von Problemen. Es wird immer anstrengender, und am Ende hat man das Problem als Dauerproblem und dazu auch noch die Reue, dass man es nicht schon viel früher gelöst hat.

Problemverdrängung wäre nur eine Lösung, wenn die Verdrängung total, vollständig und unwiderruflich ausgeführt werden könnte. Also wenn man das Problem nachhaltig entsorgen könnte. Wie einen gezogenen Zahn.

Als mich das Problem meines Hürlimann-Traktors quälte, der auf gar keinen Fall kaputt sein durfte, aber dennoch kaputt war, und sich die Situation in einer Weise ehegefährdend zuspitzte, dass meine Frau mir schlichtweg verbot, das Wort «Hürlimann» auch nur zu erwähnen, ansonsten ich mein Bündel schnüren und von dannen ziehen müsse, sah ich mich in der Situation, ein nicht lösbares Problem derart perfekt verdrängen zu müssen, dass es nie, nie wieder auftauchen konnte. Weder im Verstand noch im Gefühl, weder bewusst noch unbewusst, weder in schlafendem noch in wachendem Zustand. Es musste so vollständig weg sein, als ob es nie existiert hätte, obschon es natürlich weiter existierte, solange der Hürlimann nicht repariert war. Es musste ausgerissen werden, wie ein fauler Zahn, der ja nach dem Ausreißen auch noch da ist, aber nicht mehr wehtut.

Wie konnte dies Unmögliche gelingen?

Nun, ich erinnerte mich in meiner Not an einen Trick, den ich irgendwo in einem populärwissenschaftlichen Artikel über erfolgreiches Lernen entdeckt hatte.

Man könne, war dort zu lesen, schnell und schmerzfrei die langweiligsten Dinge ins Gedächtnis pressen, wenn man diese mit spannenden oder angenehmen Dingen verknüpfe. So könne man sich, wurde behauptet, zum Beispiel die Namen aller Minister der aktuellen Regierung für immer merken, wenn man jeden Minister im eigenen Kopf mit einem schönen Erlebnis oder seiner Lieblingsspeise verknüpfen würde. Nicht des Ministers, sondern von einem selbst. Das Ganze könne man dann im Unterbewusstsein – das ist das Ding, das uns die seltsamsten nächtlichen Träume liefert –, also im Unterbewusstsein könne man diese Verknüpfung dann verankern. Dauerhaft. Man müsse nur den Namen des, sagen wir: Verteidigungsministers laut aussprechen – und dabei an eine, sagen wir: schöne, gutgeschmorte Hammelkeule denken. Und weil die Keule positiv besetzt sei, liefere das Hirn, wenn man künftig an den deutschen Verteidigungsminister denke, automatisch den Duft von Hammelfleisch, Rosmarin und Knoblauch – und, gratis dazu, eben auch den Namen des Ministers.

Der Nachteil dieser Methode ist natürlich, dass man seinen Lebtag nie wieder eine Hammelkeule genießen kann, ohne an den deutschen Verteidigungsminister denken zu müssen. Der womöglich längst nicht mehr in Amt und Würden steht und nach Amerika ausgewandert ist. Während man den aktuellen Minister natürlich ebenfalls bereits verknüpft hat, mit, sagen wir: dem schönen Hobby Lenkdrachenfliegen. Dem man dann auch nicht mehr frönen kann, ohne unweigerlich an diesen Herrn denken zu müssen. Und weil man diesen Merke-den-Namen-Trick mit der Zeit auf sämtliche Minister des Bundes und womöglich aller Länder angewendet hat und das auch noch über viele Legislaturperioden hinweg, kann man am Ende zwar in jedem Polit-Smalltalk mächtig punkten, aber nichts mehr genießen, was Spaß macht oder schmeckt, ohne dass einem ein Politiker im Kopf herumgeistert. Wer will das?

Darum habe ich die Methode tunlichst nicht angewandt – und erfreue mich bis heute eines miserablen Namensgedächtnisses, verknüpft mit einem genussvollen Dasein.

Aber jetzt, in der Not, im existenziellen Verdrängungszwang, jetzt erinnerte ich mich wieder an diesen Trick, und er wurde zum Hoffnungsschimmer, zum Strohhalm im Tunnel, zum Lichtschimmer auf stürmischer See. Wenn es möglich wäre, den Verknüpfungsmechanismus sozusagen umzupolen. Statt verknüpfter Erinnerung verknüpfte Verdrängung!

Als ersten Schritt in diesem Selbstmanipulationsexperiment machte ich mich daran, eine Liste meiner potenziell verknüpfbaren Verdrängungen zu erstellen. Und scheiterte sofort, weil: Echte Verdrängungen sind ja verdrängt, daher nicht verfügbar, nicht abrufbereit. Ich erkannte verzweifelt: Bevor ich meine Verdrängungen im Unterbewusstsein verknüpfen kann, muss ich herausfinden, was mein Unterbewusstsein denn da bisher überhaupt verdrängt hat. Das war nur möglich mit professioneller Hilfe: Ich brauchte einen Psychoanalytiker, einen mit Seelen-Tiefseetaucher-Patent, der den Mut und die Fähigkeit aufbrächte, bis in die unendlichen Abgründe meines kleinen Schweizers hinunterzuschnorcheln. Aber selbst wenn ich einen solchen Jacques Cousteau der Psychoanalyse fände, der Trip in die rätselhaften Tiefen meiner radikalen Synapsen würde wahrscheinlich Monate dauern, viel zu lange. Und wenn ich diesem Seelenerforscher eröffnen würde, ich müsse meine Verdrängungen finden, damit ich die kaputte Kupplungsscheibe eines alten Traktors mit Namen Hürlimann verdrängen könne samt einem meiner besten Freunde, ja, dann, glaube ich, würde der mich kurzerhand in die Klapse einliefern lassen.

Was tut ein Mann am Ende seines Lateins, wenn er ansteht, keine Lösung sieht, nicht mehr weiterweiß? Er wendet sich an seine Frau. Natürlich ohne zu verraten, dass er nicht mehr weiterweiß und jetzt ganz unglaublich dringend ihre Hilfe braucht. Denn selbst ein Mann, der nicht mehr weiterweiß, der eigentlich gar nichts mehr weiß, der weiß immer noch: Nichts ist in den Augen einer Frau unattraktiver als ein Mann, der nicht mehr weiterweiß. Eine Frau braucht einen Mann, der immer weiterweiß, damit, wenn sie nicht mehr weiterweiß, wenigstens einer noch weiterweiß, und das ist dann gefälligst: der Mann. Wozu hat Frau ihn schließlich?

Ich fand Sonja in ihrem Büro, wo sie in einem Meer von Unterlagen, Formularen, Listen, Faxen, Briefen, Rechnungen, Kreditoren,

Debitoren, Anträgen, Anfragen, Auskünften, Absagen, Geschäfts-modellszenarien, Tierbestandslisten, Weidemanagementaufstel-lungen, Produkt-, Etiketten- und Graphikentwürfen sowie etlichen halb leergetrunkenen Kaffeetassen unterzugehen drohte. Sie wirkte trotz allem keineswegs wie eine Frau, die nicht mehr weiterweiß. Sie tummelte sich in diesem Papierozean, den sie «Auslege-Ordnung» nennt, wie ein Delfin in der Bugwelle eines Luxusdampfers.

Realistisch muss ein Bauer, der Tiere züchtet, und zwar biolo-gisch, ökonomisch und artgerecht, bei dem alles kontrolliert, über-wacht, rapportiert und instruiert wird, ein solcher Bauer muss pro Mannstunde auf dem Hof mit vier bis fünf Mannstunden im Büro rechnen. Früher brauchte es Knechte und Mägde, heute sind es Buchhalter, Steuerberater, Tierbestandsmanager, Software-Spe-zialisten, Behörden-Mediatoren und Marketingstrategen, die das Überleben eines Bauernhofs in den Bereich des realistisch Hoff-baren wuchten. Früher waren kleine Bauern, die sich keine Knechte und Mägde leisten konnten, dann eben notgedrungen ihre eige-nen Knechte und Mägde, und so war Sonja als heutige Kleinbäue-rin eben notgedrungen ihre eigene Buchhalterin, Steuerberaterin, Tierbestandsmanagerin, Software-Spezialistin, Behörden-Media-torin und Marketingstrategin.

Ich fläzte mich demonstrativ in das kleine Sofa, das vor dem Regal mit den Tonnen von Aktenordnern stand, und stöhnte genüsslich: «Aaaach, ist das herrlich!» Keine Reaktion von Sonja. Sie starrte konzentriert auf irgendeine Liste und übertrug Zah-len in irgendeine andere Liste in ihrem Computer. Ich legte nach: «Wunder-, wunder-, wunderbar ist das! Also, sooooo schööööön!» Ich räkelte mich wie ein satter Kater auf seinem Lieblingskissen. Schade, Sonja registrierte es nicht einmal. Ihre Augen wanderten flink hin und her zwischen Liste und Liste. Unbeirrt gab sie weiter-hin den Papierozean-Delfin.

«Sonjaaaa», rief ich.

«Hm?» Nur dieses «Hm», keinerlei weitere physische Reaktion, flinke Augen auf Zahlen, konzentrierter Gesichtsausdruck. Eine lange, dunkle Haarsträhne baumelte vor ihrem Gesicht, wohl gleichfalls im Versuch, diese Frau aus ihrem Zahlenuniversum herauszulocken. Ebenso erfolglos wie ich: Sonjas Augen blickten einfach durch die Strähne hindurch.

«Sonja, ich sagte, es sei einfach herrlich, wunderbar, schön!»

«Mhm.»

«MHM?», rief ich so laut, wie man «mhm» eben rufen kann, was nicht besonders laut ist. Aber es reichte aus, Sonjas Augen von den Zahlen loszureißen und ihren Blick in meine Richtung zu zwingen.

«Wie meinen?», fragte sie und blies die Haarsträhne aus dem Gesicht.

«War das ein Mhm wie Finde-ich-auch oder war das ein Was-meinst-du-damit-Mhm?»

«Das war ein Ich-muss-mich-gerade-konzentrieren-Mhm.»

«Oh», machte ich.

«Mhm», machte Sonja, und ich staunte, wie vielseitig einsetzbar so ein kleines Mhm doch sein konnte.

«Das war jetzt das legendäre Endlich-hast-du's-kapiert-Mhm», mutmaßte ich, und erhielt exakt die Antwort, die zu erwarten war:

«Mhm.»

«Ah, gleich noch so eins», freute ich mich. «Toll!»

«Also, was ist los?», fragte Sonja, nahm die Hände von der Computertastatur und drehte ihren Oberkörper in meine Richtung.

«Nichts Wichtiges», meinte ich. «Ich fand es nur gerade ganz toll und wunderbar und dachte, ich teil's mal mit.»

«Schön, und was?

«Na, dass ich es wunderbar finde.»

«Ja, schön, aber was?»

«Was ich wunderbar finde? Ich finde es wunderbar, dass ich mit allem fertig bin. Alles gemacht, erledigt, abgeschlossen. Tageswerk vollbracht. Obwohl wir's erst 13 Uhr 12 haben. Alles ist gut, und ich habe Freizeit.»

«Hm. Hmmmmm!», machte Sonja, sie schien eine Vorliebe für das «M» entdeckt zu haben. «Tja, dann könntest du doch in deiner Freizeit Lust haben, all die Dinge zu tun ...»

«... ich hab doch alles getan», unterbrach ich sie. «Da ist nichts mehr zu tun!»

«... all die Dinge zu tun, die du so gern verdrängst.»

BINGO! Während ich mit eiserner Schauspielerdisziplin meinem Gesicht befahl, sich in Mimik No. 134 («Verständnislos gucken») zu verziehen und dann einzufrieren, jubelte mein Herz innerlich: Meine Frau hatte angebissen! Gleich würde sie mir verraten, was ich verdrängte, und mir damit helfen, das nunmehr der Verdrängung Entrissene mit dem zu verdrängenden Hürlimann-Problem zu verknüpfen, auf dass das ganze Paket gesamthaft wieder der Verdrängung überantwortet werden könnte. Für immer.

«Ich? Ich verdränge? Ich kenne keinen Menschen, der weniger verdrängt als ich. Wie kommst du darauf, ich wäre ein Verdränger, das ist ja schon fast beleidigend, hör mal, also wenn ich nicht so gute Laune hätte, weil ich alle meine Pflichten erfüllt habe, dann würde ich, also wirklich, ich bin, also ich weiß auch nicht.» Gekonnt ließ ich meine Stimme vor Empörung leise vibrieren.

Sonja blieb ganz cool. Sie schnappte sich ein leeres Blatt Papier – weiß der Geier, woher sie das in ihrem Ozean aus bedruckten Zetteln hervorgezaubert hatte –, legte es vor sich hin, griff gezielt unter einen Haufen Weidezaunzubehörkataloge und zog einen perfekt gespitzten Bleistift darunter hervor. Während sie schrieb, murmelte sie vor sich hin: «Tu ... du ... lis ... te ... di ... ta.»

«Was wird das denn?», mökte ich.

«Deine To-do-Liste, Dieter.»

«Aber ...»

«Erstens», machte sie in einem Ton, der deutlich ankündigte: Das werden ganz, ganz viele To-Do's, «hast du deine Spesenabrechnungen auf dem neuesten Stand?»

«Die Spesenab ..., jaaa, schon, denk ich. Oder?»

«Die letzte, die ich von dir habe, ist vom ...» Sie wuchtete zielsicher einen Ordner, der unter einem Berg Dutzender anderer Ordner auf dem Boden gelegen hatte, auf den Schreibtisch, ließ ihren Daumen durch die Aktenreiter gleiten und öffnete ihn. «... vom Vor-vor-Monat.»

«Ach?», staunte ich. «Ich hab doch gerade erst kürzlich den verdammten Zettelkrieg hinter mich gebracht.» Tatsächlich hatte Sonja recht: Ich verdrängte die mühsame Quittungen-Ordnerei und Spesenrechnungen-Schreiberei regelmäßig total, sodass der Belegeberg erschreckende Ausmaße angenommen hatte, was mich enorm motivierte, ihn noch totaler zu verdrängen.

Ich notierte innerlich: Nunmehr aufgedeckte Verdrängung Nummer eins: die Spesenanrechnungen.

«Du kamst einfach nicht dazu, mein lieber, armer Maaaan, gell?» Sonja blinzelte mir zu. «Wenn du gerade keine Lust dazu hast, morgen ist ja auch noch ein Tag. Stattdessen könntest du dich heute um die Heuluke kümmern, du erinnerst dich, da muss ein Geländer hin, das hat die Berufsgenossenschaft angemahnt, wegen der Sicherheit und der Versicherung.»

«Ja, gut ... äh ... bis wann muss das noch mal gemacht sein?»

«Der Herr Wimmer kommt rum in ...» Sie klickte auf ihren Computer und hatte das Datum innerhalb von drei Sekunden. «In sechs Tagen isser da. Wäre gut, wenn du das heute machen könntest, ab morgen hast du dann ja wieder keine Zeit, weil du ja dann sicherlich die Spesenabrechnungen machen wirst. Also: Was du heute kannst besorgen ...»

«Da muss ich aber vorher noch ...»

«Das Material beschaffen, ich weiß. Drum ist es ja so gut, dass du jetzt so viel freie Zeit hast.»

Ich notierte: Aufgedeckte Verdrängung Nummer zwei: Material für Heulukengeländer und Heulukentürchen besorgen; aufgedeckte Verdrängung Nummer drei: Heulukengeländer und -türchen zusammenzimmern und montieren.

«Aber wenn es dir jetzt nicht so zusagt, zum Holzhändler und in den Baumarkt zu fahren, was ich gut verstehen kann, wo du doch so wenig Zeit hier auf dem Hof verbringen kannst, wäre da noch die Werkstatt zu machen.»

«Was ist los mit der Werkstatt?», fragte ich unschuldig, obschon in mir bereits verdrängte Bilder des Chaos, das sich dort breitgemacht hatte, aufstiegen. Vermutlich Kobolde oder andere Quälgeister hatten die perfekte Übersicht, die in jeder Werkstatt zu herrschen hat, in ein Durcheinander von Bohrern, Schraubenschlüsseln und -ziehern, alten Drahtstücken, Zaunbaumaterial, Bohrmaschinen, Sägen, heimatlosen Schrauben und Schräubchen, Nägeln, Stiften, Zangen, Zapfwelleneinzelteilen, Ölkännchen, Glühbirnen, Glühbirnenfassungen, Kabeln und Tausenden von Dingen verwandelt, die man weder versorgt noch weggeschmissen hatte und die darauf warteten, ein Zuhause zugewiesen zu bekommen.

«Die Werkstatt, aha, ja richtig, da könnte ... Ist es denn schlimm?», fragte ich, in der Hoffnung, das Problem gleich wieder verdrängen zu können, weil Sonja sagen würde, nööö, so richtig schlimm sei es noch nicht.

Doch meine Frau hob abwehrend ihre Hände und sagte: «Ich weiß nur, dass du, als du vor zwei Wochen die Badezimmerlampe, die wir vor drei Monaten gekauft hatten, aufhängen wolltest, dass du da fast eine Stunde in der Werkstatt verschwunden warst. Auf der Suche nach dem Phasenprüf-Schraubenzieher.»

Jetzt fiel es mir wieder ein: Tatsächlich hatte ich den Phasenprüfer erst am nächsten Tag gefunden, nachdem ich zum Werkzeugladen in Schmachthagen gefahren, einen neuen gekauft, die verdammte Lampe aufgehängt und dafür insgesamt einen ganzen Nachmittag verbraten hatte. Eine perfekt verdrängte, sehr nervige Erinnerung.

Ich notierte: Aufgedeckte Verdrängung Nummer vier: Werkstatt aufräumen.

«Stimmt», gab ich zu, «da müsste man wirklich mal … äh … aber um wirklich nachhaltig Ordnung zu schaffen, müsste man vorher Wandregale montieren, damit alles seinen Platz hat, verstehst du, ein Zuhause.»

«Mhm, gute Idee! Das Werkstattregal auf deiner To-do-Liste vom …» Abermals griff sich Sonja einen Ordner, diesmal aus dem Wandregal, ihre «Werkstatt» hatte nämlich bereits ein Regal, es verdeckte die gesamte Längswand vom Boden bis zur Decke. Sie legte den Ordner über den bereits aufgeschlagenen anderen Ordner, schlitzte mit dem Finger präzise in den abgehefteten Papierstapel, öffnete ihn mit Schwung und las vor: «… hier: Wandregal Werkstatt. Steht als Unterpunkt unter dem Punkt ‹Frühjahrsputz Haus und Hof›.»

«Echt … vom Frühjahr ist die Liste?»

«Vom vorletzten Frühjahr», informierte mich Sonja.

So lange soll das schon wieder her sein? Dabei erinnerte ich mich noch ganz genau, mit welcher Begeisterung und Akribie ich diese Liste damals aufgestellt und welches Hochgefühl mich bei der Vorstellung durchflutet hatte, wie schön alles werden würde, wenn das alles dann bald mal erledigt wäre.

«Das Gute daran, dass du es noch nicht gemacht hast, ist: Du

sparst dir einen Weg. Du musst ja sowieso zur Sägerei für das Heu-
lukengeländer-Holz, da kannst du auch gleich die Bretter und Vier-
kanthölzer für das Werkstattregal mitnehmen ...» Sonja strahlte
mich an, als ob sie gerade den Weltfrieden ausgerufen hätte.

Und ich notierte: Aufgedeckte Verdrängung Nummer fünf:
Wandregal Werkstatt, damit aufgedeckte Verdrängung Nummer
vier abgehakt werden kann. Und ich notierte zusätzlich: aufgedeckte
Verdrängung Nummer sechs: Bretter und Vierkantpfosten besorgen, damit aufgedeckte Verdrängung Nummer fünf erledigt werden kann.

Innerhalb der nächsten halben Stunde deckte meine kluge und
wohlorganisierte Gattin Dutzende von weiteren Verdrängungen
auf. Von «Badezimmerspiegel endlich endgültig aufhängen» über
«Wasserhähne entkalken» bis «Miststock umschichten», «Kop-
pelzäune abgehen und auf Vordermann bringen» und «Hofstelle
sauber fegen». Sensationell: In nur dreißig Minuten hatte sie eine
Aufdeckungs-Erfolgsbilanz vorzuweisen, für die selbst ein Star-Psy-
choanalytiker Jahrzehnte gebraucht hätte. Wie schade für Woody
Allen, dass ich ihm Sonja schon weggeschnappt hatte. Mit ihr als
Ehefrau hätte er sich ein halbes Leben auf der Couch ersparen können ...

Um zu verhindern, dass die von Sonja der Verdrängung entrisse-
nen Verdrängungen wieder vorzeitig der Verdrängung anheimfallen würden, schrieb ich sie auf. Speicherte sie im Computer. Damit
ich sie immer wieder neu ausdrucken konnte, falls mein Unterbewusstsein mir unbewusst befehlen würde, die Liste zu verlegen, zu
verlieren, zu verramschen oder auf andere Weise völlig unabsicht-
lich zu vernichten. Mit mustergültiger Konsequenz setzte ich nun
die Verdrängungsliste überaus bewusst gegen das Unterbewusste
ein. Wann immer mir ein Hürlimann-Gedanke durch den Kopf
zuckte, griff ich zu dieser Liste.

«Hm ... hm ... hm ...», überlegte ich, «mal sehen, was ich am besten erledige, bevor ich mich dann mit dem Hürlimann beschäftige. Also, das hier, das könnte ich ja machen ..., aber dann müsste ich leider vorher dies hier ... einfacher wäre es, wenn ich jenes als Erstes machte, was ich allerdings erst nächste Woche machen kann. Was jedoch einen Zeitgewinn bringenden Synergie-Effekt brächte, und Zeit ist wertvoll, sie muss gespart werden, also beschlossen: dies erst machen, wenn das demnächst fertig ist und ich das andere bereits erledigt haben werde.»

Vor lauter Darüber-Nachdenken, was zu tun wäre, wenn man es tun würde und warum es jetzt leider noch nicht getan werden kann, rückte das Thema Hürlimann gaaanz weit nach hinten. Besser gesagt: nach unten. Tief nach unten ins unterste Unterbewusstsein. Auf diese Weise gelang es mir, die gesamte Hürlimann-Problematik untrennbar mit Verdrängungen zu verknüpfen und im Verband mit diesen erfolgreich der erneuten Verdrängung anheimfallen zu lassen.

Es funktionierte perfekt, nachhaltig und total: Innerhalb von wenigen Tagen war meine Gedanken- und Gefühlswelt absolut Hürlimann-frei.

Ich kann die Methode nur wärmstens empfehlen. Was immer Ihre Seele quält, Sie nicht zur Ruhe kommen lässt und Sie daher verdrängen müssen, testen Sie vertrauensvoll die Moor'sche Verdrängung-durch-Verknüpfung-Methode – und werden Sie wieder ein wertvolles, weil befreites Mitglied unserer Gesellschaft! Über mögliche unerwünschte Wirkungen und Nebenwirkungen fragen Sie nicht mich, sondern lesen Sie ein weiteres Mal dieses Buch ...

Die Schweizer Begrüßung

In der Schweiz ist vieles, was sich im zwischenmenschlichen Bereich des Alltags abspielt, etwas komplizierter als anderswo. Dies betrifft unter anderem auch das Begrüßungsritual, welches immer zu vollziehen ist, wenn Schweizer sich begegnen. Denn die Schweizer sind eigentlich von alters her daran gewöhnt, einander nicht zu begegnen. Sie sind lieber getrennt voneinander. Da darf man sich von der Tatsache, dass sie sich gemeinschaftlich als Genossen, ja sogar als Eidgenossen bezeichnen, nicht täuschen lassen. Bis nämlich Napoleon die Eidgenossen mit Waffengewalt zur Genossenschaft zwang – was die Genossen zunächst gar nicht genossen –, war die Schweiz gewissermaßen das Afghanistan Mitteleuropas. Während rundherum Hochkulturen blühten, die Geisteswissenschaften das Bild der Schöpfung neu erfanden, die Französische Revolution eine gerechtere Gesellschaftsordnung durchzusetzen begann und in ganz Europa ein künftiges Weltkulturerbe nach dem anderen erbaut wurde, herrschte in der Schweiz nach wie vor die unbegrenzte Willkür lokaler Warlords, die das ganze Gebiet untereinander aufgeteilt hatten in einen Flickenteppich selbstherrlicher Gewaltausübung. Sozialpolitik und Gesetzgebung wurden gestaltet und umgesetzt mit Hilfe des guten, altbewährten Faustrechts.

Wer hatte, dem wurde gegeben, wem nicht gegeben wurde, der hatte auch nichts zu wollen, sondern gefälligst gefällig zu sein und sich mit dem zu bescheiden, was er nicht hatte, und bescheiden abzuwarten, ob ihm vielleicht (aber nur ausnahmsweise und nur, wenn dem Habenden die unterwürfige Gefälligkeit des Habenichtses gefällt), ob ihm dann vielleicht eine trockene Brotkruste zugeworfen würde, auf dass er wieder zu jenen Kräften komme, die er doch brauchte, um weiterhin bescheiden und gefällig sein zu können.

Es war kein schönes Leben damals, in der schönen Schweiz.

So suchten viele ihr Wohl im himmlischen Jenseits, in das man ja vielleicht dermaleinst eingelassen würde. Aber nur vielleicht und nur, wenn man Gott gefällig war und dem Allmächtigen die Gefälligkeit gefällt und man nicht am Jüngsten Tag vom gefällten Gottesurteil gefällt wurde und man hinab musste in die Hölle, wo man von ausländischen Fötzeln und anderer Teufelsbrut weiter so geplagt wurde wie schon das ganze ausgehauchte Leben lang heroben auf dem schönen Schweizer Boden.

Damit man es aber überhaupt wagen konnte, aufs Jenseits zu hoffen, war es im Diesseits sehr wichtig, nicht falsch gefällig zu sein, sondern eben richtig. Leider gab es unterschiedliche Auffassungen darüber, wer Gott richtig und wer ihm falsch gefällig war. Und weil es in dieser Frage immerhin um die Ewigkeit ging, also um alles, hatten sich natürlich die richtig Gefälligen zu verteidigen gegen die falsch Gefälligen, um des Himmels willen. Also verteidigten sich die Katholiken gegen die Lutheraner und die Zwinglianer, die Lutheraner gegen die Zwinglianer, die beiden wiederum gegen sich untereinander und alle drei gemeinsam gegen die Unchristen, sodass jeder sich verteidigte gegen alle anderen. Und weil die beste Verteidigung bekanntlich der Angriff ist, schlugen sie sich die Köpfe ein, derart zuhauf, dass die Frauen fast nicht mehr nachkamen mit dem Gebären von neuen richtigen Christen. Hätte man die «Weyber», wenn sie nicht gefällig sein mochten, nicht fleißig vergewaltigt, es wäre knapp geworden mit dem verteidigungswilligen Nachschub.

Vor lauter Kämpfen für das würdige Jenseits blieb den Menschen weder genug Kraft noch genug Macht übrig, zu kämpfen für ein menschenwürdiges Diesseits. Was die Erhalter der menschen-unwürdigen Zustände freute und sie zu Erhaltern von allem machte – womit sie alles erhielten.

Bis heute gehört das Erhalten von Erhaltenem zu den obersten Schweizer Tugenden. Und das Gefälligsein, auf dass man etwas erhalte. Und die Angst vor den Un-Gefälligen und den anders Glaubenden, die sowieso.

Kurz: Es war früher in der Schweiz nicht zum Aushalten. Es war zum Davonlaufen. Tausende und Abertausende taten es auch. Ganze Täler entvölkerten sich. Und weil sie von den Bischöfen, den Grundbesitzern und Warlords dumm gehalten und für dumm verkauft wurden, waren sie wenig gebildet und hatten nichts dazulernen können, außer wie man jemandem den Kopf zu Brei haut. So bewarben sich die Davongelaufenen im Ausland als bezahlte Profi-Krieger. An ihrem elenden Leben, das sich in der Fremde sogar noch viel elender anfühlte als in der Heimat, hingen sie wenig. Und wenig schreckte sie Gevatter Tod, der ihnen fast schien wie ein Erlöser, der sie ins Jenseits begleiten würde, wo man sich immerhin erhoffen durfte, es käme dort wenigstens nicht noch himmeltrauriger, als es hienieden schon war.

Mit dieser inneren Grundeinstellung unterschieden sie sich in nichts von den heutigen Gotteskriegern: Sie gaben die perfekten Schlacht-Roboter ab. Andere kämpften fürs Vaterland, für den König oder den Fürsten, für die Freiheit oder um ihre Habe. Die Eidgenossen kämpften für das eigene Seelenheil in alle Ewigkeit. Das heißt: ohne Angst und ohne Gnade. Das heißt: besser als alle anderen. Ein Söldner, der den Tod sucht, ist ein guter Söldner, ein

Söldner, der den Tod gefunden hat, ist ein Söldner, der seinen Zweck erfüllte. (Mit dem angenehmen Nebeneffekt, dass ein toter Söldner am Ende des Monats seinen Sold nicht einfordert. Eine echte Win-win-Situation für den Kriegsherrn.) Nur ein toter – oder wenigstens verzweifelter – Schweizer also galt als ein guter Schweizer.

Bis *heute* sagen die Schweizer, wenn sie sich richtig freuen über etwas, was sie richtig gut finden: «Ich verrecke!» Und bis heute fühlen sich die Schweizer nicht gut, wenn es ihnen gutgeht. Obwohl sie sich natürlich nach dem Gutgehen sehnen, weil sie es ja in den Genen haben, das Wissen, wie es ist, wenn's nicht gutgeht. Ein Widerspruch, der die Schweizer bis *heute* immer wieder verzweifeln lässt und sie somit zu guten, weil verzweifelten Schweizern macht.

Sie wurden jedenfalls auf den damaligen Schlachtfeldern Europas gerne in Kriegsdienste gestellt, die verzweifelten guten Schweizer. Der Vatikan schwört bis *heute* auf seine Schweizer Garde. Obwohl er über gar keine Schlachtfelder mehr verfügt. Aber bis *heute* schaffen es diese Schweizer Söldner, selbst ohne vorhandene Schlachtfeldgegner gute Schweizer Söldner zu sein: durch sporadisch veranstaltete Selbst-Schlachtungen. Wo ein Wille ist, ist auch ein Weg.

Aber worauf ich ja eigentlich hinauswollte, o engelsgeduldiger Leser, ist, dass es damals trotz allem, durch entgegen allen denkbaren Wahrscheinlichkeitsrechnungen eben doch eingetretene Zufälle vorkommen konnte, dass der eine oder andere Exsöldner außerplanmäßig plötzlich und lebendig zurückkehrte in sein Tal. Auf seinen Berg. Auf seinen Hof. Zu seiner Scholle. Natürlich war inzwischen längst nichts mehr davon «seines». Man hatte ja wirklich nicht damit rechnen können, dass der noch mal wiederkommt. Die Zurückgebliebenen waren ja nicht so zurückgeblieben, dass sie nicht die ehernen Gesetze der Helveten gekannt hätten, die da lauteten: Nur ein verzweifelter Schweizer ist ein guter Schweizer. Nur ein toter Söldner hat seinen Zweck als guter Schweizer erfüllt.

Und jetzt? Steht da plötzlich und unverhofft der Seppli! Und ist zurück. Weder tot noch verzweifelt. Das ist doch verdächtig, oder? Kommt dahergelaufen, der Seppli, ohne seinen Zweck erfüllt zu haben. Kommt zurück als Dahergelaufener, als schlechter Schweizer, das ist nicht gut. Das ist unschweizerisch. Und jetzt meint dieser Seppli, er könne einfach wieder dahergelaufen kommen und sich an den gedeckten Tisch hocken. Meint er. Zu uns. Die wir auch ohne ihn schon ausreichend gut verzweifelt sind. Meint er. Aber der muss dann etwa gar nicht meinen, hä. Vorsicht, hä, Vorsicht ist geboten, jetzt heißt es: gut Obacht geben, was der will und was der Seppli meint, meinen zu können, hä.

Bis heute begrüßen sich Schweizer, die sich lange nicht gesehen haben, traditionell mit dem vorwurfsvoll betonten Satz: «Ja, wo kommscht du denn her?» oder «Ja, was machscht du denn da?», wobei sich der Fragende wie unter Zwang umsehen muss, ob denn jetzt, wo der andere auch noch da ist, ob es denn da noch genug Platz habe, für einen selbst und auch noch diesen anderen.

Der so Begrüßte muss natürlich jetzt alles tun, um den Imagewechsel zu schaffen, vom dahergelaufenen zum guten Schweizer, um das Ruder herumzureißen. Schwierig, wenn man ja leider offensichtlich nicht tot ist … Also ist zumindest die glaubwürdige Präsentation einer währschaften Verzweiflung dringend geraten. Was da ganz gut kommt, ist eine möglichst laute Verlautbarung deftiger Flüche: «Ja, Huäre Gopferdami Cheib, dass ich jetzt dich Schafseckel da triffe, ja, läck mer am Arsch, ich verrecke!» Eine Übersetzung, glaube ich, ist an dieser Stelle nicht notwendig … Es geht mir nur darum, die korrekte Haltung zu vermitteln, die ein Schweizer zeigen muss, um von seinesgleichen als «gut» eingestuft zu werden.

Natürlich ist mit ein wenig Fluchen noch keine hinreichend stabile Vertrauensbasis geschaffen für eine Chance auf freundliche Aufnahme. Da ist schon etwas mehr gefordert. Da ist vor allem genauestens zu erklären, warum man dort unten in der Fremde nicht zu Tode gekommen ist. Es ist ausführlich zu schildern, dass man keiner Konfrontation ausgewichen sei bei all diesen Ausländern, dass man denen genau, aber ganz genau gesagt habe, wo der Bärteli den Moscht holt, und dass man auch nie verlegen gewesen sei um ein gutes Argument, welches man diesen Ausländerfötzeln notfalls auch per Fäuste eingebläut habe, dass aber leider diese Lumpenhunde einem aufrechten Schweizer einfach in keiner Weise gewachsen seien und man daher gar nicht anders gekonnt habe, als zu überleben. Des Weiteren ist womöglich noch ausführlicher zu schildern, warum man dort überhaupt und sowieso vollkommen verzweifelte: dass nämlich das ganze Ausland, aber wirklich das ganze, hä, voll ist mit diesen ... man stelle sich das vor: Alles voll mit Ausländern! Da könne man wirklich verzweifeln, bei so vielen Ausländern, die alle Ausländisch reden, man verstehe kein Wort von denen, hä. «Aber, oder, was willst du, wenn die nicht mal normal reden können, hä, was willst du da argumentieren? Die verstehen ja nichts, da kannst du noch so laut sagen, er sei ein blöder Löli, ein Schnudder-Bub, der lacht dich immer noch an. Oder aus. Man kann es eben nie sicher wissen, gopferdammi. Da musst du dann halt eben wieder zur Körpersprache greifen, das kapiert der dann schon, will ich meinen, oder, wenn dann die Nase blutet. Und das Wybervolk, also nein, also mit denen ist es zum Verzweifeln, hä, die verstehen ja auch nur Körpersprache, hä, aber das dann dafür gut, hä ... hähähähää, aber zum Heiraten sind die nichts, diese frömden Wyber, nein, wenn du so einer Chatze sagst, chratz mer mal de Ankeziger Rescht us em Chacheli und tuä mer en Batz devoo is Büürli, die versteht nichts, du hä, die grinst nur blöd, die Geiß, hä. Ich bin da wirklich verzweifelt, hä. Kannst du mir also glauben, oder.»

Damit keine Missverständnisse entstehen, geschätzter Leser, das erzählt der Schweizer natürlich alles nur, um in der Heimat wieder als anständiger Mensch zu gelten. Selbstredend alles erfunden, erstunken und erlogen. Natürlich merkte selbst der aufrechteste Schweizer im Ausland, dass all diese Ausländer sich zueinander verhalten, als wären sie Inländer, und ihm gegenüber, als wäre er der Ausländer. Selbst unser Seppli hat mitgekriegt, dass er im Ausland eine Ein-Personen-Minorität darstellt. Und hat sich, überlebensstrategisch gesehen, entsprechend klug und richtig verhalten: nämlich genauso wie zu Hause. Bescheiden, gefällig, ja, aus der Sicht der Inländer im Ausland könnte man fast sagen duckmäuserisch. Selbstverständlich mit schlechtem Gewissen und immer in der Hoffnung, dass kein anderer Schweizer ihn so sehen möge, so kriecherisch statt kriegerisch. Darum hat er die Faust dann doch lieber im Sack gelassen, beim Sackmesser, und sich dafür in bunten Farben und schillernden Details ausgemalt, wie er sich als guter Schweizer hier in der Fremde aufzuführen hätte, eigentlich, und was er dann später, wenn er wieder bei den anderen Schweizern in der Schweiz wäre, was er denen dann erzählen würde, wie gut er sich benommen habe, dort im Ausland, als guter Schweizer.

Bis heute fürchten sich die Schweizer vor Ausländern, weil sie diese Lügengeschichten in den Genen haben, die Geschichten von den Keilereien, den blutigen Nasen und der Verachtung gegenüber den Frauen: «Also, wenn man sich als guter Schweizer im Ausland so verhält, ja, wie werden sich dann die Ausländer bei uns verhalten, um als gute Ausländer zu gelten? Doch genauso schlimm, oder? Oder aber sie benehmen sich weniger schlimm, das wäre aber auch nicht gut, weil: Wenn die sich gut benehmen, ist das ja ein Zeichen dafür, dass sie gar keine guten Ausländer sein wollen, und das ist ja dann eben auch wieder nicht gut ... Am besten ist es, die Ausländer bleiben einfach in ihrem Ausland, bei ihren ausländischen Inländern dort unten.»

Sie ist ihnen nicht vorzuwerfen, den Schweizern ihre Ausländerangst. Sie ist einfach in ihren Genen. Obwohl sie auf nichts als Lügengeschichten beruht, aber das wissen die Gene halt nicht. Und darum ist sie nicht aus ihnen herauszubekommen, diese Angst. Auch die nächsten paar hundert Jahre nicht.

Bis heute ist es den Schweizern unangenehm, im Ausland auf andere Schweizer zu treffen. Weil sie sich für diese anderen sofort wie gute Schweizer benehmen müssen. Sie reden dann lauter als normal, sie lachen demonstrativ und stehen selbstbewusst mit den Fäusten im Sack herum. Und sie reden darüber, wie zum Verzweifeln es sei, hier in der Fremde, wo es nichts hat als diese Ausländer … Wenn Sie einen netten und kultivierten Helveten kennen sollten und dann unerwartet miterleben müssen, wie der sich, durch pure Anwesenheit eines weiteren Schweizers, in ein rüpelhaftes Monster verwandelt, nehmen Sie es nicht persönlich: Es sind nur die Gene.

Ja gut, ich gebe es zu: Es gibt auch Ausnahmen. Aber nicht viele. Sonst wären's ja keine …